당신이 새롭게 믿는다면

당신이 새롭게 믿는다면

초판 1쇄 인쇄 2018년 2월 28일
초판 1쇄 발행 2018년 3월 2일

지은이 박광리

발행인 백유미 조영석

발행처 (주)라온아시아
주소 서울시 서초구 효령로 34길 4, 프린스효령빌딩 5F

등록 2016년 7월 5일 제 2016-000141호
전화 070-7600-8230 **팩스** 070-4754-2473

값 14,800원
ISBN 979-11-962566-6-1 03230

이 도서의 국립중앙도서관 출판시도서목록(CIP)은 서지정보유통지원시스템 홈페이지(http://seoi.nl.go.
kr)와 국가자료공동목록시스템(http://www.nl.go.kr/kolisnet)에서 이용하실 수 있습니다.
(CIP제어번호 : CIP2018004024)

라온북은 독자 여러분의 소중한 원고를 기다리고 있습니다. (raonbook@raonasia.co.kr)

당신이 새롭게 믿는다면

박광리 지음

**다시,
신앙을 회복하기 위해**

교회와 크리스천이 가져야 하는
새로운 생각

passover

오늘날 교회를 계절로 표현하자면 겨울이라는데 이견이 없을 것이다. 목회자를 비롯해서 교회 곳곳에서 이런저런 잠음이 많이 들린다. 예전에 비하면 많은 사람들이 교회 다니는 사람에 대해 호의적이지 않다. 오히려 이기적이고 타인에게 배타적이라고 여기기까지 한다. 분명 지금은 교회마다 겨울의 때를 지나고 있다.

추운 겨울에는 땅이 언다. 이 계절에 꽃을 피우고 열매를 맺는 나무는 거의 없다. 나무는 겨울을 견디고 생존하기 위해 오히려 일부러 가을부터 이파리를 떨군다. 땅이 얼어 땅 속 뿌리가 나뭇가지 끝까지 수분과 양분을 끌어올릴 수 없다는 걸 알기 때문이다. 그래서 나무는 겨울이면 잎과 꽃과 열매는 제쳐두고 오로지 뿌리가 상하지 않게 생존 전략을 쓴다. 뿌리만 보호되면 언젠가 따뜻한 햇살이 내려쬐고 언 땅이 녹을 때 힘차게 수분과 양분을 끌어올려 온 몸 구석구석까지 생명의 활기를 가득 채울 수 있을 것이다.

시대의 겨울 속에 놓인 교회는 어떻게 생존해야 할까? 뿌리에 집중해야 한다. 모든 생명은 그 뿌리에 있음을 인정해야 한다. 뿌리만 살아 있으면 그 나무는 살아 있는 것이다. 아무리 무성한 잎과 화려한 꽃, 풍성한 열매를 자랑한다 해도 뿌리가 썩으면 모든 생명은 곧 죽음을 맞는다.

가끔 상상 속에 이런 광경이 떠오른다. 교회마다 땅을 기경하고 언 땅

속 뿌리를 보호하려 하기보다는 자꾸 가짜 잎과 가짜 꽃과 가짜 열매를 겨울나무 가지에 달려고 하는 모습 말이다. 잎과 꽃과 열매는 생명의 근원이 아니다. 그것은 결과물이다. 생명은 뿌리에 있다.

이 책을 읽는 독자들이 신앙의 뿌리를 돌아보는 시간이 되면 좋겠다. 이를 위해 1장에서는 우리가 올바르게 신앙생활을 하고 있는지를 점검하고, 2장과 3장에서는 각각 교회 공동체의 본질과 개개인이 크리스천으로서 돌아가야 할 본질에 대해 나누려고 한다. 하나님의 은혜가 여러분에게 비처럼 임하기를 소망한다.

> 너희가 자기를 위하여 공의를 심고 인애를 거두라 너희 묵은 땅을 기경하라 지금이 곧 여호와를 찾을 때니 마침내 여호와께서 오사 공의를 비처럼 너희에게 내리시리라 _호세아 10:12

박광리

차례

CHAPTER 01 나는 올바른 그리스도인인가

세상
세상 속에 살아가며 천국을 희망하라 15

기독교는 더 이상 주류가 아니다 · 누가 참 선지자인가 · 우리 머릿속 우상의 음성 · 후기 기독교 사회에서 우리가 해야 할 일 · 천국을 당겨쓰는 사람 · 바벨론 같은 세상에서 그리스도인으로 살아가기 · 가지 않는 길 용감하게 가기

일상
소명으로 가슴 뛰는 일상을 살자 39

고단한 일상을 위로하시고 격려하시는 하나님 · 선데이 크리스천: '선데이'가 아니라 '크리스천'이 문제다 · 6일 동안의 삶에 대한 오해 · 6일 동안 불안한 목사 · 신앙의 점수는 일상의 점수 · 선데이 그리스도인을 환영하며 · 그리스도로 일상을 채워라 · 소명을 알 때 일상은 특별해진다

CHAPTER 02 교회가 가져야 하는 새로운 생각

CHAPTER 03 크리스천이 가져야 하는 새로운 생각

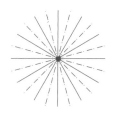

CHAPTER

01

나는 올바른
그리스도인인가

세상

세상 속에 살아가며 천국을 희망하라

4 만군의 여호와 이스라엘의 하나님께서 예루살렘에서 바벨론으로 사로잡혀 가게 한
   모든 포로에게 이와 같이 말씀하시니라

5 너희는 집을 짓고 거기에 살며 텃밭을 만들고 그 열매를 먹으라

6 아내를 맞이하여 자녀를 낳으며 너희 아들이 아내를 맞이하며 너희 딸이 남편을 맞아
   그들로 자녀를 낳게 하여 너희가 거기에서 번성하고 줄어들지 아니하게 하라

7 너희는 내가 사로잡혀 가게 한 그 성읍의 평안을 구하고 그를 위하여 여호와께 기도하라
   이는 그 성읍이 평안함으로 너희도 평안할 것임이라

8 만군의 여호와 이스라엘의 하나님께서 이와 같이 말씀하시니라 너희 중에 있는
   선지자들에게와 점쟁이에게 미혹되지 말며 너희가 꾼 꿈도 곧이 듣고 믿지 말라

9 내가 그들을 보내지 아니하였어도 그들이 내 이름으로 거짓을 예언함이라
   여호와의 말씀이니라

10 여호와께서 이와 같이 말씀하시니라 바벨론에서 칠십 년이 차면 내가 너희를 돌보고
    나의 선한 말을 너희에게 성취하여 너희를 이 곳으로 돌아오게 하리라

11 여호와의 말씀이니라 너희를 향한 나의 생각을 내가 아나니 평안이요 재앙이 아니니라
    너희에게 미래와 희망을 주는 것이니라

   _예레미야 29:4~11

기독교는 더 이상 주류가 아니다

경영학의 대가인 피터 드러커가 1950년대에 한 강의 중에 나오는 이야기다. 어떤 사람이 대출을 받으러 은행에 갔는데 담당 직원이 물었다. "교인이십니까?" 그래서 되물었다. "그게 대출받는 거랑 무슨 상관입니까?" 그러자 그 직원이 말했다. "아니, 이 중요한 대출 업무를 수행하는데 교인인지 아닌지가 왜 중요하지 않나요?" 기독교 사회라서 가능했던 일이다.

우리의 현실은 어떤가? 아마 은행에 가서 대출 담당 직원에게 "나 교회 다니는 사람인데 신용대출 좀 해주세요" 하면 절대 안 해줄 것이다. 사기꾼이나 미친 사람 취급당하지 않으면 다행이다. 교회 다니는 것과 신용은 아무 상관이 없다고 여기는 시대이기 때문이다.

미국이나 유럽 등지는 기독교 문화를 가진 기독교 사회였다. 예전에는 종교 하면 곧 기독교였을 정도였다. 그러나 지금은 기독교가 누렸던 그 어떤 특권이나 혜택도 더 이상 주어지지 않는다. 미국에서 1962년 실시된 공립학교의 주기도문 금지나 2000년대 이후 '메리 크리스마스' 대신 '해피 홀리데이'라는 인사말 사용 등이 바로 그런 현상 중 하나다. 현대사회는 기독교 사회를 벗어나 후기 기독교 사회(Post-Christendom Society)로 진입했고, 다른 종교에는 주어지지 않는 어떠한 기득권도 기독교에 제공하지 않는 사회가 되었다. 우리나라 상황도 다르지 않다.

그렇다면 기독교 이후의 사회, 즉 후기 기독교 사회란 무엇인가? 한마디로 기독교에 "좋은 시절은 지나갔다"라는 선고가 내려진 사회라고 할 수 있다. 후기 기독교 사회를 설명하는 가장 큰 특징은 뭘까? 기독교가 더 이상 주류가 아니라 주변부로 밀려났다는 것이다.

예전에는 교회에 와보라고 자신 있게 소리쳤고, 또 사람들이 교회에 와보면 실제로 뭔가 볼 게 있었다. 그런데 지금은 어떤가? 교회 가자고 한번 해보라. 어떤 반응이 나오는가? "안 갑니다. 왜 갑니까?" 하고 의아해할 것이다. 교회는 고리타분하고 재미없는 곳, 자기들끼리만 좋아하고 뭔가 세상과는 분리된 사회 같은 인상을 주는 곳이라고 생각한다. 특히 청년들은 "나 교회 다녀", "나 신앙생활 해" 하는 말을 부끄러워해야 하고, 그래서 숨겨야 하는 지경에까지 이르렀다.

하나님을 '사랑의 존재'로 이해하기보다는, 오히려 사람들이 가진 자유를 '억압하고 통제하는 존재'로 이해한다. 기독교를 배타적이고 편향된 종교로 여긴다.

심지어 신앙생활 잘하던 성도들마저 교회를 떠난다. 교회 '안 나가는' 성도, 이른바 '가나안 성도'라고 부르는 이들이다. 이들은 1, 2년 신앙생활 한 신앙의 성숙도가 낮은 사람들이 아니다. 보통 10년 정도씩 한 교회에 충성했던 성도들이 많다. 이유가 뭘까? 여전히 교회의 중심 요소라고 착각하면서 하는 여러 행태들에 염증을 느꼈기 때문이다.

목회자는 여전히 권위적이고, 세상과 조금도 구별되지 않은 삶을 산다. 돈 문제, 세습 문제, 성적인 문제 등이 곳곳에서 수시로 터져 나온다. 교인끼리도 서로 계급을 나누고 내가 높네, 당신이 낮네 따지며 더 잘났다고 싸운다. 그 많은 헌금은 교회를 유지하는 데 대부분 사용되고, 그마저 성도들에게 강요하는 경우가 많다. 또 세상은 악하고 교회는 거룩하다는 이분법적 사고에서 벗어나지 못한 채, 직장 생활을 교회 생활보다 낮잡아 본다.

이렇게 된 데는 목회자의 책임이 크다. 특히 목회자들이 기독교가 과거처럼 이 시대의 주류에 서 있는 줄 착각하고, 세상 사람들은 전혀 듣지 않는 공허한 외침을 남발하는 탓이 크다. 나 또한 한 사람의 목회자로서 두렵다. 탁상공론에 빠져서 엉뚱한 요구를 하고, 성도들이 공감할 수 없는 이야기를 늘어놓고, 잔소리하고, 그리고 자기의 유익을 위해 목회할까 봐 겁난다. 그저 목사로서 할 일이니까 예배하고, 목사의 삶을 위해 성도가 존재하고……. 이런 생각에 물들까 봐 겁난다.

기독교가 주변부로 밀려난 시대 상황 속에서, 하나님이 바라시는 교회를 위해 함께 꿈꾸고 나아가려 할 때, 무엇보다 목회자가 흔들려서는 안 된다. 처음 목회를 시작하던 때, 처음 교회를 개척하던 때의 생각과 마음으로 일평생 목회해나갈 수 있어야 한다. 성도들 또한 함께 책임을 느끼고 각각 한 명의 성도가 이 시대를 섬기는 하나의 교회로서 하나님이 당부하신 역할을 해내야 할 사명이 있다는 마음을 가져야 한다.

이 글 첫머리에서 예레미야 말씀을 인용한 데는 이유가 있다. 예레미야가 살았던 이스라엘의 배경이 후기 기독교 사회를 걸어가는 우리의 환경과 너무 닮아 있기 때문이다. 이 말씀을 통해 우리가 세상 속에서 크리스천으로 살아간다는 것이 어떤 의미인지, 하나님을 기쁘시게 해드리는 성도와 교회로 나아가는 길이 무엇인지 깊이 성찰하는 계기가 되기를 바란다.

누가 참 선지자인가

첫머리에 인용한 예레미야 29장의 배경을 알려면 앞부분 23장과 26장을 우선 살펴봐야 한다.

예레미야 전체의 큰 축을 이루는 논쟁이 있는데, 바로 올바른 선지자인 예레미야와 거짓 선지자들 사이의 논쟁이다. 그런데 예레미야를 읽다 보면 헷갈릴 때가 있다. 누가 참 선지자고 누가 거짓 선지자인지 구분하기가 어렵다. 왜 그런가? 거짓 선지자들이 하는 말이 객관적으로 보면 틀린 말이 아니기 때문이다. 그들은 예전에 선조들에게 전수받았던 신앙관을 가지고 말한다. 그래서 오히려 예레미야가 이상한 이야기를 하는 것처럼 보인다.

거짓 선지자들의 일관된 메시지는 무엇이었을까? 바로 이것이다. "하나님은 우리를 구원하실 것이다. 하나님은 이스라엘을 벌하지 않으실 것이다. 하나님은 우리에게 평강을 주실 것이다."

어떤가? 아멘으로 화답해야 할 메시지 아닌가? 하나님은 우리를 구원하시고 용서하시고 우리에게 평강 주시는 하나님 아닌가? 그런데 예레미야 시대에는 오히려 이런 메시지가 거짓 메시지였다.

오늘날 우리 또한 너무나 당연하게 받아들이고 있는 이 믿음이, 시대 상황에 따라서는 도리어 틀린 메시지가 될 수 있다는 사실을 알아야 한다. 신앙은 하나님의 발걸음을 따라 그 뒤를 조심히 예의 주시하면서 걸어가야만 하는 길이다. 함부로 과거 경험을 근거로 내 신앙만 옳다고 주장할 수 없는 이유가 여기에 있다. 내 경험이 강해지면 오늘 바로 이 시간 새롭게 일하시는 하나님을 보지 못하고 오히려 덫에 빠진다.

그렇다면 하나님이 참 선지자인 예레미야에게 주신 메시지는 무엇이고, 거짓 선지자들이 사람들에게 말한 메시지는 무엇일까? 먼저 하나님이 예레미야에게 주신 메시지를 살펴보자.

2 선지자 예레미야가 유다의 모든 백성과 예루살렘의 모든 주민에게 말하여 이르되 3 유다의 왕 아몬의 아들 요시야 왕 열셋째 해부터 오늘까지 이십삼 년 동안 여호와의 말씀이 내게 임하기로 내가 너희에게 꾸준히 일렀으나 너희가 순종하지 아니하였느니라 (중략) 10 내가 그들 중에서 기뻐하는 소리와 즐거워하는 소리와 신랑의 소리와 신부의 소리와 맷돌 소리와 등불 빛이 끊어지게 하리니 11 이 모든 땅이 폐허가 되어 놀랄 일이 될 것이며 이 민족들은 칠십 년 동안 바벨론의 왕을 섬기리

라_예레미야 25:2~3, 10~11

이스라엘이 이방 민족에게 망할 것이라는 무서운 말씀이다. 그러자 거짓 선지자들이 발끈한다.

> 7 예레미야가 여호와의 성전에서 이 말을 하매 제사장들과 선지자들과 모든 백성이 듣더라 8 예레미야가 여호와께서 명령하신 말씀을 모든 백성에게 전하기를 마치매 [거짓] 제사장들과 [거짓] 선지자들과 모든 백성이 그를 붙잡고 이르되 네가 반드시 죽어야 하리라 _예레미야 26:7~8

예레미야가 전한 바벨론(바빌로니아)에 포로로 끌려간다는 하나님의 뜻은 이스라엘 백성에게는 있을 수 없는 일이다. 도저히 인정할 수 없는, 말이 안 되는 상황이다. 왜일까? 그 당시 이스라엘 백성은 스스로를 하나님의 특별한 선민으로 생각했고, 그렇기 때문에 이방인에게 절대 패배할 일은 없을 것이라고 확신하고 있었다. 이스라엘이 바벨론에 패한다는 것은 곧 '하나님의 패배'라는 의식이 강했기 때문이다.

얼마나 이기적인가? 그렇게 선지자를 통해 돌이키길 경고했는데 전혀 순종하지 않고 멋대로 살다가, 하나님의 심판을 이야기하자 "그럴 일은 없다"라고 한다. 선민의식에 빠진 이스라엘 백성은 그것 하나 믿고 마음대로 살았다. 선민은 특별하니까 자기네 내키는 대로 살고 순종하지 않아도 별일 없을 거라는 아주 잘못된 믿음으로. 삶 따로 신앙 따로 논

셈이다.

우리 또한 그럴 때가 있다. 세상 사람들보다 하나님의 백성이 더 잘될 거라고, 세상 사람들은 망할 거라고 생각할 때가 많지 않은가? 평소 그런 생각을 가지고 있었다면 여기서 전하는 말씀과 경고를 잘 새겨둘 필요가 있다.

결국 이스라엘 백성은 예레미야의 메시지처럼 바벨론의 포로로 끌려간다. 하나님의 심판대로 또 예레미야의 예언대로 이루어진 것이다.

우리 머릿속 우상의 음성

그럼 이제 상황을 깨달아야 마땅하다. '아, 우리가 불순종했구나. 하나님이 손을 대시는구나. 돌이켜야 하는구나'라고. 자신들이 틀렸음을 인정하고, 예레미야의 말을 되새기고, 자신들의 삶을 돌아봐야 맞다. 그런데 뜻밖에도 하나냐라는 거짓 선지자가 포로로 끌려가는 이스라엘 백성 앞에 나서서 이렇게 말한다.

> 모든 백성 앞에서 하나냐가 말하여 이르되 여호와께서 이와 같이 말씀하시니라 내가 이 년 안에 모든 민족의 목에서 바벨론의 왕 느부갓네살의 멍에를 이와 같이 꺾어 버리리라 하셨느니라 하매 선지자 예레미야가 자기의 길을 가니라 _예레미야 28:11

앞서 하나님은 70년간 포로 생활을 할 것이라고 말씀했다. 그런데 하나냐는 2년 만에 끝날 거라고 말한다. 전형적인 포퓰리즘, 거짓 선지자의 아주 나쁜 예다. 하나냐가 전한 메시지는 하나님이 하신 말씀이 아니라 자신이 만들어낸 이야기에 지나지 않는다. 자기가 생각한 하나님, 정확히 말하면 우상의 목소리다. 우리가 머릿속에서 만들어낸 하나님은 하나님이 아니다. 스스로 머릿속에 새겨 넣은 우상일 뿐이다. 하나냐는 지금 그 우상의 음성을 하나님의 음성이라고 말하고 있는 것이다.

어쩌면 하나냐 스스로도 자기가 무슨 말을 하는지 제대로 인지하지 못했을 수 있다. 그저 사람들 눈치 보며 그들 입맛에 맞추는 데 온통 정신이 팔려 있었기 때문이다. 이 말을 들을 때 백성들이 어떻게 받아들일까만 생각하며 그들이 좋아하는 구원, 평안, 위로의 메시지를 습관처럼 던졌을지 모른다. "잘될 것입니다. 조금만 참으세요. 2년이면 끝날 테니까. 2년쯤이면 참을 수 있죠?"

그런데 이것이 단지 하나냐만의 문제일까? 이스라엘 백성이 좋아하는 메시지가 따로 있었다는 반증 아닐까? 그들은 2년 만에 포로에서 벗어나면 축복이고 70년은 저주라고 생각하지 않았을까? 빨리 해결되는 것이 더 좋은 것이라고 생각하지 않았을까? 오늘날에 적용하자면, 목회자뿐 아니라 성도들도 자기네 듣고 싶은 대로 들으려는 경향이 있다는 사실과 일맥상통한다. 우리 역시 거짓 선지자들이나 이스라엘 백성과 같은 실수를 저지르기 십상이다. 이 점을 분명히 인식하고, 우상의 음성에 휘둘리지 않도록 각별히 주의를 기울여야 한다.

후기 기독교 사회에서 우리가 해야 할 일

이어지는 예레미야 29장은 거짓 선지자들과 논쟁한 결론부이다. 1차로 사람들이 포로로 끌려갔고, 그들에게 예레미야가 편지를 쓴다.

> 선지자 예레미야가 예루살렘에서 이같은 편지를 느부갓네살이 예루살렘에서 바벨론으로 끌고 간 포로 중 남아 있는 장로들과 제사장들과 선지자들과 모든 백성에게 보냈는데 _예레미야 29:1

이때 바벨론에 포로로 끌려간 이스라엘 백성들의 마음 상태는 어땠을까? 그들은 바벨론의 승리는 곧 이스라엘의 패배이며, 더 나아가 여호와의 패배라고 인식했다. 그랬기에 '과연 우리가 끌려간 바벨론에 하나님이 임재하실까?' 하는 의구심과 두려움에 사로잡혀 있었다.

포로로 끌려간 사람들의 반응은 다양했을 것이다. 어떤 사람들은 "이곳에는 하나님이 없어, 내 인생은, 또 내 나라는 이제 망했어"라며 절망과 낙심에 빠져 있었을 것이다. 어떤 사람들은 "바벨론의 이방 신이 더 강해서 이스라엘의 하나님이 패배했으니 이제부터 바벨론의 신을 섬겨야겠네"라고 하며 신앙을 떠났을 것이다. 또 어떤 사람들은 "그럴 리 없어. 이건 있을 수 없는 일이야. 하나님은 2년 안에 다시 예루살렘으로 우리를 돌려보내 주실 거야"라고 하면서 거짓 선지자의 말을 맹신하며 헛된 기대감으로 살아갔을 것이다.

이스라엘에 닥친 이러한 상황이 딱 오늘날을 사는 우리의 상황이다. 기독교가 주변부로 밀려나버린 후기 기독교 사회에서 우리도 똑같은 반응을 보이고 있다. 어떤 사람들은 절망하여 하나님에 대한 회의감을 갖는다. 어떤 사람들은 신앙을 버리고 세속적인 삶을 선택하여 수많은 우상을 좇는다. 또 어떤 사람들은 주변부로 밀려난 상황을 인식하지 못한 채 여전히 세상의 중심에 있는 것으로 착각하고 평강을 외치면서 거짓된 장밋빛 메시지를 설파하고 맹신한다.

교회가 무너져가는 소리가 들리지 않는가? 교회는 목사가 알아서 하는 곳이라고, 자신들 직업이니까 목사가 관심 가져야 하는 영역이라고 생각하고 있지는 않은가? 질문을 바꿔서, 여러분의 신앙은 지금 어떤 상태인가? 예전과 달라진 시대 속에서 어떻게 적응하며 신앙생활을 하고 있는지 묻지 않을 수 없다.

나의 경우를 예로 들어본다. 교회 개척 이후로 지금까지 나는 영적으로 좀 우울한 상태다. 목회자가 이런 이야기를 하면 성도들이 불안해한다며 우려할지 모르겠다. 그러나 내 상태는 흔히 말하는 우울증이 아니라, 영적인 우울이다. 목회에 대한 무거운 책임감, 또는 시대에 대한 절망감을 느끼고 있다는 말이다.

왜 이런 영적인 우울감이 찾아왔을까? 이스라엘 백성에게 바벨론에서 생활해야 하는 70년은 돌이킬 수 없는 것이다. 기도한다고 회개한다고 될 문제가 아니라 겪어야 할 시간이다. 그런데 내 눈에는 바로 이 시대가 예레미야가 겪어야만 했던, 하나님의 시간표 안에 있는 그 시대와 똑같아 보인다. 그러나 교회 안에 있는 우리는 이런 사정을 잘 실감하지 못한다. 그리고 그저 '열심히 살면 되겠지'라고 생각한다. 예수 믿는 사람의 인생에 고난은 없으며, 항상 잘될 거라고만 여긴다. 그래서 자기 자신에 대해, 또 세상에 대해 깊은 성찰을 하지 않는다.

이런 표현이 맞을지 모르겠지만, 나는 나의 영적인 우울감이 여러분에게도 전염되기를 바란다. 지금은 우리끼리 좋아할 때가 아니다. 수많은 사람이 예수를 믿지 않고, 수많은 사람이 신앙을 버리며, 수많은 사람이 교회를 찾지 못해 괴로워하고 있다. 나아갈 방향을 몰라 헤매는 사람들이 너무 많다.

이처럼 교회 때문에 교회에 오지 못하는 사람이 많다는 사실에 우리는 진심으로 아파해야 한다. 교회에 대한 부정적 인식이 무엇인지 실체를 깨닫고, 교회를 사람들이 찾을 수 있는 안전지대로 만들어야 한다. 우리가 70년의 포로 생활 동안에, 다시 말해 이 후기 기독교 시대 동안에 해야 할 일이 바로 이것이다.

천국을 당겨쓰는 사람

4차 산업혁명 시대에 대해 공부하면서 눈에 들어왔던 글이 있다. "미래를 살아라. 그리고 현재의 부족한 것을 채워라." 여기서 미래를 살라는 것은 우리가 지금 생각하고 있는 인공지능을 비롯한 4차 산업혁명으로 인한 결과가 '반드시 온다'는 것을 전제한다. 예전에는 그저 꿈같았던 그런 일, 그 미래에 대해 '과연 올까?', '올지도 몰라' 하고 더 이상 의문이나 추측을 품을 필요가 없다는 것이다.

오늘날 미래를 보는 시각에 따라 사람들은 두 부류로 나뉜다. 한 부류는 이렇게 생각한다. '과연 그런 날이 올까? 내가 걱정해서 뭐 해. 그냥 과거대로 오늘에 충실하면 되지.' 또 한 부류는 그 미래가 실제로 올 것이라 확신하고 거기에 벌써 생각이 가 있다. 그리고 오늘 하루를 미래에 맞춰 준비하며 살아간다.

지금 우리에게 닥친 기독교의 위기에 대한 시각 역시 마찬가지다. 하나는 여전히 과거에 매몰된 채 현 상태에 안주하려는 시각이다. 다른 하나는 현재 시대 상황이 언젠가는 변할 것이며, 그리하여 전혀 다른 미래가 펼쳐질 것이라는 시각이다. 우리는 바로 이 후자의 관점에 서서 오늘을 살아가야 한다.

이를 예레미야 시대에 대입하면, 바벨론 포로기가 70년 후에는 반드시 끝난다는 것이다. 그러니 오늘날 기독교의 위기 또한 영원한 것이 아니라 반드시 하나님이 회복할 때가 온다. 왜 그럴까? 하나님은 항상 소망을 주는 하나님이시기 때문이다.

여호와의 말씀이니라 너희를 향한 나의 생각을 내가 아나니 평안이요 재앙이 아니니라 너희에게 미래와 희망을 주는 것이니라 _예레미야 29:11

사실 이스라엘은 바벨론에 망한 것이 아니다. 하나님이 회복을 위해 70년을 허락하신 것이다. 이 기간 동안 이스라엘 백성이 하나님의 음성을 청종하고 순종하면, 결국 70년이라는 고난의 시기 이후에는 평안과 미래와 희망이 찾아오리라고 말씀하신다.

그러므로 미래에 대해서는 전혀 생각 않고, '별일 있겠어? 잘될 거야. 지금처럼 살면 되지. 난 나이가 있으니 변화는 꿈도 못 꿔' 하면서 살면 안 된다. 우리는 오늘 하루하루를 이미 다가올 미래를 확신하면 살아가야 한다.

우리가 이 땅에 발을 딛고 살지라도 천국 시민권자로 산다는 것의 의미 또한 같은 맥락이다. 천국을 죽어서 가는 곳으로 생각하는 사람은 오늘을 천국 준비하는 삶으로 살지 않는다. 그냥 흘려보낼 뿐이다. 그러나 진짜 천국을 믿는 사람은 오늘 바로 그 천국을 당겨쓴다. 그렇게 산다. 그것이 믿음이다. 이 땅을 천국으로 만든다는 믿음 말이다.

믿음은 바라는 것들의 실상이요 보지 못하는 것들의 증거니 선진들이 이로써 증거를 얻었느니라 _히브리서 11:1

보이지 않지만, 아직 바라고만 있지만 그것은 반드시 온다는 말씀 아닌가? 미래를 산다는 것은 믿음으로 산다는 것이다 하나님의 눈으로 하나님이 지금 어느 곳을 바라보고 계시는지를 보는 것이다.

그렇다면 우리는 구체적으로 어떻게 미래를 살아야 할까?

바벨론 같은 세상에서 그리스도인으로 살아가기

세상 속으로 들어가라

5 너희는 집을 짓고 거기에 살며 텃밭을 만들고 그 열매를 먹으라 6 아내를 맞이하여 자녀를 낳으며 너희 아들이 아내를 맞이하며 너희 딸이 남편을 맞아 그들로 자녀를 낳게 하여 너희가 거기에서 번성하고 줄어들지 아니하게 하라 _예레미야 29:5~6

이런 하나님의 명령에 포로로 끌려간 이스라엘 백성은 이렇게 반발했을지 모른다. "바벨론에서 결혼하라고요? 거기서 살라고요? 게다가 그 성읍을 위해 평안을 구하며 기도하라고요? 그렇게는 못 합니다."

이스라엘 사람만이 하나님의 백성이라는 생각을 가진 요나가 하나님이 앗수르(아시리아)의 수도 니느웨(니네베)로 가서 심판의 말을 외치라고 명하자 "전 못 갑니다"라고 한다. 이것은 이스라엘의 습관과 전통을 우선시한 베드로가 기도 중 하나님이 짐승과 새 등이 담긴 보자기를 내려 보내며 잡아먹으라고 명하자 "전 이런 음식 못 먹습니다"라고 한 것과 맞먹는 불경스러운 태도다.

우리는 신앙 면에서 얼마나 편협한지 모른다. 하나님은 바벨론은 악한 곳이니 싸우고 적대시하라고 하시지 않았다. 바벨론에서 잘 살라고 하셨다. 이분법 사고를 버리라는 말씀이다.

후기 기독교 사회는 세상이 교회를 버린 시대다. 그만큼 교회가 힘이 없어진 것이 현실이다. 이런 상황에서 여전히 "내가 하나님이 택한 선민인데 바벨론 이방인과 결혼하라고?"라고 소리치며 바벨론을 적대시하면 그 자리에서 죽을 수밖에 없다. 왜냐하면 그곳은 바벨론이니까. '벌거벗은 임금님.' 교회가 딱 그 모습이다. 세상은 다 손가락질하고 비아냥대는데, 우리는 하나님 믿고 있으니 대단한 존재인 것처럼 착각하고 있는 것이다.

오늘날 바벨론 같은 이 세상에서 사람들을 섬기기 위해서는 그 속으로 들어가지 않으면 안 된다. 우리가 중심부에 있는 존재가 아니기 때문에 직접 세상의 중심으로 걸어 들어가 하나님의 택한 백성으로서 삶을 보여주지 않으면 안 된다.

세상 속으로 들어가란다고 세상의 우상들에게 절하고 세속적인 삶을 살라는 것이 아니다. 우리가 서 있는 그곳에서 삶에 최선을 다하라는 이야기다. 70년간 고난은 반드시 지나감을 믿고 소망하면서 말이다.

하나님은 세상과 분리되어 고립되고 외롭게 살아가는 것을 경건한 삶이라고 하지 않으신다. 하나님은 우리를 세상으로 보내셨고 충분히 그 세속적인 세상 속에서도 구별되게 살 수 있도록 함께하신다고 말씀하신다. 세상 밖으로 분리되어 도망가라는 것이 아니라 세상 속에서 살되 구별되라는 것이다.

바벨론에서 구별된 삶을 살았던 대표적인 인물이 바로 다니엘이다. 그는 바벨론의 포로 중 한 사람이었지만, 바벨론이라는 이방 땅에도 하나님은 살아 계시고 그 땅을 통치하심을 드러냈던 인물이다. 다니엘을 통해 하나님은 오늘을 사는 우리에게 분명히 말씀하신다. 하나님은 이스라엘 땅에만 머물러 계시는 하나님이 아니고 바벨론뿐만 아니라 온 우주의 주인이시라는 것을 말이다.

세상과 교회를 분리하고 세상에서 벗어나야 한다는 이분법 신앙을 버려야만 한다. 바벨론에서도 하나님에 대한 분명한 신앙으로 구별된 삶을 살 수 있다. 그것이 오늘 이 땅을 사는 우리에게 요구하시는 하나님의 메시지다.

세상을 위해 기도하라

7 너희는 내가 사로잡혀 가게 한 그 성읍의 평안을 구하고 그를 위하여 여호와께 기도하라 이는 그 성읍이 평안함으로 너희도 평안할 것임이라 (중략) 12 너희가 내게 부르짖으며 내게 와서 기도하면 내가 너희들의 기도를 들을 것이요 13 너희가 온 마음으로 나를 구하면 나를 찾을 것이요 나를 만나리라 _예레미야 29:7, 12~13

세상은 망해야 하는 곳이 아니다. 세상은 하나님 없는 곳이 아니다. 세상을 대표하는 바벨론에도 하나님은 역사하신다. 그곳 또한 하나님의 땅이다.

교회 온다고 자꾸 세상일을 뒷전으로 미루는 일은 이제 멈춰야 한다.

예배 때문에, 봉사 때문에, 사역 때문에 세상의 일터를 뒤에 내팽개치고 교회에 오는 것은 그만두어야 한다. 바벨론 사람들은 그것을 인정하지 않는다. 이제는 교회 안의 그리스도인이 아니라 세상 속의 그리스도인이 되어야 한다.

그리스도인이 무엇인가? 세상 사람들에게 예수 믿는 사람, 예수를 좇아 사는 사람이라고 인정받는 이다. 그만하면 교회에서는 인정받는 신앙인이 되었으니, 이제는 바벨론이라는 세상에서 인정받는 그리스도인이 되자. 세상을 품을 수 있는 넓은 마음으로 이 땅의 평강을 위해 기도하는 성도가 되자.

하나님의 시간표에 맡겨라

10 여호와께서 이와 같이 말씀하시니라 바벨론에서 칠십 년이 차면 내가 너희를 돌보고 나의 선한 말을 너희에게 성취하여 너희를 이 곳으로 돌아오게 하리라 11 여호와의 말씀이니라 너희를 향한 나의 생각을 내가 아나니 평안이요 재앙이 아니니라 너희에게 미래와 희망을 주는 것이니라 _예레미야 29:10~11

70년이라는 시간을 바벨론에 머물게 하고, 다시금 이스라엘을 회복시키는 이 구원의 역사가 하나님의 시간표다.

2년 만에 돌아가려는 것은 우리의 바람일 뿐이다. 하나님의 시간표 안에서 살아갈 때 그것이 우리의 복이다. 우리는 지금 70년이라는 바벨론의 때를 살고 있다. 바벨론 같은 이 세상에서 우리는 스스로를 돌이키고 그리스도인으로서 겸손하고 낮은 자세로 하나님을 섬겨야 한다. 그랬을 때 70년 후에, 우리 다음 세대와 그다음 세대에게 하나님은 참된 평안과 희망의 미래를 주실 것이다.

바벨론 포로 생활 70년과 같은 후기 기독교 사회에서 우리는 납작 엎드려야 한다. 하나님께 납작 엎드려야 하고, 세상을 향해 납작 엎드려야 한다.

가지 않는 길 용감하게 가기

개인적으로 내 짧은 인생을 돌아보면 순간순간 신앙적으로 단순하고 용감한 결정을 했던 적이 있다. 첫 번째 떠오르는 기억은 대학 시절 대학원 박사과정을 앞두고 있던 시점이다. 내가 섬기던 교회가 개척하고 여러모로 도와야 할 일이 많을 때였다. 교회의 필요를 채우기 위해 대학원 지도교수를 찾아가 박사과정 입학을 미루고 6개월만 휴학하겠다고 말씀드렸다. 주변에서는 박사과정에 빨리 들어가 학위를 취득하는 게 낫지 않겠냐고, 공부도 다 때가 있다고 우려를 표했었다. 그러나 나는 6개월간 휴학하며 교회를 섬겼고 이후에 박사과정에 입학해 학위를 받았다. 그리고 박사학위를 취득하지도 않은 상태에서 한 대학의 전임교수로 인도함을 받았다.

두 번째 기억나는 용감한 결정은 그렇게 은혜로 가게 된 대학 교수직을 내려놓고 신학교를 간 것이다. 그리고 분당우리교회의 파트 전도사로 사역을 시작했다. 언젠가는 내려놓을 교수직이라고 생각해와서인지 어렵지 않게 결정하고 목회로 방향을 전환했다. 주위에서는 그 좋은 교수 자리를 버리고 왜 목사를 하려드느냐며 걱정했다. 아마 월급이 줄어드는 것도 포함되어 있었으리라 생각한다. 그러나 지금까지 목사로 살아오면서 돈 때문에 어려움을 겪지는 않았다.

최근에 또 한 번 용감한 결정을 했는데 그것이 바로 2016년에 분당우리교회를 떠나 개척한 일이다. 일반적으로 개척을 할 때는 순서가 있다. 교회 성도들에게 개척 광고를 하고 3~6개월 정도 개척 멤버를 모아서 개척할 지역을 정하고 그곳으로 가는 것이다. 게다가 분당우리교회에서 지원하는 인큐베이팅 교회로서 혜택을 누릴 수 있는 기회도 있었다.

인큐베이팅 교회는 분당우리교회 드림센터 건물 중 한 층을 사용하면서 개척을 할 수 있도록 무상으로 빌려주는 개척 지원 시스템이다. 200여 명이 예배할 수 있는 공간 2개와 식당, 로비, 사무실 그리고 주일학교를 운영할 수 있는 소그룹 공간까지 완비되어 있다. 나에게도 인큐베이팅 교회로 지원을 받을 수 있는 기회가 있었지만 정중히 거절했다. 이미 개척할 지역도 정했고 분당우리교회에서 머물러 있을 이유가 없다고 생각했다.

개척 광고를 하고 2주간 기도 모임을 가진 후 바로 개척 지역으로 나왔다. 개척 멤버도 몇 명 없었다. 개척 멤버로 함께해준 성도들도 나와 개인적으로 친분이 있는 분들이 아니었다. 개척 광고를 하고 한 달 만에 분당우리교회를 급하게 정리하고 떠나느라 성도들에게 개척을 도와달라고 요청하지 않은 탓도 있었을 것이다.

사실 개척을 하면서 가까이 있는 성도들에게 함께 개척교회를 섬겨달라고 부탁하지 않았다. 분당우리교회처럼 건강하고 좋은 교회를 떠나 굳이 개척교회로 옮겨오시도록 요청하기가 어려웠기 때문이다. 또 하나님이 개척에 마음을 주시는 사람이 오면 되지 목회자 한 사람 돕자고 참여하는 것은 건강하지 않을 수 있었다. 그렇게 돕고자 와서는 상처받고 실망하는 경우를 종종 보았다. 물론 부질없는 자존심이나 객기라고 생각한 사람도 있었을 것이다. 또 어떤 사람은 순진하다고 생각했을지 모른다.

그러나 결과적으로 그 순진한 개척의 과정을 하나님이 도우셨다. 가끔은 '내가 너무 대책이 없어서 하나님이 일해주시는구나'라는 생각을 한다. 그렇지만 또다시 개척을 해야 할 기회가 오면 똑같이 그런 순진한 결정을 하고 싶다. 지금까지 한 번도 후회하지 않았기 때문이다. 오히려 하나님의 계획 안에서 좋은 성도들을 만날 수 있도록 인도함 받았고 순간마다 필요를 채워주심을 다시금 확인할 수 있었다.

개척하면서 매일 불렀던 찬양 가사 중에 이런 내용이 있다. "하나님은 날 좋게 하시죠. 그분의 선하심은 한결같죠. 모든 순간에서 그분을 믿는다면 나에게 평안뿐이죠." 안전하고 익숙한 곳에 머물고자 하는 것은 어쩌면 사람의 본능일지 모른다. 그러나 믿음은 도전이고, 하나님께 인생을 던지는 모험이다. 예수님의 말씀에 의지해 배 밖으로 발을 내딛지 않으면 물결 위를 걷는 기적은 경험할 수 없다.

내 인생에서 내린 몇 차례 믿음의 결단은 한 번도 실수하지 않으시고 역사하시는 하나님을 알게 하셨다. 하나님의 일하심을 경험하면 할수록 점점 내 힘을 빼고 하나님으로 하여금 일하시도록 하는 영적 원리를 터득하게 됨을 느낀다. 일평생의 목회가 모험이기를 소망한다. 많은 일을 성취하는 의미에서가 아니라 하나님과 동행하며 하나님께 맡길 때 하나님이 역사하시는 경험을 하는 그런 모험 말이다.

일상

소명으로 가슴 뛰는 일상을 살자

하나님이 인생들에게 노고를 주사 애쓰게 하신 것을 내가 보았노라

_전도서 3:10

16 항상 기뻐하라
17 쉬지 말고 기도하라
18 범사에 감사하라 이것이 그리스도 예수 안에서 너희를 향하신 하나님의 뜻이니라

_데살로니가전서 5:16~18

만일 네가 보행자와 함께 달려도 피곤하면 어찌 능히 말과 경주하겠느냐
네가 평안한 땅에서는 무사하려니와 요단 강 물이 넘칠 때에는 어찌하겠느냐

_예레미야 12:5

고단한 일상을 위로하시고 격려하시는 하나님

'일상'을 중요하게 여기는 시대가 된 듯하다. 특별한 것보다는 소소한 일상에서 찾아낸 것들에 관심을 기울이고 의미를 부여하는 일이 많아졌다. SNS에도 누구와 어디서 뭘 먹었는지 등, 늘 하던 하루의 삶 중 한 순간을 담은 사진이나 글을 올리는 일이 흔하다.

신앙 또한 마찬가지인 것 같다. 예전에는 교회를 특별한 곳으로 여기고 교회에서 드리는 예배나 집회 등을 강조했다. 그러면서 상대적으로 성도들의 주중 일상의 삶은 소홀히 취급하는 경향이 있었다. 언젠가《하나님은 월요일에 무슨 일을 하실까?》(새물결플러스, 2011)라는 책을 읽은 적이 있다. 우리가 주일에만 하나님을 섬기고 월요일부터 토요일까지 일상의 삶에서는 잊어버리고 사는 것은 아닌지 자성의 목소리를 담은 것으로 기억한다.

이것은 우리가 주일에 함께 모이는 공동체로서의 교회도 중요하지만, 주중에 각자 흩어져 살아가는 한 사람 한 사람으로서의 교회도 중요함을 말한다고 할 수 있다. 그런 의미에서 오늘날 우리 그리스도인에게 '일상'의 의미는 무엇인지 함께 고민해볼 필요가 있다.

하나님이 인생들에게 노고를 주사 애쓰게 하신 것을 내가 보았노라

_전도서 3:10

"노고" 즉 '일(직업뿐 아니라 모든 일)'을 주시고, "애쓰게 하셨다" 즉 '바쁘게 하셨다, 수고스럽게 하셨다'는 말씀이다. 결국 하나님께서 우리에게 주신 일은 우리를 수고롭게 하고, 애쓰게 하고, 때론 고통스럽게 하는 것이라는 뜻이다.

또 내가 해 아래에서 보건대 재판하는 곳 거기에도 악이 있고 정의를
행하는 곳 거기에도 악이 있도다 _전도서 3:16

일을 해내는 것만으로도 수고롭고 애가 쓰이는데, 엎친 데 덮친 격으로 사회에 수많은 부조리가 횡행한다. 재판이야말로 가장 공정해야 함에도 비리와 부정으로 얼룩져 부당한 판결이 내려진다. 약자를 도와야 하는데 오히려 괴롭히고 핍박한다. 정의는 사라지고 약육강식이 판을 친다.

이 사회가 가진 부조리와 모순은 시간과 장소를 가리지 않는다. 회사에서는 상사나 동료가 트집 잡고 험담하고 모욕을 준다. 10명 중 6명이 이런 일을 경험하고 있다는 통계도 있다. 학교 폭력과 달리 직장 폭력은 훨씬 더 은밀하게 이루어진다. 또한 권한과 힘과 돈의 수직 관계 속에서 이루어지기 때문에 훨씬 더 고통스럽다. 그 결과 대인기피증, 우울증으

로 병원을 찾는 숫자가 매해 늘고 있으며 최근 2~3년 새에 30%나 급증했다고 한다.

이것은 비단 직장인만의 문제는 아니다. 전업주부 또한 아이들 뒷바라지하면서 다른 학부형들이나 주변 사람들을 만날 때 관계의 어려움을 숱하게 호소한다. 결국 우리 '일상의 삶'이 전혀 녹록지 않다는 말이다.

그런데 신앙생활을 하는 크리스천에게 이것은 더욱 난감하고 복잡한 문제로 다가온다. 세상살이가 이토록 치열하고 힘겨운데, 교회에 오면 그런 힘들었던 일상의 삶에 대해 공감받지 못한다고 느끼는 사람들이 많다고 한다. 이런 버거운 일상의 삶을 드러내고 나누려고 하면 그것을 마치 신앙심이 없는 것처럼 여기는 풍토가 존재한다는 것이다. 세상에서도 치이고 교회에서도 치이는 이중고를 겪는 셈이다.

세상의 삶 속에서는 크리스천이라는 사실을 숨기면서 살고, 또 교회에 와서는 세상 속에서 별 문제 없는 것처럼 숨기면서 산다. 여러분은 어떤가? 세상에서 크리스천임을 당당히 외치고 있는가? 또 교회에서 일상의 힘든 문제를 터놓고 이야기하며 이해받거나 격려받는가? 아니면 그러지 못해 이중고에 빠져 있는가?

구약의 인물 중 엘리야는 정말 위대한 선지자였다. 그런데 이 엘리야의 삶을 보면 우리 인생의 축소판 같다.

그는 정말 하나님의 기적을 맛본 사람이다. 우상 숭배하던 850명의 선지자와 싸워 이기고, 하나님께 기도함으로써 하늘에서 불을 내려 제단을 태우는 기적을 경험했던 사람이다. 그러나 이 승리 이후 당시 왕후였던 이세벨이 죽이겠다고 협박하자 두려움에 빠져 도망친 사람이기도 하다. 우울증에 빠져 의기소침하고 낙망한 심령으로 로뎀나무 곁에 누워 있던 사람, "하나님, 차라리 절 죽여주십시오"라며 극단적인 상황까지 간 사람이다. 그런데 그때 하나님이 찾아오신다.

> 5 로뎀 나무 아래에 누워 자더니 천사가 그를 어루만지며 그에게 이르되 일어나서 먹으라 하는지라 6 본즉 머리맡에 숯불에 구운 떡과 한 병물이 있더라 이에 먹고 마시고 다시 누웠더니 7 여호와의 천사가 또 다시 와서 어루만지며 이르되 일어나 먹으라 네가 갈 길을 다 가지 못할까 하노라 하는지라 8 이에 일어나 먹고 마시고 그 음식물의 힘을 의지하여 사십 주 사십 야를 가서 하나님의 산 호렙에 이르니라 _열왕기상 19:5~8

하나님께서는 엘리야에게 기도하라고, 철야하라고, 말씀 보라고 하시지 않는다. "너 그러고 있으면 안 돼"라고 윽박지르시지도 않는다. 다만 물과 떡을 주시며 우리 육신의 고단함을 녹여주신다. 하나님은 아시는 것이다. 이해하시는 것이다. 인간의 약함을 아시는 하나님께서는 엘리야의 마음 낙망을 믿음 없음으로 보시지 않고, 격려하시는 것이다.

이렇게 엘리야를 이끄신 후에 호렙 산에서 하나님은 어떤 모습으로 나타나시는가? 이것이 중요하다. 이때 엘리야는 힘을 내 다시 한 번 기적을 경험하기를 원했을지 모른다. 이스라엘을 개혁하고 시대 상황을 바

꾸려고 했을지도 모른다. 그러나 하나님은 엘리야에게 "세미한 소리"로
나타나신다.

> 11 여호와께서 이르시되 너는 나가서 여호와 앞에서 산에 서라 하시더
> 니 여호와께서 지나가시는데 여호와 앞에 크고 강한 바람이 산을 가르
> 고 바위를 부수나 바람 가운데에 여호와께서 계시지 아니하며 바람 후
> 에 지진이 있으나 지진 가운데에도 여호와께서 계시지 아니하며 12 또
> 지진 후에 불이 있으나 불 가운데에도 여호와께서 계시지 아니하더니
> 불 후에 세미한 소리가 있는지라 _열왕기상 19:11~12

'미세한' 소리, 부드럽고 조용한 소리, 여린 소리로 찾아오시는 것이
다. 그러시면서 너는 지금 혼자가 아니라고, 7천 명이나 되는 하나님이
세우신 헌신자들이 있다고 알려주며 위로하신다.
　우리 일상의 삶은 엘리야의 삶과 같이 하나님의 기적을 맛보다가도
또다시 고난 앞에서 절벽 밑으로 곤두박질치기도 하고 다시 일어나기도
하는, 정말 우여곡절 많은 하루하루로 점철되어 있다 해도 과언이 아니
다. 우리 모두가 이런 고단한 일상의 삶을 살아가고 있음을 아시는 하나
님께서는, 그 걸음걸음마다 우리를 이해하고 안아주고 격려해주기를 원
하시고, 그렇게 해주마고 약속하신다.

　3 야곱의 집이여 이스라엘 집에 남은 모든 자여 내게 들을지어다 배에

서 태어남으로부터 내게 안겼고 태에서 남으로부터 내게 업힌 너희여

4 너희가 노년에 이르기까지 내가 그리하겠고 백발이 되기까지 내가 너

희를 품을 것이라 내가 지었은즉 내가 업을 것이요 내가 품고 구하여

내리라 _이사야 46:3~4

한편 우리에게는 이 하나님의 위로에 더하여 일상의 삶에서 꼭 필요한 또 한 가지가 있다. 바로 우리 곁에 있는 가족과 교회 공동체 식구들의 이해와 격려다.

내가 대학교수 직을 내려놓았을 때 많은 이들이 걱정했다. 아마 사회적으로나 경제적으로나 좋은 직장인데 그만두자 염려가 되었기 때문일 것이다. 그런데 실은 그때 나는 속으로 굉장히 미안했다. '혹시 내가 대학이라는 직장의 삶이 힘들어서 도피한 것은 아닌가? 이곳에서 크리스천으로서의 삶을 잘 살지 못하고 또 앞으로도 그렇게 살지 못할 것에 대한 두려움 때문에 도망 나온 것은 아닌가?' 그러면서 직장생활 하는 수많은 크리스천을 뇌둔 채 나만 신앙생활 하기 편한 곳으로 빠져나온 것 같았다. 그래서 너무나 미안했다.

대학이라는 직장에 있으면서 크리스천으로 살아가기가 얼마나 힘든지 뼈저리게 느꼈다는 이야기를 하는 것이다. 제법 신앙이 좋았던 나였는데 힘들었다. 때론 내가 예수 믿는다는 사실을 숨기는 게 편할 때도 있었다. 아니, 적극적으로 숨기지는 않더라도 굳이 밝힐 필요가 있을까 싶을 때가 많았다. 또 열심히 크리스천임을 드러낸다고 그다지 영향력을 발휘

하지도 못하는 것 같았다. 혼자 달걀로 바위를 치는 듯한 느낌이었다.

밖에 나가서 사회활동 하는 가장을, 직장에 다녀오는 남편과 아내를, 또 우리 자녀를 서로서로 긍휼히 여겨주기 바란다. 그들 모두에게는 일상의 삶 속에서 순간순간 다가오는 무게감을 떨쳐낼 수 있는 격려와 이해와 공감이 필요하다. 집에서 전업주부로 지낸다고 다르지 않다. 가정과 자녀를 돌보는 일도 직장일 못지않다. 우리는 서로 위로와 격려가 필요하다.

언젠가 수요기도회 때 본 영상에서 나온 내용이다. 앞으로 살날이 30년쯤 남았다고 가정할 때, 직장생활과 개인생활 등을 다 빼고 나면 가족과 함께할 수 있는 시간이 많으면 1~2년, 적을 경우 6개월 정도라고 한다. 정말 얼마 되지 않는 셈이다. 그러니 "수고했어요", "힘내요"라는 말을 결코 아끼지 말자.

일은 우리에게 고단함을 준다. 이때 가족과 교회 공동체가 이해하고 안아주지 않는다면 우리는 어디에도 기댈 곳 없는 비참한 영혼이 되고 만다. 그러므로 우리는 날마다 하나님의 말씀 가운데 위로받아야 하며, 또한 가족 간에 성도 간에 서로 이해와 공감과 격려가 절대적으로 필요하다. 그래야만 남편이, 아내가, 자녀가 그리고 옆 성도가 고단한 일상 속에서 넘어지지 않고 은혜 가운데 살아갈 수 있다.

선데이 크리스천: '선데이'가 아니라 '크리스천'이 문제다

2016년 1월에 교회를 개척하고 주일에만 쓸 수 있는 공간을 마련했었다. 주중예배를 하고 싶어도 할 수 없는 상황이었다. 개척교회는 새벽기도가 중요하다고 말하는 분들이 많았다. 새벽기도가 없이 개척교회는 불가능하다는 말도 많이 들었다. 그러나 우리는 5개월 동안 주일예배만 드렸다. 그때 성도와 함께 우리가 외쳤던 모토가 있는데 바로 이것이다. "주일에 주신 하나님의 말씀은 한 주간을 살기에 충분합니다."

심방 중에 한 성도가 "목사님 저는 선데이 크리스천입니다"라고 자신을 소개했을 때 나는 이렇게 그 성도에게 말했다 "성도님, 선데이 크리스천이 뭐 어때서요? 주일 한 번 예배는 절대로 부족하지 않습니다. 그 한 번의 예배 속에서 하나님을 만나는가 못 만나는가가 더 중요한 문제입니다. 그 한 번의 예배 속에서 매 주일 하나님이 주시는 은혜를 충분히 받고 주일에 받은 말씀으로 세상 속에서 승리하며 살아가시면 됩니다."

하나님과의 관계는 횟수보다 실제적인 만남과 순종에 의해 결정된다. 아무리 많은 양의 예배를 드릴지라도 그것이 실제로 하나님과의 만남과 순종으로 이어지지 않는다면 의미가 없다. 신앙생활은 참가하는 데 의의를 두는 올림픽 정신을 가지고 하는 것이 아니다. 예배에 안 가는 것보다는 가는 게 낫고 한 번보다는 두 번이 더 나은 것이 아니라는 이야기다. 예배에 가면 정말로 하나님을 만나는 경험을 해야만 한다. 예배를 여러 번 드린다고 우리 삶에 변화가 일어나는 것이 아니라 하나님을 만나야 변화된다.

크리스천은 '그리스도인'의 영어 용어다. 성경에서 처음으로 그리스도인이 언급된 곳은 안디옥교회다. 초대교회가 시작되었던 예루살렘 교회에 핍박이 닥쳐오자 많은 성도들은 이방 땅으로 도망하는데 안디옥 지역에 모여 세운 교회가 바로 안디옥교회다. 이들은 안디옥 사람들이 보기에도 아름다웠다. 그들이 말하는 예수님에 대한 이야기와 이 이야기를 전하는 그들의 삶이 일치했기 때문이다. 그래서 안디옥 사람들이 이들에게 붙여준 이름이 바로 '그리스도인'이다. 다시 말해 예수님을 그리스도로 믿고 그분의 삶을 그대로 따라 사는 무리라는 의미다.

이런 의미에서 교회에 다니는 '교인'이 전부 '그리스도인'은 아니다. 우리가 부끄러워야 할 것은 '선데이 교인'이다. 선데이 교인은 스스로를 부끄러워해야 마땅하다. 이들이 부끄러워해야 하는 이유는 주일에 한 번 교회에 나오기 때문이 아니라 나머지 6일 동안 신앙과 삶이 불일치하기 때문이다. 회사 동료들은 회사 일을 제쳐두고 교회 간다는 사람을 좋아하지 않는다. 그 사람이 교회 가는 횟수를 보면서 신앙적이라고 평가하지 않는다. 오히려 회사 일을 잘해내는 사람을 존경하고 긍정적으로 평가한다. 그리고 그 사람에게 "신앙생활 하는 사람은 뭐가 달라도 달라"라고 칭찬한다.

우리의 이중적인 삶 때문에 세상 사람들이 우리를 그리스도인 즉 예수님을 믿고 따르는 사람으로 인정하지 않는 것을 부끄러워해야 한다. 좋은 그리스도인이 되기 위해 더 많은 시간을 교회 안에서 보낸다는 것은, 바꿔 말하면 세상에서 인정받을 시간은 부족하다는 의미다. 그리스도인을 역차별하는 후기 기독교 사회에서 그리스도인은 더욱더 적극적으로 세상 안에서 소금과 빛으로 나타나야만 한다. 교회 안으로만 들어갈수록 세상은 우리를 그리스도인이 아닌 폐쇄적이고 배타적인 무리로 오해할 것이다. 그 오해는 단지 그리스도인에 대한 오해에서 그치는 것이 아니라 예수님에 대한 오해가 될 것이다. 이미 세상은 교회를 향해 "너희만 잘났냐?"라고 보는 색안경을 끼고 있음을 알아야 한다. 그리스도인으로 인정하기는커녕 그저 "교회 다니는 사람"이라고 비아냥거릴 것이다.

"이제는 교인들을 교회에서 세상으로 놓아주어야 한다"라는 말에 전적으로 공감한다. 후기 기독교 사회에서 기독교에 대해 반발하는 중요한 이유가 바로 '이분법 사고'다. 교회는 성스럽고 세상은 속되기 때문에 세상을 싸워야 할 적으로 여기는 사고 말이다. 우리는 선데이의 예배에 목숨을 걸고, 하나님을 만나는 신앙을 회복하고, 그 은혜로 세상으로 나아가 그리스도인으로 인정받는 삶을 살아내야 한다.

6일 동안의 삶에 대한 오해

십계명 중 안식일에 대한 계명이 있다. 요즘으로 말하자면 주일에 대한 원칙이다.

9 엿새 동안은 힘써 네 모든 일을 행할 것이나 10 일곱째 날은 네 하나
님 여호와의 안식일인즉 너나 네 아들이나 네 딸이나 네 남종이나 네
여종이나 네 가축이나 네 문안에 머무는 객이라도 아무 일도 하지 말라

_출애굽기 20:9~10

특히 9절을 공동번역 성경에서는 "엿새 동안 힘써 네 모든 생업에 종
사하고"라고 번역한다. 이 말씀대로라면 우리가 6일 동안의 삶에서 정말
집중하고 힘써야 하는 것은 "생업"이다. 육신을 위해 먹고사는 일을 열심
히 해야 한다는 것이다. 교회 행사에 참여하기 위해 생업을 제쳐두고 오
는 것과는 거리가 먼 이야기다. 생업에 집중하는 것은 세속적이고 육체
를 위한 저급한 일이고 교회에 나오는 것은 영적이고 높은 차원의 일이
라고 생각하는 것과도 거리가 먼 말씀이다.

교회를 하나님이 거하시는 성전으로, 하나님의 임재 처소로 여기는
마음은 귀하다. 그러나 내 생업의 일터가 교회보다 중요하지 않다는 식
의 생각은 위험하다. 이것은 교회와 일터, 신앙과 생업을 구분하여 거룩
한 것과 속된 것으로 여기는 전형적인 이분법 사고다.

교회는 건물이 아니라는 것을 이론으로는 다 알고 있는데 현실은 다
르다. 기도를 해도 교회에 와서 해야 더 영적이라고 한다. 새벽예배도 교
회에 와서 할 때 더 은혜가 된다고 한다. 교회라는 건물 밖에서는 기도해
봐야 소용없고, 집 한구석 골방에서 기도하는 것은 은혜가 없다고 은연
중에 생각하고 있는 것이다. 반은 맞고 반은 틀린 이야기다. 하나님은 무

소부재하시고 우리가 찬양하는 그곳이 바로 하나님의 임재 처소임을 성경이 말씀하고 있음에도 '자기 방식'의 신앙을 고집하는 것이다.

예배는 교회 건물 안에서만 가능한 것이 아니다. 갑작스러운 업무가 주어졌지만 정말 주중에 예배가 필요하다면 시간을 쪼개서 회사 한 곳에서 찬양과 기도와 말씀으로 홀로 예배를 드릴 수 있다. 교회에 가는 것이 목적이 아니라 예배를 드리는 것이 목적이라면 언제나 어느 곳에서나 예배는 가능하기 때문이다. 하나님은 마음의 예배를 받으시는 것이지 형식을 보시는 분이 아니시다.

많은 이들이 회사에서 시간을 떼어 혼자 예배드리는 것이 현실적으로 어렵다는 말을 많이 한다. 나 또한 목사로 부름 받기 전에는 직장생활을 했기에 그것이 무슨 말인지 잘 안다. 그러나 그건 변명일 뿐이다. 분주함 속에서 잠시 시간을 내어 말씀을 읽고, 온라인 설교를 듣고 기도하는 것이 얼마나 중요한 일인지를 모르기에 하는 변명이다. 서울과 부산으로 장거리 연애를 해도 서로 좋아하면 열 일 제쳐두고 달려가는 것이 사람이다. 진짜 좋은 일은, 정말 중요한 일은 최우선순위에 두고 어떻게 해서든 하게 된다. 바로 지금 이 순간 손을 내밀어 성경을 펴고 읽고 기도하면 된다. 이것이 최선의 방법이다. 이 말을 다시 한 번 강조하고 싶다. "교회에 갈 수 없는 상황 때문에 예배를 포기하지 말자." 예배는 모든 곳에서 가능하다.

또한 우리가 생업으로 여기며 열심히 일하는 일터는 월급이 목적이 아니다. 종교개혁가들이 가졌던 일터신앙은 "모든 직업은 성직이다"라는 신앙이었다. 어떤 직종의 일이든 자기에게 맡겨진 생업이 하나님이 주신 생업임을 고백하는 것이다 이 고백의 핵심은 하나님이 만드신 온 세상에 하나님이 함께하시며 하나님이 계시는 곳은 어디나 거룩하다는 것이다. 세상과 신앙을 나누는 성속의 구분으로부터 벗어나라는 것이다. 그리스도인에게 가장 시급히 회복되어야 할 영역이 "모든 생업은 거룩하다"라는 바로 이 정신이다.

우리는 교회 안에서 그리스도인이 아니라, 세상 속을 사는 그리스도인이 되어야 함을 신앙의 목적으로 삼아야 한다. 생업을 위한 우리의 일터는 우리가 그리스도인으로 살도록 부름 받은 소명의 장소다. 월급은 당연히 주어지는 결과물이지 목적이 될 수는 없다. 소명을 따라 일터에서 나에게 주어진 역할을 해내는 것이 바로 거룩한 일이며, 성도의 마땅한 삶이다. 생업을 살아내는 것이 곧 하나님 앞에서 예배자로서 서는 삶임을 기억해야 한다.

6일 동안 불안한 목사

개척을 하고 뭔가 의식 있는 목사인 양 호기롭게 주일예배만 드리고 주일 말씀 하나를 붙잡고 일주일을 살아낼 수 있다고 강조했다. 그리고 일터의 신앙을 회복하고, 있는 곳에서 예배드리도록 권면했다. 한 주간 일터에서 분주하게 살아가는 삶에 더욱 힘쓸 수 있도록 해주고 싶었다.

주중에 홀로 예배할 때 주일 설교를 한 번 더 듣고 그 말씀을 더 깊이 새기라고 권면했다. 너무 많은 말씀을 귀로만 듣고 금방 잊어버리기보다는 한 말씀이라도 심비에 새겨지는 것이 좋다는 생각 때문이었다.

그렇게 한 주를 보내는 중 문득문득 마음 한구석에 들어오는 불안감이 있었다. '성도들이 주중에 어떻게 지낼까?' 하는 생각 때문이었다. '주중예배가 없다고 불만이 가득하지는 않을까?' '성도들이 영적으로 피폐해지지는 않을까?' '지금이라도 성도들을 교회로 나오라고 할까?' 별별 생각이 다 들었다. 그리고 "목사로서 지금 목사 노릇을 잘하고 있는가?" 하는 질문도 하게 되었다. 그런데 이런 질문과 이 질문을 가지고 기도하는 중에 내 마음 깊은 곳에서 진짜 불안감을 발견하게 되었다.

바로 '주일만 모이다가 성도들이 다른 교회로 다 가버리면 어떻게 하지? 개척하자마자 교회 망하는 것 아니야?'라는 불안감이었다. 이 불안감의 이면에는 이 교회가 하나님이 다스리는 교회가 아닌 목사인 내가 잘 경영하고 운영해야 하는 교회라는 생각이 있었다.

성도들이 주일에는 목숨을 걸고 마음과 뜻과 정성을 다해 예배를 드리고, 주중에는 삶 영역에서 생업을 성직으로 생각하며 살아가도록 하는 것이 올바른 방향이라면 하나님이 역사하실 것이다. 그럼에도 인간적인 생각 때문에 불안감이 몰려왔다. 그때 이런 생각을 하게 되었다. "아, 이래서 개척하면 모든 주중예배와 양육과정과 훈련을 강조하는 것이구나. 성도가 눈앞에 보이는 것이 안정감을 주기 때문일 수 있겠구나."

목사가 목사 노릇 하기 위해 교회를 세우는 것이 아니다. 목사 노릇

하려면 성도가 필요하기 때문에 성도가 모여야 하는 것도 아니다. 더욱이 교회를 밥벌이 하는 직장으로 삼고자 목사가 되었다면 정말 안타까운 일이다. 어쨌든 요즘 교회는 목사를 위해 존재하는 것 같은 착각이 든다. 목사가 교회의 브랜드가 되어버린 것이다. 교회 성도들이 세상에서 어떤 삶을 살고 있는지보다 그 교회 목사가 어떤 사람인지가 중요해졌다. 이것이 교회 타락의 가장 큰 이유다.

성도 한 사람 한 사람이 교회의 주체이자 지체로서 감당해야 할 역할을 자발적으로 감당해야 하는데 목사의 영향력이 너무 커져버렸다. 목사의 말 한 마디가 하나님의 말씀과 같아진 느낌이다. 이런 비정상적인 권위를 가지고 성도를 통제하려고 든다. 자신의 목회를 위해 성도가 소모품이 되는 경우도 많아지고 있다. 성도의 삶이야 어떠하든지 교회생활만 열심히 하면 된다는 편협하고 단선적인 결론만 내린다.

성도는 주중에 삶의 터전에서 24시간도 부족하다고 할 정도로 분주하게 살아간다. 그런 성도들에게 목사를 위해, 목사의 목회와 목사 노릇을 위해 교회로 나오는 것이 중요하다고 강조하는 것은 분명히 잘못된 일이다. 목사의 불안감 때문에 성도에게 교회생활 열심히 하라고 말하는 것은 강요일 수 있다. 하나님이 살아 계심을 믿는다면, 어느 곳에나 역사하시며, 특별히 성도의 생업 가운데 함께하심을 믿는다면 하나님께서 성도들을 친히 목회하시도록 해야 한다.

목회자들이 착각하는 것 중 하나가 본인을 하나님 정도로 생각하는 것이다. 목사가 기도해야 더 큰 역사가 일어나고, 목사가 심방 가야 직장이 대박 나고, 목사가 예배를 인도할 때 더 큰 은혜가 임하고, 목사가 나서야 하나님이 일하신다고 말이다. 목사가 성도의 신앙에 개입하면 할수록 그 성도의 독립된 신앙의 힘은 약해진다. 그러다 보니 자꾸 교회생활에 의존하는 신앙생활을 하고, 목사를 우상화하고, 스스로 예배하는 일을 어려워하게 된다.

신앙의 점수는 일상의 점수

개척하고 우리 교회는 새벽기도가 없었다. 그러나 시간이 흐르면서 기도가 필요하다는 마음이 생겼다. 2학기 한 달간 새벽기도를 하기로 하고 성도들에게 광고를 했다. 감사한 것이 새벽기도를 광고하고 또 준비하면서 아무런 부담이 없었다는 점이다. 정말 부담이 없었다. 새벽 4시에 잠을 깨어야 하는 것부터 매일 설교를 준비하는 것이 부담이 될 수도 있었을 텐데 전혀 그렇지 않았다. 이상하리만큼 그랬다.

성도들이 새벽에 몇 명이 나올지에 대해서도 고민하지 않는다. 기도는 하나님과의 만남이고 절박한 자들의 부르짖음이며 또한 그 누구도 대신해줄 수 없기에 자신의 선택일 때 의미가 있다. 나는 교회가 성도들에게 나와서 기도할 수 있도록 동기를 부여하고 필요한 것들을 제공하는 주체여야 한다는 주장에 동의할 수 없다. 목회자로서 내가 할 수 있는 것은 최소한의 것이어야 한다. 자발적으로 기도하는 사람들은 하나님을 만나러 온 것이다. 목사를 보러온 것도, 목사에게 눈도장 찍으려고 온 것도, 설교를 평가하려고 온 것도, 찬양과 행사를 누리려고 온 것도 아니다. 그들은 기도하러 왔다. 목사는 하나님의 말씀으로 기도 제목을 붙잡을 수 있도록 하나님의 말씀을 대언하면 된다. 성도는 그 말씀에 찔림과 도전 그리고 위로와 힘을 얻고 하루를 하나님께 드리며 기도하면 된다.

새벽기도의 목적은 단순하다. 성도들이 기도가 습관이 되어 일상의 경건 생활을 회복하기를 바라는 마음에서다. 교회에 나와서 하는 새벽기도가 집에서 하는 개인적인 경건 생활과 차이가 없어야 하는 이유가 여기에 있다.

신앙의 점수는 일상의 점수다. 하나님과의 지속성이 신앙의 점수다. 조금은 더디고 힘든 과정이 될지 몰라도 스스로 자기의 생각으로 기도할 기회를 주어야 한다. 스스로 자신의 문제와 한계에 더 직면하는 시간이 필요하다. 부르짖기 전에 조금 더 생각할 시간이 필요하다. 기도는 하나님과의 대화다. 하나님의 음성을 통해 나를 돌아보는 시간이다. 내 생각을 하나님의 생각과 맞추는 시간이다. 내 기도를 통해 하나님을 변화시키는 것이 아니라 하나님의 말씀을 내면화하여 자기 것으로 만드는 시간이다.

사람의 두려움 때문에 하나님을 앞서가서는 안 된다. 차라리 아무것도 안하는 것이 하나님의 역사를 드러내는 더 좋은 방법일 수 있다. 하나님과 성도 사이에 '특별'이라는 우상이 끼어들어 "일상"을 놓치는 우를 범하지 않아야 할 것이다.

선데이 그리스도인을 환영하며

교회는 '모이는 교회'와 '흩어지는 교회'로 구분할 수 있다. 모이는 교회는 우리가 공예배 등을 통해 실체를 볼 수 있기 때문에 이해하기 편하다. 그러나 흩어지는 교회는 성도 자신이 성령을 마음에 모시고 사는 성전, 곧 성도 자신이 교회인 것을 의미한다. 그러니 흩어지는 교회는 성도가 자신이 교회라는 인식으로 살아가고 있는지 아닌지를 성도 스스로만이 알 수 있는 그런 교회다.

지금까지 모이는 교회에 대한 강조는 많았지만 흩어지는 교회로서의 성도의 삶에 대한 강조는 미흡했던 것이 사실이다. 6일 동안 '흩어지는 교회'로서의 삶이 없는 채 '모이는 교회'가 되기 위해 주일예배에 나오다 보니 예배의 감격이 사라질 수밖에 없는 현실이다. 아무리 교회 나오라고 예배에 참석하라고 강조할지라도, 6일의 삶이 주일예배의 질을 결정한다는 인식의 전환이 없다면 이 악순환은 반복될 것이다.

주중에 단 한 번도 하나님 생각 않고 살던 성도가 주일에 교회 와서 하나님을 찬양하는 그 예배가 하나님 앞에 어떻게 들릴까? 하나님은 예배 받기를 좋아하시는 분이다. 그런데 성경을 보면 그토록 예배 받기를 기뻐하시는 하나님께서 예배를 거절하신다. 바로 주중의 삶은 없고 주일에만 나와서 예배할 때다. 의무적인 예배, 습관적인 예배, 마음이 없는 예배를 하나님은 거절하신다.

교회 이름을 '우리는교회'라고 지은 이유도 여기에 있다. 목사의 교회가 아니다. 모이는 교회만이 아니다. 우리가 잊고 있는 주중 삶에 대해 책임감 있는 성도가 되어야 한다는 의지를 담은 이름이다. 성도 한 사람 한 사람이 성령이 거하는 성전이라면, 그 성도가 모이는 교회 건물 안에서 예배할 뿐 아니라, 주중의 생업 중에도 하나님 앞에 찬양과 기도를 올리는 예배자의 삶이 계속되어야 함을 강조한 이름이다. 성도는 '교회 건물 안에 갇혀 사는 교인'이 아니라 '세상 속을 살아가는 그리스도인'이어야 한다는 뜻이다.

후기 기독교 사회 문화의 영향으로 말미암아 선데이(주일)조차 예배하지 않는 교인이 많아지고 있는 것이 현실이다. 6일의 삶을 강조하는 것이 주일예배를 약화시키리란 우려를 안 할 수가 없다. 주일에 교회 나오는 일은 하나님께서 우리에게 명령하신 중요한 일이다. "우리가 주일을 지키는 것이 아니라 주일이 우리를 지킨다"라는 말이 있다. 주일을 지키는 일은 우리 생명과 관련 있는 일임을 기억하고 예배하는 성도가 되어야 한다. 주일에 하나님 앞에 나와 한 번 예배드리더라도 마음을 다해 드려야 한다. 오늘이 마지막 예배라는 마음으로, 주일마다 주실 은혜를 기대하고 사모하는 심정으로 예배해야 한다.

또한 6일 동안 단 하루도 교회에 나올 수 없을지라도 자신의 생업 속에서 세상 사람들에게 칭찬받는 '그리스도인'이 되겠다는 결심으로 살면 된다. 생업을 성직으로 여기는 소명 의식과 매 순간 하나님을 찬양하고 감사하고 말씀대로 순종하고 살아감으로써 세상 사람들에게 "그리스도인답다"라고 인정받는 삶이 되도록 애쓰면 된다.

이런 의미에서 '우리는교회'는 선데이 그리스도인(선데이 크리스천)을 환영한다. 주일예배를 소중히 여기며, 6일의 삶을 세상 속에서 그리스도인답게 살아내는 성도를 반긴다.

그리스도로 일상을 채워라

그리스도인으로서 고단한 일상을 살아갈 때 우리가 지녀야 할 삶의 태도가 있다. 우리는 일상을 '그리스도'로 채워야 한다. 이 말이 무슨 뜻일까? 성경 말씀을 보자.

> 16 항상 기뻐하라 17 쉬지 말고 기도하라 18 범사에 감사하라 이것이 그리스도 예수 안에서 너희를 향하신 하나님의 뜻이니라 _데살로니가전서 5:16~18

"항상", "쉬지 말고", "범사에" 즉 일상의 삶 속에서 그리스도인이 갖추어야 하는 삶의 태도가 "기뻐하는 것", "기도하는 것", "감사하는 것"이라는 말씀이다. 유진 피터슨의 《메시지 신약》(복있는사람, 2011)에서는 18절 후반절을 "이것이야말로 하나님께서 그리스도 예수 안에 있는 여러분에게 바라시는 생활방식입니다"라고 표현한다. 우리는 하나님의 뜻은 특별해야 한다고 생각할 때가 많다. 그런데 하나님이 우리에게 바라시는 뜻은 지극히 평범하고 일상적인 생활방식에 있다는 것이다.

우리는 살면서 '하나님의 뜻'을 알기 원할 때가 얼마나 많은가? 어떤 직장에 갈지, 유학을 갈지, 결혼을 할지 등 고민이 많다. 많은 사람들이 그런 특별한 때에만 하나님의 뜻을 묻곤 한다. 하나님의 뜻은 특별하다는 생각 때문이다. 그런데 성경은 그런 특별한 때만이 아닌 일상의 삶 속에서 늘 기뻐하고 감사하고 기도하는 생활방식을 하나님의 뜻이라고 우리에게 알려주고 있다.

그런데 문제는 우리가 일상에 대해 부정적인 생각을 가질 때가 많다는 데 있다. '지금 이 상황에서 기뻐하라고? 난 지금 너무 힘들어서 기도조차 안 나오는데. 그리고 기도하면 뭐해 결국 이 모양 이 꼴인데.' '감사하라고? 감사할 거나 좀 주고 감사하라고 하지.' 그래서 오히려 일상을 벗어나길 원하게 되고 나에게 좀 더 특별한 일이 생기기를 바라게 되는지 모른다. 일상은 별 볼 일 없지만 나에게 특별한 일이 생기면 좋겠다는 바람 말이다. 여러분은 '나의 일상'을 어떻게 바라보고 있는가?

> 17 비록 무화과나무가 무성하지 못하며 포도나무에 열매가 없으며 감람나무에 소출이 없으며 밭에 먹을 것이 없으며 우리에 양이 없으며 외양간에 소가 없을지라도 18 나는 여호와로 말미암아 즐거워하며 나의 구원의 하나님으로 말미암아 기뻐하리로다 19 주 여호와는 나의 힘이시라 나의 발을 사슴과 같게 하사 나를 나의 높은 곳으로 다니게 하시리로다 이 노래는 지휘하는 사람을 위하여 내 수금에 맞춘 것이니라 _하박국

우리의 기쁨은 무화과나무와 포도나무와 감람나무의 열매가 무성하고 풍성하기 때문이 아니다. 밭에 소출이 많고 외양간에 소와 양이 가득해서가 아니다. 우리 기쁨의 근원은 바로 "여호와로 말미암음"임을 고백한다. 왜일까? 여호와 하나님은 우리를 구원하시는 소망의 하나님이시기 때문이다.

"주 여호와는 나의 힘이시라 나의 발을 사슴과 같게 하사 나를 나의 높은 곳으로 다니게 하시리로다."

우리가 우리를 모른다. 우리의 숨은 영적 능력을 모른다. 우리 발을 사슴과 같게 하셔서 높이 뛰게 하시는 그 하나님의 힘이 우리에게 있음을 망각할 때가 많다. 그래서 흔히 낙심하곤 한다. 우리가 구원의 하나님의 백성임을, 예수 그리스도 안에 있는 하나님의 자녀임을 알 때, 우리는 어떤 상황에서도 하나님을 찬양할 수 있게 된다.

> 베드로가 이르되 은과 금은 내게 없거니와 내게 있는 이것을 네게 주노니 나사렛 예수 그리스도의 이름으로 일어나 걸으라 하고 _사도행전 3:6

우리가 좇아야 할 것은 세상의 희소성이 아니다. 은과 금이 아니다. 은과 금이 해결하지 못하는 것이 있다. 은과 금이 능력이 아닌 세계가 있다. 우리는 보이지 않는 영의 세계를 살아가는 천국 백성이다. 희소성을 좋으면 은과 금이 가득하고 갖춘 것은 많아질지 모르지만, 우리의 영성은 점점 고갈되고 그리스도 예수 이름의 권세는 성경 속 문자로 전락해 버린다. 2,000년 전의 사건일 뿐 우리와는 무관한 이름이 되어버린다.

예수님이 어떤 분인가? 예수를 그리스도로 믿을 때 우리는 '영혼 구원', '영생', '천국'을 얻는다. 이 땅에서도 동일하게 '구원'이 있다. 병이 굴복하고, 자연이 굴복하고, 귀신(영적 세계)이 굴복한다. 예수님은 이런 권세를 우리에게 주셨다.

오늘 여러분은 '예수 그리스도의 이름'을 가졌는가? 이 이름은 온 인류를 위해 주신 이름이다. 믿지 않는 자에게는 구원을 얻는 이름이요, 구원받은 자에게는 이 땅에서 권세 있게 사용할 이름이다. 권세란 비유하자면 경찰복을 입혀주신 것이다. 과속을 하는 자동차를 손짓해서 불러 세울 수 있는 것은 내 힘이 아니다. 경찰복이 가지는 힘이 주어진 것이다.

하나님의 자녀인 우리는 결코 작은 자가 아니다. 예수 그리스도 안에 있는 한 우리는 강력한 능력을 가진 자임을 꼭 기억해야 한다. 그러므로 우리는 일상의 삶 속에서 다음과 같은 사도 바울의 고백을 기억하며 예수 그리스도 안으로 들어가려고 노력해야 한다.

형제들아 내가 그리스도 예수 우리 주 안에서 가진 바 너희에 대한 나의 자랑을 두고 단언하노니 나는 날마다 죽노라 _고린도전서 15:31

"나는 날마다 죽노라"는 "나는 날마다 예수로 사노라"다. 나는 죽고, 예수가 산다.

오늘부터 가족 큐티방을 만들어보자. 하루에 한 번 하나님의 말씀에 지배받아보자. 대학교수 시절 단 10분간 성경 한 장 읽는 것만으로 하루가 달라지는 것을 여러 번 경험했다. 왜 그럴까? 성경을 볼 때, 우리가 영적인 행위를 할 때, 우리는 영적인 존재이기 때문에 알게 되는 것이다. '내가 누구인지를'.

날마다 우리에게 주시는 말씀을 붙잡자. 특별히 날마다 '나는 죽고 예수로 사는 인생'이 되어 "항상 기뻐하고", "쉬지 않고 기도하며", "범사에 감사하는" 일이 '일상'이 되는 그리스도인이 되자.

소명을 알 때 일상은 특별해진다

예레미야 12장을 보면 예레미야는 하나님 앞에 불평을 늘어놓는다. 왜 악한 자들을 편히 살고 번성하게 내버려두시는지 따져 묻는다. 한걸음 더 나아가 "결국 하나님이 그들을 자라게 하고 열매 맺게 해주신 분 아닙니까? 하나님께서 악한 자들을 잘되게 하신 분 아닙니까?"라는 극단적인 불만을 털어놓는다. 우리가 일상의 삶 속에서 자주 품는 의문이고 불만 아닌가?

그러자 하나님은 뭐라 대답하시는가?

만일 네가 보행자와 함께 달려도 피곤하면 어찌 능히 말과 경주하겠느
냐 네가 평안한 땅에서는 무사하려니와 요단 강 물이 넘칠 때에는 어찌
하겠느냐 _예레미야 12:5

하나님은 우리를 어떻게 보시는가? 말과 경주할 사람으로 보신다. 우
리는 이대로 주저앉을 인생이 아니라 말과 뛰어야 하는 사람이다. 그런
데 말과 뛰어서 이길 사람이 어디 있겠는가? 말과 뛰어서 이기려면 하나
님과 함께 뛰어야만 가능하다. 하나님께서 도우셔야 가능하다.

왜 하나님께서는 우리를 말과 경주하도록 하시고 또 도우실까? 바로
우리 삶이 하나님께서 부르신 소명의 삶이기 때문이다. 소명의 삶은 우
리 수준의 것이 아니라 하나님께서 원하시는 삶을 말한다. 하나님께서
원하시는 이 사명의 삶은 마치 말과 경주하는 것과 같다. 보행자와 함께
달리거나 평안한 땅에서 거하는 삶과는 완전히 다르다.

하나님은 우리를 소명자로 부르셨다. 이 땅에 의미 없이 온 인생은 아
무도 없다. 모두가 각자 재능과 성격대로 의미 있게 이 땅에 보냄 받았고
그렇게 살도록 지음 받았다. 그런데 우리는 자꾸 옆만 본다. 옆 사람과
비교하면서 스스로를 작게 만든다. 일상의 삶이 별로 재미가 없고, 지겹
고, 비참해진다.

말과 달려 다툴 생각에 가슴이 벅차오르는 일은 전혀 없고, 그저 옆
사람과 비교하고 경쟁하는 데만 매달려 지지고 볶는다. 누구는 어떤 지
위에 있고 뭘 가졌는지, 무슨 차를 타고 몇 평짜리 집에 살며 자녀가 어

느 대학 갔는지. 그러면서 불평하고 자신을 비하한다.

하나님은 말씀하신다. "너희는 말과 경주해야 한다"라고. "너희는 내가 준 소명의 삶을 살아야 한다. 그때 비로소 내가 너희와 함께하는 것을 알게 될 것이다"라고. 소명을 가진 자의 삶은 쉽지 않다. 말과 함께 뛰어야 하기에 더욱 치열한 삶을 요청받는다.

앞으로 더 어려운 시대가 우리를 기다리고 있고, 더 새로운 과제가 우리를 기다리고 있고, 더 교묘한 유혹이 우리 삶을 어지럽힐 것이며, 더 짙은 어둠이 우리 앞길을 뒤덮을 것이고, 더 강력한 대적이 우리 앞에 나타날 것이며, 더 큰 파도가 우리를 향해 밀어닥칠 것이라는 의미다. 이런 삶에 대비하기 위해 우리는 자신의 일상이 소명으로 채워져 있는지를 반드시 점검해야 한다.

여러분은 지금 자신의 가정이나 직장 또는 자신이 관여하는 집단이나 조직, 모임 등에서 얼마나 소명 의식을 가지고 임하고 있는가? 그 자리에서 말과 경주할 태세로 살아가고 있는가? 아니면 보행자와 달리는 것도 힘들어서 이미 지치고 피곤해하는가? 만일 피곤에 빠져 있다면 다시금 소명을 붙잡아야 한다.

중세시대 서양에서는 인간의 노동을 영원한 가치를 지니는 것이라기보다 이 세상을 살아가는 동안 유익을 얻는 일시적인 수단이라고 생각했다. 그렇기 때문에 노동의 가치를 낮게 보았고 오로지 성직자들만이 소명을 받은 자로 여기며 일반 노동과 소명을 다른 것으로 구분했다.

그러나 종교개혁자 루터는 성직자의 소명을 가리키는 단어 베루프

(Beruf)를 일반적인 직업에도 동일하게 사용했다. 직업이 단지 이 땅을 사는 동안 먹고살기 위해 어쩔 수 없이 해야만 하는 단순노동이 아니라 모든 노동은 소명이라는 것을 알려준 것이다.

또한 그는 고린도전서 7장에 유독 많이 등장하는 "부르심"이라는 단어를 직업을 의미하는 베루프로 번역함으로써, 직업이란 '소명(부르심)'과 마찬가지며 '하나님께 부여받은 임무'임을 강조했다. 그러나 오늘날처럼 직업이 먹고살기 위한 수단으로 전락하고, 또 삶 대부분이 거기에 예속되면, 일상은 지루하고 피곤한 것이 될 수밖에 없다.

그런데 사실 일상이 그렇게 된 것은, 직업에 하나님이 부르신 소명이 없는 데서 오는 괴리감 때문임을 우리는 인식해야 한다. 이런 의미에서 가장 불행한 사람은 가정에서든 직장에서든 소명을 모른 채 일상을 따분하고 힘겹게 살아가는 사람이라고 할 수 있다.

인권운동가 마틴 루터 킹 목사님의 유명한 설교를 잘 알 것이다.

"만일 여러분이 거리 청소부라면 미켈란젤로가 그림을 그리듯, 베토벤이 작곡을 하듯, 셰익스피어가 시를 짓듯 거리를 청소하기 바랍니다. 거리를 그렇게 깨끗이 청소하면 하늘과 땅의 모든 천군천사가 멈춰 서서 '여기에 자기 일을 잘해낸 훌륭한 청소부가 살았다'라고 말할 것입니다."

직업이 특별해서 일상이 특별해지는 것이 아니다. 어떤 직종에서 일하든 그 안에 하나님이 부르신 소명 의식이 있는가 없는가에 따라 일상의 삶은 특별해지거나 비루해진다. 하나님이 불러주신 이 소명을 매 순간 인식할 때, 우리 일상은 가슴 뛰는 것이 될 것이다.

예배

하나님을 사랑하는 모든 삶이 예배다

1 그러므로 형제들아 내가 하나님의 모든 자비하심으로 너희를 권하노니 너희 몸을
   하나님이 기뻐하시는 거룩한 산 제물로 드리라 이는 너희가 드릴 영적 예배니라
2 너희는 이 세대를 본받지 말고 오직 마음을 새롭게 함으로 변화를 받아 하나님의
   선하시고 기뻐하시고 온전하신 뜻이 무엇인지 분별하도록 하라

   _로마서 12:1~2

내가 하고 있는 예배, 이대로 괜찮은가?

오랜 동안 목회를 하다 보니 이런 경우를 종종 목격한다. 처음에는 정말 하나님 사랑하는 마음으로 열심을 다해 교회와 성도를 섬기고 전도한다. 그런데 시간이 흐르다 보니 남는 건 열심뿐이고 하나님 사랑하는 마음은 사라져버린다. 결국 "힘들다", "지쳤다", "왜 나만 이렇게 열심을 내고 다른 사람은 뒷짐 지고 있는가"라는 불만이 터져 나온다.

개척교회에 가기 싫어하는 이유는 뭘까? 여러 가지가 있을 것이다. 너무 작다 보면 자기가 너무 많이 노출된다. 또 교회가 재정적으로 어려운데 사람마저 없으니 한 사람 한 사람이 감당해야 할 몫이 커진다. 작은 교회 역시 큰 교회가 하는 일을 다 해야 한다고 생각하기에, 이런저런 일에 매달리다 보면 다들 지쳐 나가떨어지기 십상이다.

그런데 더 안타까운 것은, 시간이 지나면서 공동체를 가장 어렵게 할 가능성이 높은 사람이 바로 이런 '열심히 섬기는 성도'라는 점이다. 물론 다 그렇다는 이야기는 아니다. 하나님 사랑하는 마음을 시종일관 유지한 채 열심을 다하는 사람은 문제가 적다. 그러나 하나님 사랑하는 처음 마음 없이 열심만 가진 사람은 반드시 문제가 생기게 되어 있다.

이런 의미에서 우리에게는 신앙생활 시작할 때나 또 시간이 지난 후에나 끊임없이 던져야 할 질문이 있다.

"나는 처음 마음으로 신앙생활 하고 있나?"

나에게 뭔가 문제가 있다면 처음 마음이 사라진 것은 아닌지 점검해야 한다는 뜻이다. 신앙생활 잘하고 있는지는 다음 2가지 기준에 달려 있다.

"첫째, 나는 예수를 좇아가는 제자로 살고 있나?" 이 질문은 날마다 자기를 부인하는 삶을 살고 있는가를 묻는 것이다. 내가 살아 꿈틀거리면 예수를 부인하게 된다. 그러나 나를 부인하면 예수를 좇아갈 수 있다. 그리고 예수님이 맺었던 동일한 열매를 거두게 된다. 그 열매는 바로 섬김이다.

"둘째, 나의 모든 행동에 사랑이 있나?" 이것 역시 나만 사랑하는 욕심 많은 마음보다 하나님을 사랑하고 이웃을 사랑하는 마음으로 살아가고 있는가를 묻는 것이다. 이것을 위해 '나는 주 안에서 날마다 죽노라'고 고백하는 성도가 많아질 때 건강한 교회 공동체가 세워지는 것이다.

성도와 이런 대화를 나눌 때 나는 제일 기쁘다. "이전에는 인식하지 못했는데 주일 설교 말씀을 듣고 자꾸 조심하게 되고 말씀대로 살려고 애쓰게 됩니다." 반대로 이런 이야기를 들으면 혹시 문제가 생기지는 않을까 불안할 때가 있다. "저는 소그룹도 나가고 성경공부도 하고 수요기도회에서 기도도 하고 심지어 주일에 봉사까지 하면서 열심히 교회생활 하고 있습니다." 성도 한 사람 한 사람이 성경 기준에 맞추어 예수님의 제자로, 사랑의 존재로 거듭나는 그 변화야말로 정말 기쁜 소식인 것이다.

"그럼 봉사하지 말자는 겁니까? 교회에서 해야 할 사역은 필요 없다는 겁니까?"라고 반문할지 모른다. 물론 그건 아니다. 하나님께서는 우리 각자가 예수님 제자로서의 정체성, 사랑의 존재로서의 정체성 훈련을 철저하게 하기를 원하신다. 봉사는 예수님의 제자로서 자기부인 하는 좋은 훈련 수단이 될 수 있다. 또한 봉사는 다른 사람을 사랑할 수 있는 좋은 통로가 될 수 있다. 그런 마음으로 봉사하고 소그룹에 참여한다면 너무나 좋은 일이다.

예수님이 3년 동안 제자훈련 하신 내용을 보면, 실적을 내고 결과물과 목표를 향해 달려간 것이 아니었다. 그것은 제자들을 하나님의 백성으로 만들어가는 사역, 한 사람 한 사람을 변화시키는 사역이었다.

교회를 개척하고 나서 하나님이 나에게 선물처럼 주셨던 책이 《작은 교회가 답이다》(옥당, 2014)다. 이 책을 쓰신 데이브 브라우닝 목사님은 자신이 사역하는 교회를 소개하면서 다음과 같은 3가지 기준을 제시했는데 매우 공감이 갔다(이 책에 관해서는 2장에서 좀 더 자세히 소개하겠다).

- 예배: 하나님을 더 사랑하기
- 소그룹: 성도를 더 사랑하기
- 전도와 봉사: 더 많은 사람을 사랑하기

우선 우리가 하는 모든 신앙생활이 사랑에 기초한다는 개념이 너무 좋았다. 그리고 교회에서 이루어지는 모든 사역이 이 기준에 비추어보면 해야 할 것과 하지 말아야 할 것으로 분명하게 그려져서 좋았다. 하나님을 사랑하고, 우리 성도가 서로 사랑하며, 이 사랑이 세상 사람들에게까지 확장되어 더 많은 사람을 사랑하게 되는 신앙생활! 이것이면 충분하지 않은가?

만일 여러분이 찬양팀이라면, 위의 3가지 기준에 비추어 이렇게 묻고 싶다. "여러분은 왜 찬양팀으로 섬기고 있습니까? 무엇이 여러분을 봉사하도록 이끌고 있습니까? 담임목사님이 부탁해서입니까? 자기에게 악기를 다룰 수 있는 능력이 있기 때문입니까? 지금까지 이 사역을 계속했기 때문입니까? 아니면 별 생각이 없으십니까?" 동일하게 새가족부와 주일학교 교사와 안내 · 주차부원에게 묻고 싶다. 또 소그룹에 참여하는 성도와 교회 곳곳에서 보이지 않게 섬기는 성도에게 묻고 싶다.

아니, 여러분 스스로에게 이렇게 물어야 한다.

"나를 움직이는 동력은 무엇인가?"

> 만일 누가 말하려면 하나님의 말씀을 하는 것 같이 하고 누가 봉사하려
> 면 하나님이 공급하시는 힘으로 하는 것 같이 하라 이는 범사에 예수
> 그리스도로 말미암아 하나님이 영광을 받으시게 하려 함이니 그에게
> 영광과 권능이 세세에 무궁하도록 있느니라 아멘 _베드로전서 4:11

이 사랑의 동력, 사역의 동력, 더불어 함께하는 공동체를 세워가는 동

력이 하나님께로부터 오는 것임을 인정한다면, 우리가 가장 먼저 점검해야 하는 것이 바로 '예배'다. "내가 지금 행하고 있는 예배, 이대로 괜찮은가?"라고.

예배를 통해 하나님의 사랑과 은혜를 받는 사람은 더욱더 하나님을 신뢰하게 되며, 그 베푸심에 대한 만족이 여러 다른 성도에게, 또 세상 사람들에게 흘러가게 되는 법이다.

예배하는 자의 삶도 보시는 하나님

예배가 무엇일까? 우리 모두 주일이면 예배드리러 모이는데, 여러분에게 예배란 도대체 무엇인가?

아마 각자 '예배를 잘 드렸다' 또는 '나는 좋은 예배자다'라고 평가하는 기준이 있을 것이다. '오늘 설교가 감동적이었다.' '오늘 찬양이 굉장히 좋았다.' '오늘 눈물을 많이 흘렸다.' 이런 것이 기준일까?

성경에도 예배를 '오해'하는 모습이 많이 나온다. 이스라엘 백성들의 오해가 뭘까? '하나님이 주신 절기대로 수행하면 된다'고, '때 되면 소 잡고 양 잡고 비둘기 잡고 곡식을 태우고, 그러면 된다'고 생각한 것이다.

11 여호와께서 말씀하시되 너희의 무수한 제물이 내게 무엇이 유익하뇨 나는 숫양의 번제와 살진 짐승의 기름에 배불렀고 나는 수송아지나 어

린 양이나 숫염소의 피를 기뻐하지 아니하노라 12 너희가 내 앞에 보이러 오니 이것을 누가 너희에게 요구하였느냐 내 마당만 밟을 뿐이니라 (중략) 16 너희는 스스로 씻으며 스스로 깨끗하게 하여 내 목전에서 너희 악한 행실을 버리며 행악을 그치고 17 선행을 배우며 정의를 구하며 학대 받는 자를 도와 주며 고아를 위하여 신원하며 과부를 위하여 변호하라 하셨느니라 _이사야 1:11~12, 16~17

21 내가 너희 절기들을 미워하여 멸시하며 너희 성회들을 기뻐하지 아니하나니 22 너희가 내게 번제나 소제를 드릴지라도 내가 받지 아니할 것이요 너희의 살진 희생의 화목제도 내가 돌아보지 아니하리라 23 네 노랫소리를 내 앞에서 그칠지어다 네 비파 소리도 내가 듣지 아니하리라 24 오직 정의를 물 같이, 공의를 마르지 않는 강 같이 흐르게 할지어다 _아모스 5:21~24

3 보라 내가 너희의 자손을 꾸짖을 것이요 똥 곧 너희 절기의 희생의 똥을 너희 얼굴에 바를 것이라 너희가 그것과 함께 제하여 버림을 당하리라 (중략) 8 너희는 옳은 길에서 떠나 많은 사람을 율법에 거스르게 하는도다 나 만군의 여호와가 이르노니 너희가 레위의 언약을 깨뜨렸느니라 _말라기 2:3, 8

위의 성경 본문에서 하나님이 예배를 받지 않으시는 공통된 이유는 뭘까? '하나님이 하라고 하니까 예배를 했다'는 건방진 태도로 예배의 형식만을 취했기 때문이다. 예배는 하나님을 위해서가 아니라 바로 내가 사는 길이라는 것을 모르기 때문이다. 하나님은 우리 없이도 얼마든지 존재하실 수 있는 영원한 지존자시다. 그러나 우리는 하나님 없이는 살아갈 수 없는 유한한 피조물이다.

"우리가 주일(예배)을 지키는 것이 아니라 주일(예배)이 우리를 지킨다"는 이 말을 명심할 필요가 있다.

하나님의 관심사는 어디에 있을까? 바로 '삶이 있는 예배자가 드리는 예배'다. 어디에 있든 그 삶이 신앙인다울 때 드리는 제사, 요즘 말로 하면 회중예배 또한 빛난다.

하나님을 사랑한다는 것은 바람피우지 않는 것이다. 마음을 다른 데 두지 않는 것이다. 하나님께 집중하는 것이다. 우리는 언제 집중하는가, 언제 마음을 다하는가? 중요한 것, 내가 사랑하는 것, 내가 얻기 원하는 것을 얻으려고 할 때다. 예컨대 좋은 시험 성적을 얻기 위해 친구도 안 만나고 심지어 머리까지 짧게 자르고 오로지 공부에 집중한다.

예배는 하나님을 사랑하는 것, 그분만이 우리의 모든 것이라는 마음의 고백을 드리는 것이다. 그분을 만나는 이 시간에는 다른 생각 하지 않는 것, 이 예배 시간에 하나님이 하실 수 있으심을 의심하지 않는 것이다.

예배자, 곧 하나님을 사랑하는 자는 '관대해지고 공평해지고 정의로워지고 담대해질' 수밖에 없다. 하나님께 인생을 다 바치고 그분이 책임져주심을 분명히 믿기 때문이다.

삶에서 다른 사람을 괴롭히는 죄를 범하는 이유는 실은 자기 영혼이 안정 궤도에 있지 못해서다. 하나님께 중심을 두고 있지 못해 계속 사람에게, 환경에 휘둘려 요동하기 때문이다. 하나님을 못 믿으니, 하나님만 바라보지 않으니 그런 일이 벌어진다.

> 네 짐을 여호와께 맡기라 그가 너를 붙드시고 의인의 요동함을 영원히 허락하지 아니하시리로다 _시편 55:22

요한복음 4장에 나오는 사마리아 여인의 오해 '예루살렘인가, 사마리아인가'에 대해 예수님은 어떻게 말씀하시는가?

> 19 여자가 이르되 주여 내가 보니 선지자로소이다 20 우리 조상들은 이 산에서 예배하였는데 당신들의 말은 예배할 곳이 예루살렘에 있다 하더이다 21 예수께서 이르시되 여자여 내 말을 믿으라 이 산에서도 말고 예루살렘에서도 말고 너희가 아버지께 예배할 때가 이르리라 22 너희는 알지 못하는 것을 예배하고 우리는 아는 것을 예배하노니 이는 구원이 유대인에게서 남이니라 23 아버지께 참되게 예배하는 자들은 영과 진리로 예배할 때가 오나니 곧 이 때라 아버지께서는 자기에게 이렇게 예배하는 자들을 찾으시느니라 24 하나님은 영이시니 예배하는 자가 영과 진리로 예배할지니라 _요한복음 4:19~24

예배는 외적인 행위가 아니라 우리가 누구를 향해 어떤 마음으로 하는가 하는 중심의 문제고, 더 나아가 우리 삶의 영역까지 항상 포함하고 있다는 말씀이다. 교회 안에서만 예배자고 세상에서는 아닌, 그런 삶은 존재할 수 없다. 그러니 "너희의 정체성을 분명히 하라"는 말씀이다.

우리 삶 전체가 거룩한 산 제물이다

그러므로 형제들아 내가 하나님의 모든 자비하심으로 너희를 권하노니 너희 몸을 하나님이 기뻐하시는 거룩한 산 제물로 드리라 이는 너희가 드릴 영적 예배니라 _로마서 12:1

우리가 드릴 예배는 형식에 치우친 예배, 세상 가치에 중심을 둔 예배가 아니라 "영적 예배", 우리 몸을 "거룩한 산 제물"로 드리는 예배다.

이때 "너희 몸"은 단순히 우리 신체가 아닌 우리 삶 전체를 가리킨다. 또 "거룩한 산 제물"은 하나님께만 구별된 삶을 뜻한다. 오로지 하나님께서 기뻐하시는 삶을 살아야 한다는 것이고, 그런 삶 전체를 고스란히 하나님 앞에 제물로 바치라는 것이다.

《호크마주석》(기독지혜사, 2013)에서는 위 성경 본문을 이렇게 풀이한다. "그러므로 '너희 몸'은 '너희 자신(yourselves)'을 뜻하며, 우리의 인격 전체를 형성하는 모든 요소를 포함한다. 세상과 이웃과의 관계 속에서 구체적인 삶으로 표현되는 삶의 양태까지 포함한다."

세상과는 구별되게 살아가는 것이 우리의 마땅한 삶이며, 그것이 곧 예배라는 말이다. 그래서 바로 뒤 2절에서 예수님은 이렇게 부연 설명을 하신다.

> 너희는 이 세대를 본받지 말고 오직 마음을 새롭게 함으로 변화를 받아
> 하나님의 선하시고 기뻐하시고 온전하신 뜻이 무엇인지 분별하도록 하
> 라 _로마서 12:2

《호크마주석》에 따르면 "영적 예배"는 이스라엘 성전 예배의 외형적 의식과 대조되는 예배다. "'예배'에 해당하는 헬라어 '라트레이아'는 구약의 제사를 지칭하기도 했는데, 여기서는 단순히 제사 행위를 의미한다기보다는 삶으로서의 예배를 의미한다. 즉 삶의 모든 가치와 의미를 주께 두고 주님을 섬기는 삶을 사는 것에 역점을 두었다. 그러므로 이를 '섬김(service)'으로 번역한 번역본도 있다(KJV)."

영적 예배는 방언하고 예언하고 찬양하는 그런 예배가 아니다. 주일에만 모여서 화려한 음악에 도취되어 드리는 그런 예배도 아니다. 사도 바울이 말하는 영적 예배의 의미는 "너희가 영적인 존재로서, 영적인 존재답게, 하나님의 자녀답게, 천국 백성답게 살아가라"는 것이다.

이는 하나님만 사랑하라는 말과 똑같다. 그분께만 집중하는 삶, 세상 풍조에 흔들리지 말고 하나님의 말씀대로 순종하는 굳건한 삶을 살아내

라는 이야기다.

여러분의 삶이 곧 제물이다. 이 인식의 전환이 없으면 우리 예배는 날마다 실패할 수밖에 없다.

> 12 그러므로 예수도 자기 피로써 백성을 거룩하게 하려고 성문 밖에서 고난을 받으셨느니라 13 그런즉 우리도 그의 치욕을 짊어지고 영문 밖으로 나아가자 _히브리서 13:12~13

예수님은 백성을 거룩하게 하기 위해 따로 모여 예배하고 자기들끼리 더 결속력 있게 모이는 모임을 만드는 데 시간을 쓰지 않으신다. 모든 백성을 구원하시고자 기꺼이 성문 밖, 영문 밖으로 나아가신다. 우리의 영적인 점수는 교회 안에서 예배드릴 때 드러나는 것이 아니라, 우리가 삶을 살아내는 현장 곳곳에서 적나라하게 드러나기 마련이다. 바로 삶의 현장이 예배의 처소가 되는가 아닌가에 달려 있다.

우리가 일상의 삶에서 예배자로 서지 못하면 주일예배도 타격을 입기 쉽다. 주일은 내 영혼의 골든타임이다. 세상을 향해 있던 관심을 닫고, 하나님 없이 바람피우며 살던 내 삶을 회개하고 하나님께로 돌이키는 시간이다. 그런데 이렇게 세상 따로 교회 따로인 예배를 계속하다 보면 어색해진다. 언젠가부터 이제는 주일에 예배를 드려도 밋밋하고 설교가 좋아지지 않는다. 공동체가 날 몰라주는 것 같고, 서서히 세상의 생각들이 주일예배에도 들어오기 시작한다.

그러니 내 삶의 전 영역을 다 바쳐 하나님을 사랑하고 하나님께 집중하고 하나님이 모든 것 되신다는 믿음으로 살아가야 한다. 평소 성경 한 절 읽고 기도 30분도 하기 어려워한다면 '신앙생활 잘하고 싶다', '좋은 예배자가 되고 싶다'는 바람은 실현 불가능하다.

부디 '하나님의 말씀이 있는 곳', 그곳에 있는 시간을 많이 가지기 바란다. 소그룹이든, 가정에서든, 아니면 혼자서라도 말씀을 읽자. 말씀 앞에 자꾸 서는 일에 익숙해지는 것이 하나님을 사랑하는 예배자로 세워지는 첫 단추다. 그리고 나면 주일이 훨씬 더 편해지고, 여러분 자신이 영적인 존재로 살아간다는 사실을 한층 더 실감하게 될 것이다.

교회

공감의 공동체를 위하여

1   그러므로 다윗이 그 곳을 떠나 아둘람 굴로 도망하매 그의 형제와 아버지의 온 집이 듣고
     그리로 내려가서 그에게 이르렀고
2   환난 당한 모든 자와 빚진 모든 자와 마음이 원통한 자가 다 그에게로 모였고
     그는 그들의 우두머리가 되었는데 그와 함께 한 자가 사백 명 가량이었더라

     _사무엘상 22:1~2

힘들고 지칠 때 함께해줄 지지자가 있는가

혹시 이런 신조어를 들어본 적이 있는가? '덴덕후, 스덕후, 핀덕후, 노덕후, 아덕후'. '덕후'란 말은 어느 분야에 관심을 가지고 그 분야의 전문가, 마니아가 된 사람을 말한다. 예를 들어 여러 만화 내용이나 등장인물 등에 대해 모르는 것이 없을 정도로 해박한 사람이라면 '만화덕후'라고 부를 수 있다.

그렇다면 덴덕후, 스덕후, 핀덕후, 노덕후, 아덕후는 무슨 뜻일까? '덴마크덕후, 스웨덴덕후, 핀란드덕후, 노르웨이덕후, 아이슬란드덕후', 다시 말해 북유럽 국가에 관심 있는 사람을 지칭하는 단어다. 그런데 이 신조어들을 소개하는 신문 기사 제목이 뭐였는가 하면 '헬조선을 견디는 법… 덴덕후, 스덕후를 아시나요'(한국일보, 2017. 5. 17.)였다.

'헬조선'은 뭔가? 지옥을 뜻하는 영어 '헬'과 한국을 상징하는 '조선'의 합성어다. 한국에서 사는 삶이 지옥과 같이 힘들고 희망이 없다는 의미다.

그렇다면 왜 한국은 북유럽 국가에 관심을 갖게 되었을까? 세계에서 가장 행복한 나라 상위권을 차지하고 있는 곳 대부분이 바로 북유럽 국가들이기 때문이다. 이 나라들의 국민이 행복한 데는 여러 요소가 있겠지만, 무엇보다 '일상을 소중히 여기는 문화', 특히 '일상의 삶 중에서 가족과 함께하는 것을 가치 있게 여기는 문화' 덕분이다.

대한민국이 헬조선이라고 불리는 가장 큰 원인 중 하나는 이와 정반대되는 요소 탓이다. 돈 벌고 성공하는 데 집중하다 보니 일상의 삶, 특히 가족과 함께하는 삶이 무너져버린 것이다. 남녀가 결혼을 해서 부부가 되고 그들이 사랑의 결실로 낳은 자녀들과 한 집에 모여 살며 가정을 이룬다. 그런데 결혼만 하면 저절로 남편과 아내가 되고, 자녀를 낳으면 자동으로 부모가 되는 걸까? 아니다. 그 속에서 함께 시간을 보내고 사랑을 나누어야만, 다시 말해 가족애가 있어야만 비로소 제대로 된 가정이라고 말할 수 있다.

우리에게 가족은 너무나 소중하다. 하나님께서도 가족을 중요하게 여기신다. 가족을 이루어 살게 하신 분이 하나님이시다. 그래서 예수를 믿고 구원받은 우리에게 하나님은 과감하게 "하나님의 자녀"라고 말씀하신다.

영접하는 자 곧 그 이름을 믿는 자들에게는 하나님의 자녀가 되는 권세를 주셨으니 _요한복음 1:12

그러므로 이제부터 너희는 외인도 아니요 나그네도 아니요 오직 성도들과 동일한 시민이요 하나님의 권속[가족]이라 _에베소서 2:19

하나님은 가족을 행복한 공동체로 주셨다. 가족을 생각하면 어떤 어려운 일이 닥쳐도 힘이 나고 미소가 지어지도록 만드셨다. 그런데 지금 뭔가 문제가 생겼다. 결혼이 짐이 되고, 자녀를 낳는 것이 짐이 된다. 가족을 떠올리면 답답한 현실만 보일 뿐이다.

오늘날 '영적 가족'인 교회 공동체는 어떤가? 참 안타깝게도 별반 다르지 않다. 세상에서 부러워할 만한 그런 공동체를 이루지 못한 교회가 많은 것이 현실이다.

《휘게 라이프, 편안하게 함께 따뜻하게: 덴마크 행복의 원천》(위즈덤하우스, 2016)의 저자로 서울을 찾은 덴마크 행복연구소 소장 마이크 비킹은 이런 말을 했다. "한국은 행복 연구에 있어서 매우 흥미로운 나라입니다. 단기간 내에 엄청난 속도로 경제적 성장을 이뤘지만 부의 축적이 삶의 질로 잘 연결되지 않고 있는 나라죠. 삶의 질이 많이 좋아졌는데 삶의 만족도가 높지 않다는 점도 독특해요."

그는 삶의 만족도가 높으려면 "사회적 관계가 얼마나 잘 형성돼 있는지가 중요하다"며 "자신이 원하는 삶을 살아갈 수 있는 자유, 사회적 지지, 이타주의, 청렴한 정치에 한국이 좀 더 집중했으면 싶다"라고 조언했다. 그중에서 특히 그가 강조한 것이 '사회적 지지'다. 힘들 때 의지할 수 있는 가족, 친구, 이웃, 직장동료 등과 오래 좋은 관계를 이어가며 "이런 사람들과 좋은 분위기, 감정을 공유하는 것이 중요하다"라고 재차 강조했다.('덴마크 행복연구소장 "덴마크 행복지수가 유독 높은 건 '휘게' 때문'", 한국일보, 2016. 11. 10.)

여러분은 어떤가? 여러분 가정은 가족 간에 좋은 관계를 유지하고 있는가? 또 교회에서, 직장에서, 학교에서 사람들과 좋은 관계를 맺고 있는가? 여러분이 힘들고 지칠 때 "괜찮다"며 등 두드려주고 함께해줄 지지자들이 있는가? 또 여러분이 그런 지지자가 되어주고 있는가?

여러 가정을 심방하면서 아픈 이야기를 많이 듣는다. 생계를 위해, 또 경제적 부나 성공을 위해, 본인이 원하든 원치 않든 가족을 희생하면서까지 일과 직장이 최우선순위가 되어 있는 것이 현실이다. 그러다 보니 가족은 늘 후순위로 밀린다. 정말 좋은 엄마 아빠가 되고 싶지만, 가족이 모두 함께하는 시간을 갖고 싶지만 환경 때문에 불가능한 경우가 얼마나 많은지 모른다.

가정에서 누려야 할 사랑이 부족해져서인지는 모르겠지만, 점점 교회에 대한 기대감이 커지고 있는 것 같다. 교회에서라도 가족애를 느끼고 싶은 갈망이 높아지고 있는 것이다. 실제로 가족과 같은 친밀한 관계 공동체가 만들어지기를 바라는 마음으로 교회를 찾는 경우가 많기도 하다.

그러나 우리가 혈연으로 묶여 가족이 된 것만으로 행복한 가정이 저절로 이루어지지 않듯이, 교회 공동체 또한 하나님을 아버지로 믿고 구원받은 하나님의 자녀라는 것만으로 행복한 '영적 가족'이 될 수는 없다.

서로, 피차, 유기적으로 사랑하라

교회 공동체가 영적인 가족이 되기 위한 매우 중요한 전제를 먼저 짚고 넘어가보자. 바로 교회가 '유기적'인 공동체가 되어야 한다는 것이다. 이때 유기적이라는 것은 뭘까?

> 새 계명을 너희에게 주노니 서로 사랑하라 내가 너희를 사랑한 것 같이 너희도 서로 사랑하라 _요한복음 13:34

> 또 주께서 우리가 너희를 사랑함과 같이 너희도 피차간과 모든 사람에 대한 사랑이 더욱 많아 넘치게 하사 _데살로니가전서 3:12

우리가 영적 가족으로서 행복한 신앙생활을 함께하려면 "서로"의 정신, "피차"의 정신이 매우 중요하다. 하나님이 꿈꾸시는 공동체는 유기적인 공동체다. 유기적이라는 것은 서로 영향을 주고받는다는 말이다. 교회는 예수를 머리로 하는 몸, 지체다. 여기서 지체란, 우리가 혼자서 살 수 없기에 다른 지체의 도움을 받아야 하는 존재며, 또 반대로 하나의 지체로서 다른 지체를 돕지 않으면 몸 전체가 건강해질 수 없다는 원리를 표현하는 단어라고 할 수 있다.

일방적으로 사랑을 주거나 일방적으로 사랑을 받기만 하는 공동체는 결코 건강할 수 없다. 사랑을 줄 수 없을 만큼 가난한 사람도 없고, 사랑을 받지 않아도 될 만큼 부유한 사람도 없다. 누구에게나 사랑이 필요하다. 사랑은 주고받는, 서로 간의 사랑이 될 때 공동체에 유익이 될 수 있다. 이것은 가정이든 교회든 어디에서나 적용되는 영적 원리다.

공동체란 2인 3각 경기와 같다. 서로를 생각하고, 팀을 위하면서 다른 사람과 호흡을 맞추어야만 이길 수 있는 경기. 내가 가고 싶은 대로 발을 뻗는 것이 아니라, 서로 발을 묶고 구령에 맞춰 모두가 넘어지지 않고 앞으로 나아갈 때, 서로 협력의 마음으로 남과 보조를 맞추며 발을 뻗을 때 승리할 수 있는 경기다.

교회 공동체가 유기적이 되어서 '서로', '피차', '상호' 책임을 져야 한다는 것을 기억하자. 나는 받아야만 하고 너는 주어야만 하는 일방적인 관계는 없다. 물론 믿음이 강한 사람이 약한 사람을 돕는 역할을 담당해야 한다. 그러나 당부하건대, 여러분이 신앙이 약하다면 빨리 성장해야 한다. 나도 믿음이 강해져서 누군가를 도울 수 있는, 공동체에 도움이 되는 신앙인이 되는 것을 목표로 삼고 열심히 신앙생활 해야 한다.

혹시 여러분은 믿음이 강한 사람인가? 그렇다면 권고하는데 자기를 부인하고 오래 참음으로 성숙함을 보이기 바란다. 자기를 희생하고 약한 사람을 긍휼히 여기기 바란다.

계급과 특권 없는 교회: '친절하지 않은' 교회

왜 사람들이 교회에 오지 않는가? 왜 전도가 힘들어졌는가? 많은 사람들이 가지고 있는 교회에 대한 부정적인 시선 중 하나가 바로 '계급화'의 문제다. 교회의 장로가 되려면 금권선거를 하고 많은 돈을 교회에 내야 하는 것은 공공연한 비밀이다. 곧 장로도 돈이 있어야 될 수 있다는 사실을 간접적으로 말해주는 셈이다. 장로는 교회 곳곳에서 리더 역할을 해야 하니 물질로 섬겨야 할 일이 많다. 장로가 재정을 맡을 때 이왕이면 돈에 연연하지 않고 교회가 어려울 때 물질적으로 책임을 질 수 있는 사람이어야 한다는 것이 이유다. 이는 유대인들이 가지고 있었던 '복'의 개념과도 상관이 있어 보인다.

유대인은 '자신이 유대인으로 태어난 것, 남자로 태어난 것, 건강한 것, 그리고 부자인 것'을 하나님이 복을 주셨기 때문이라고 믿었다. 반대로 그렇지 못한 것은 하나님께 복 받지 못한 증거로 생각했다. 예수님은 그런 유대인을 향해 팔복을 통해 "심령이 가난한 자가 복이 있다"는 혁명적 선언을 하신다. 오늘날 교회가 은연중에 재력과 높은 지위가 하나님의 통로라는 메시지를 퍼뜨리고 있는 것에 대해 예수님의 생각은 어떠실지 궁금하다.

장로 선발에서 제외된 성도가 교회를 분열시키고 성도들을 떼어 나가 개척했다는 예는 너무 많아 일반적인 이야기가 되었다. 이런 부작용 때문에 "과연 장로가 필요한가?"라는 비관적 목소리가 높은 것도 사실이다. 장로뿐이 아니다. 부서의 부장, 소그룹의 리더 등 곳곳에서 일하는 리더들 역시 상황은 다르지 않다. 교회 질서를 위해 참 성도로서 본이 되도록 부르심을 입은 자리임을 망각하고 특권을 가진 계급처럼 여기면서, "남을 나보다 낫게"(빌립보서 2:3) 여기지 않고 "남을 나보다 낮게" 여기는 실수를 범하고 있다.

교회를 개척할 때 동역자로 기꺼이 함께해준 순장들이 있다. 여기서 순장은 소그룹을 인도하는 리더를 지칭한다. 2년 동안 제자훈련과 사역훈련을 받은 성숙한 분들이다. 개척 초기에 이곳저곳을 섬기고 예배하면서 함께 교회를 세워갔다. 처음 2개월 동안은 20평 남짓의 공간을 무료로 사용할 수 있게 되어 그곳에서 예배를 드렸다. 그리고 3개월째에 예배 공간을 좀 더 넓은 곳으로 옮겨갔다. 장소를 옮긴 덕분인지 몰라도 예배에 참석한 성도가 그전에 모인 인원의 2배가 넘는 100여 명에 이르렀다. 주일에 준비한 빵과 음료수가 턱없이 부족했다. 그만큼의 인원을 예상하지 못했기 때문이다. 교역자와 순장은 이제는 안내와 주차를 담당할 사람이 필요하다고 의견을 냈다. 어쩌면 너무나도 당연한 반응이었고 오는 이들에 대한 배려의 마음이었다. 그런데 그 순간 나는 이렇게 반문했다. "안내와 주차 봉사를 안 세웠으면 좋겠습니다. 왜 우리가 먼저 주인 행세를 하려고 합니까?"

지금 생각해도 좋은 마음으로 섬기려고 했던 교역자와 순장에게 미안함이 있다. 누가 그런 제안을 하면서 주인 행세 하려고 했겠는가? 그러나 교회를 처음 시작할 때부터 교회 안에 계급이나 서열이 생기는 것은 막아야 한다는 생각이 강했기에 그런 반응을 보였던 것이다. 처음에는 '내가 높은 위치에 서야지'라고 생각하며 봉사로 섬기는 사람은 거의 없다. 그러나 시간이 지나면 결국 '이 자리는 내 자리야. 누구도 넘봐서는 안 돼'라고 생각하는 경우가 얼마나 많은지 모른다. 농담처럼 종종 하는 말이 있다. "식당봉사부에서 사용하는 주방의 칼도 아무나 만지면 안 된다. 주방을 담당하는 권사님이 허락해야 한다." 극단적인 표현인 것 같지만, 봉사에 대한 열정이 지나쳐서 생겨나는 부작용의 한 단면을 보여주는 사례다.

예를 들어 '전도폭발팀'이라는 조직이 있다. 교회 안의 10%는 전도하는 사람이라는 원리에 따라 복음을 어떻게 전해야 할지를 교육하고 실천하는 매우 의미 있는 부서다. 그러나 전도폭발팀이 강화되면 역으로 교회 전반에 전도의 분위기가 생기는 것이 아니라 '전도는 전도폭발팀에서 하는 것'이라는 인식이 생긴다. 그리고 그것을 그 팀의 역할로 규정하게 된다. 전도가 한 팀의 사명으로 축소되어버리는 것이다.

내가 다소 유난스럽다고 느낄지도 모르겠다. 그러나 교회를 조금 편하게 운영하겠다고 이런 식으로 계속 가다가는 역할을 맡기고 책임을 지우는 일에, 조직화에 익숙해지고 만다. 그렇게 되면 은사나 자율적 순종이 약화될 위험이 너무 크다. 일할 성도가 없다고 은사가 아닌데 사역을 맡거나 급한 마음에 목사가 부탁해서 사역을 하게 되면, 당장은 뭔가 돌아가는 것 같겠지만 시간이 흐르면 어김없이 문제가 생긴다.

예수님의 몸인 교회에는 계급이나 특권 의식이 존재해서는 안 된다.

복음은 누구에게도 차별이 없어야 하고 평등해야 한다. 그러나 사람이 모인 교회는 그러지 못할 때가 많다. 사람은 늘 인정욕구와 과시본능이 있어서 남보다 더 나은 존재가 되기를, 더 높은 곳에 서기를 원한다.

교회를 개척하고 시작할 때 가장 중요하게 여겼던 것은 "왜 해야 하는가?"라고 본질을 따져보는 일이었다. 그리고 성도들에게 그것이 필요한 이유를 설명하는 시간을 가졌다. 습관적으로 해온 것이 있다면 과연 그 종교 행위가 지금 꼭 필요한지 생각해보는 것이다. 다음 질문에 한번 답해보기 바란다.

- 수요예배는 꼭 필요한 것인가?
- 새벽기도는 왜 해야 하는 것인가?
- 소그룹을 해야 하는 이유는 무엇인가?
- 위의 것들이 꼭 필요하다면 이 모임을 위해 한 건물로 모여야 하는 것인가?
- '제자훈련'이라는 훈련과정의 이름을 '성경공부'로 바꾸어도 되는가?
- 소그룹을 인도하는 리더는 꼭 필요한가?
- 성가대는 꼭 있어야 하는가? 매주 성가대가 필요한가? 한 달에 한 번만 서면 안 되는가?
- 설교 강대상은 왜 있어야 하는가?
- 강단 꽃꽂이는 왜 해야 하는가?

- 개척교회에 전도팀은 꼭 있어야 하는가?

개척하고 위에 질문들에 대해 고민하는 시간을 갖기로 했다. 해야 하는 이유를 모른 채 다른 교회에서도 다 하니까 우리도 해야 한다는 식의 생각을 깨기로 했다. 수요예배도 새벽기도도 없었다. 집에서 각자 주일 설교를 다시 묵상하거나 개인 경건 시간을 갖도록 권면했다. 주일예배 드릴 공간밖에 없었기에 주중 모임 자체가 불가능했던 것도 이런 시간을 가질 수 있었던 이유였다. 아니, 더 정확히 말하자면 건물을 구해서 그 건물을 사용하기 위해 예배를 보는 것이 싫어서 건물을 얻지 않았다. 세상 사람들은 화려한 교회 건물을 보면서 생각한다. '저 건물을 팔아서 가난한 사람에게 나눠주는 게 낫지 않을까?' '저런 건물이 주중에는 놀고 있는데 아깝다.' 이런 생각이 맞느냐 틀리느냐가 중요한 게 아니다. 이런 생각을 하고 있다는 사실을 우리가 알아야 한다는 것이다. 그리고 이 외부 시선을 어떻게 바꿀 것인가를 고민하고 대안을 마련해야 한다는 것이다.

계급화는 하나님의 뜻이 아니다. 계급화는 인간의 인정욕구라는 죄성으로부터 시작된 아주 못된 결과물이다. 이것을 깨려는 노력이 필요하다. 시대에 대한 반작용은 늘 부작용이 따르기 마련이다. 그럼에도 불구하고 반작용이 있어야만 제자리로 돌릴 수 있는 힘이 된다. 나는 내가 생각하는 방식이나 교회의 방향이 가장 초대교회다운 정답이라고 주장하고 싶지는 않다. 그저 작은 나비 한 마리의 날갯짓이라고 생각한다. 나비는 날갯짓을 할 뿐이다. 그러나 그 날갯짓 하나가 태평양의 허리케인을 만드는 '나비효과'를 발휘한다. 우리는 그런 교회가 되어보려는 것이다. 나머지는 하나님께서 알아서 하실 것이라는 믿음으로 말이다.

이 믿음으로 계급과 특권을 없애기 위해 기존 성도들에게 권리라고 생각했던 것들을 내려놓고 평등한 교회가 되어야 한다고 강조했다. 그리스도인이라면 가져야 할 마땅한 모습으로 내려가라는 메시지였다. 본인들은 정작 그것이 계급이나 특권이라고 생각하지 못했을지라도 직분을 명하는 이름들을 내려놓기로 했다. 특별히 순장이라는 직분에 대해서는 아예 언급을 안 했다. 성도들이 순장이 뭔지 몰랐다. 순장들은 그게 불편했을 것이다. 순장들은 자신들이 어떤 역할을 하도록 부름 받았는지 잘 안다. 그러나 성도들에게 순장에 대해 정의하고 알려주는 순간 성도와 순장은 나뉘게 된다. 나는 순장이고 너는 '순장이 아닌 성도'가 되는 것이다. 아무것도 아닌 것 같지만 그렇지가 않다. 교회 안에 은연중에 숨어들어온 계급과 특권이 얼마나 많은지 모른다.

이런 맥락에서 '우리는교회'를 개척을 하면서 사용하지 않는 용어들이 몇 가지 있다. 이미 차별의 요소가 들어 있다고 생각되는 용어들이다. 앞서 소개한 순장 외에 '제자훈련'이라는 용어도 그렇다. 안타깝게도 제자훈련이 점점 성도들 사이에 계급화를 부추기는 도구가 되어가는 듯하다. 제자훈련을 2년 동안 받았다는 것은 대단한 일이다. 2년이라는 시간을 대가로 지불하고 그 훈련을 삶의 최우선순위에 둔 채 살아간다는 것은 칭찬받아 마땅하다. 그런데 훈련받은 후의 모습을 보면서 실망감을 감추지 못할 때가 많다. 마치 2년간의 훈련을 통해 모든 것을 다 이룬 것처럼 생각하거나 더 이상 배울 필요가 없는 것처럼 행세하는 경우가 종종 있기 때문이다. 또는 교회의 리더가 되기 위해 그 과정을 억지로 참아낸 사람도 있다. '이깟 훈련은 나에게 필요하지 않고 다 알고 있는 내용이라 지루하기 짝이 없지만 이 교회에서 순장을 하려면 참고 해야지'라는 성도도 있다. 때로는 제자훈련을 받지 않았다고 하면 교회에서 믿어주지 않는 것에 대한 아픔도 호소한다. 훈련을 안 받으면 신앙이 없거나 헌신도가 떨어지는 것처럼 바라보는 것이다. 그러나 이것은 정말 철없는 소리다. 다음 질문을 한번 진지하게 생각하고 답해보자.

- 과연 2년 동안 시간을 내서 그 훈련을 받을 수 있는 환경에 있는 사람이 얼마나 될까?
- 생활 여건 상 훈련에 참여하기 어려운 환경임에도 불구하고 그 훈련에 참여해야만 하는 이유는 무엇인가?
- 교회의 편의에 따라 만들어놓은 프로그램에 성도의 삶을 맞춰야 하는 것이 정당한가? 그것이 헌신인가?
- 왜 성도의 형편에 맞춰서 제자를 훈련하지는 못하는가?(이미 그렇게 하고 있는 작고 건강한 교회들이 있다.)

제자훈련을 무조건 비판하고자 함이 아니다. 교회의 환경으로 인해 제자훈련이 왜곡되거나 계급화되는 상황이라면 이제는 잠시 멈추고 새로운 답을 찾아야 한다는 이야기다. 그래도 제자훈련은 해야 한다고만 고집할 것이 아니라 진지한 고민이 필요하다. 제자훈련이 한 사람을 제자로 만들기 위한 성경공부로 시작했다면, 이것은 교회의 운영 체계 안에 들어와 교회의 프로그램이 되어서는 안 된다. 개척 후 여러 교회에서 온 분들도 같은 생각이다. 제자훈련의 유익도 있지만 제자훈련에 부정적 시각들이 이미 만연해 있다는 것이다.

제자훈련이라고 이름하지 않고, 2년간의 프로그램 말고 성경을 가지고 함께 공부하면 안 되는 것일까? 여기에 대해 누구도 "아니다"라고 말하지 않을 것이다. 제자훈련이라고 명명하고 교재도 똑같아야 한다고 말하는 사람은 없을 것이다. 그런데도 제자훈련이라는 이름과 시스템을 포기하지는 않는다. 선입견과 부작용이 있음에도 말이다. 그러면서 대안이 없다고 변명할지도 모르겠다.

우리는 그냥 성경공부만 할 계획이다. 초신자와 구분은 있어야겠지만 굳이 필요하지 않다면 누구나 올 수 있는 성경공부를 하려고 한다. 주일예배도 수요강좌도 성경공부도 다 성경의 말씀을 배우는 시간이다. 2년 동안 모든 예배의 설교에 제자훈련의 내용을 담으려고 한다. 모든 성도가 들을 수 있게 할 생각이다. 주일예배 설교가 따로 있고, 수요일과 기도회 때 설교가 다를 필요가 있을까? 복음은 모든 성경을 관통하는 것 아닌가?

교회들을 보면 정말 중요한 성경 교리는 훈련을 받으려고 하는 사람이 아니면 들을 기회가 없다. 항상 특별한 과정으로 정해놓았다. 주일 설교 때 왜 교리로 설교하지 않는 걸까? 1년 동안 교리를 주일예배 때 가르치면 굳이 따로 훈련과정이 필요 없지 않을까 생각해본다. 많은 성도들이 모이는 주일예배나 공예배에서 이런 훈련 내용을 하면 안 되는 이유가 무엇인지 궁금하다. 훈련의 효과가 없기 때문일까? 그럼 2년을 마치고 나면 달라지는가? 내 대답은 "글쎄요"다. 2년 후에 과연 '복음'과 '구원'에 대해 제대로 정리할 수 있는 훈련생이 얼마나 있을지 의문이다.

제자는 평생 가야 하는 길이다. 오히려 2년의 훈련이 평생 훈련받을 기회를 빼앗는지도 모른다. 본인을 다 이룬 사람으로 착각하게 만드는지도 모른다. 아마 내 말에 고개를 갸우뚱하면서 동의하기 어려운 사람도 있을 것이다. 나는 지금 문제 제기를 하고 있는 것이다. 무조건 제자훈련을 외치거나 제자훈련을 마치면 순장이 되는 이런 시스템을 벗어나 생각해보자고 제안하는 것이다.

'우리는교회'는 신앙생활을 하는 "내가 누구인가?"라는 본질적인 질문을 던진다. 내가 곧 교회인데, 내가 성령의 성전인데 과연 뭐로 증명할 것인가? 완벽한 행사 기획을 했다고 해서 또 대단한 규모의 건물 안에서 화려한 조명 아래 공연을 보며 기뻐한다고 해서, 그리고 2년간 제자훈련을 받는다고 해서 내가 곧 교회요 그리스도인이라는 걸 증명할 수 있을까?

이런 일을 하면 안 된다는 것이 아니다. 내가 그리스도인이 아닌데, 내가 곧 교회가 아닌데 이런 일에 참여하고 누린다고 내가 그리스도인이 되는 것이 아니라는 점을 말하는 것이다. "교회만 다니지 말고 교회가 되라"는 외침을 들어야 한다. 교회에 소속되는 것으로, 설교에 동의하는 것으로 우리는 진짜 그리스도인이 될 수 없다. 수많은 주변의 비본질의 것들 우리를 현혹하는 소모적인 것들을 걷어내야만 우리의 진짜 실체가 드러날 것이다.

"그리스도에 무언가를 더하면 그리스도 없는 기독교가 된다"라는 말을 다시 한 번 기억해야 한다. 그리스도인은 그리스도만 있으면 된다. 그분만 보고 따라가는 사람들이다. 그분으로 부족함을 느끼면 자꾸 무언가를 더한다. 그리고 결국 그리스도는 없고 종교만 남는다.

여러 가지 좋은 환경이 갖춰진 교회 안에서 편안함을 누리는 데 익숙하던 성도에게 이런 면에서 '우리는교회'는 '불편한' 교회, '친절하지 않은' 교회다. "진짜 그리스도인인가?"라고, 비본질적인 것을 다 버리고 나서도 과연 내가 그리스도인임이 증명되고 있는지를 끊임없이 묻기 때문이다.

내 치부를 가리고 싶은 뭔가가 필요한데 그걸 거두어버리는 교회다. 내 진짜 실력을 숨기고 대충 묻어가려고 하는데 내 실체를 드러내는 교회다. 조금만 열심히 해도 인정받을 수 있었던 교회에 익숙해진 성도들은 섭섭할 수 있는 교회다. 그러나 그리스도에 더해져 있는 모든 것들을 끌어내려 그리스도만 남게 하는 일을 멈추면 안 된다. 교회가 이 땅에 있는 한 교회는 오직 그리스도만 남아 계셔야 한다. 그리고 그리스도를 따라가는 그리스도인이 많아져야 한다. 그들 각자가 세상을 변화시키는 교회가 되어야 한다.

자발적 순종을 강조하는 교회: 강요하지 않는 교회

신앙의 핵심은 자발성에 있다고 해도 과언이 아니다. 자발성이란 하나님과 나의 관계 속에서 모든 것을 결정하는 태도를 말한다. 다른 누군가에 의해 결정하지 않는 것이다. 성경은 하나님과 나 사이에 다른 어떤 것도 들어오는 것을 허락하지 않는다. 그것을 하나님은 우상이라고 하신다. 우상은 하나님보다 피조물을 더 의지하거나 사랑하는 마음이다.

종종 "용한 권사님께 기도 받으러 간다"라는 말을 듣게 될 때마다 마음이 아프다. 점 보러 무당을 찾아가는 것과 다를 바가 없다. 성숙한 신앙의 선배에게 조언을 구하고 함께 기도하는 것은 아무 문제가 되지 않는다. 그러나 누군가의 신앙을 이용해서 나의 유익을 구하는 것은 전혀 성경적이지 않다. 하나님과 나 사이에 용한 권사님이나 신앙의 선배가 끼어들어서는 안 된다. 개혁주의 신앙에서 유일한 중보자를 예수님으로 고백하는 이유도 이런 맥락이다. 누군가를 위한 기도한다는 것은 사람이 중보자의 위치에 놓이는 것이 아니다. 단지 어려운 환경에 놓인 형제자매의 아픔과 슬픔에 공감하고 함께 기도함으로 격려하는 그리스도인으로서의 동참일 따름이다.

'우리는교회'는 강요하지 않아서 오히려 기존 성도들이 힘들어하는 교회다. 우리는 가만히 있는 것보다 움직이는 것을 더 좋아하는 경향이 있다. 현대사회에서 아무것도 안 한다는 것은 게으른 것, 무능한 것으로 여겨진다. 존재감이 없는 사람이라고 인식된다. 존재감이 없어지면 사람들로부터 무시당하고 거절당하고 마이너 인생이 된다고 생각한다. 교회에서 문제를 일으키는 이들 중에 조용히 있던 사람은 거의 없다. 뭔가 열심히 하고 자기 몫을 함에서 최선을 다하던 이들이 마지막에 문제를 일으키는 경우가 다반사다.

'우리는교회'가 나아가는 방향이 가장 옳거나 정답이라고 생각하지 않는다. 그저 이 시대 교회의 부작용에 대한 반작용이라고 이해하면 맞을 것이다. 교회를 개척하고 제일 생각하고 싶지 않은 교회의 모습이 '성도가 서로 다투는 모습'이었다. 도대체 예수님의 몸 된 교회에서 무엇으로 싸울까? 예수님이 머리로서 지시하는 것을 성령 충만하여 알아들을 수 있는 성도라면 무슨 문제로 싸울까? 이 교회를 다스리시는 예수님이 두 분이신가? 다투는 모습을 볼 때마다 교회의 주인은 예수님이 아니라는 생각이 든다. 교회 안에서조차 자기 역할과 자기 영역을 확보하고 그 안에서 강력한 주인 행세를 한다. 그것이 결국 싸움을 만들어낸다.

'우리는교회'는 봉사할 일이 별로 없다. 주일학교 교사와 소그룹을 인도할 리더 외에는 특별히 필요하지 않다. 그래서 기존 성도들 중에는 교회생활에 활력을 느끼지 못하거나 공동체를 갖지 못한 불안감을 호소하는 경우가 있다. 충분히 이해한다. 그러나 지금은 이 교회를 유지하기 위해 필요한 영역이 크게 보이지 않는다. 그리고 성도들이 봉사하게 해주고자 필요 없는 봉사 영역을 만들고 싶은 마음도 없다.

교회의 몸인 성도들이 교회를 세워간다는 것은 교회에서 봉사한다는 뜻만이 아니다. 가장 중요한 역할은 목사나 교회의 필요에 따른 요청으로 주어지지 않는다. 가장 상위법인 헌법처럼 모든 성도가 예수를 구세주로 믿을 때 주어지는 사명과 역할이 있다. 이것이 가장 중요한 역할이다. 이것은 버려둔 채 교회를 유지하기 위한 봉사 영역만 요구하거나 그 역할만을 중요하게 여긴다면 모순이다.

> 17 그런즉 누구든지 그리스도 안에 있으면 새로운 피조물이라 이전 것은 지나갔으니 보라 새 것이 되었도다 18 모든 것이 하나님께로서 났으며 그가 그리스도로 말미암아 우리를 자기와 화목하게 하시고 또 우리에게 화목하게 하는 직분을 주셨으니 19 곧 하나님께서 그리스도 안에 계시사 세상을 자기와 화목하게 하시며 그들의 죄를 그들에게 돌리지 아니하시고 화목하게 하는 말씀을 우리에게 부탁하셨느니라 _고린도후서 5:17~19

하나님이 직접 부탁하셨다. 예수를 믿고 하나님과 화해함을 경험한 성도라면 예외 없이 부여받은 역할이다. 바로 "화목하게 하는" 역할이다. 아는 사람이건 아니건, 교회든 직장이든 가정이든 하나님이 우리에게 주신 임무가 '화해 사역'이다.

보이지 않는 하나님께로부터 받은 '화해 사역'은 힘은 엄청 들고 보이는 결과물은 별로 없는 사역이다. 빛도 없이 이름도 없이 해야 하는 사역이다. 전도해야 하는, 복음을 전해야 하는 사역이다. 오로지 하나님과의 관계 속에서 자발적으로 해야 하는 사역이다.

'우리는교회'는 이런 자발적 성도를 '영적 프로'라고 부른다. 그들은 자기 역할을 잘 안다. 그리고 그 역할을 기필코 수행해나간다. 그리스도인이 은혜로 구원을 받았다는 것은 예수님의 피 값이라는 대가를 지불한 것이다. 그래서 우리를 '예수님짜리'라고 부른다. 예수님짜리들은 예수님의 피 값에 대한 부담감을 가져야 한다. 갚을 길은 없다. 평생 갚아도 다 갚을 수 없는 은혜기 때문이다. 은혜를 갚는 것은 불가능할 뿐 아니라 또한 갚을 필요도 없다. 그것을 다 갚아버리면 은혜로 얻은 구원이 결국 내 공로가 되어버리기 때문이다. 하나님은 우리에게 은혜의 크기만큼 헌신을 요구하시지 않는다. 그저 우리가 할 수 있는 만큼 역할을 주신다.

요즘 교회는 자발성 있는 성도가 될 기회를 주고 있지 못하다는 생각을 한다. 자신이 하는 행동과 말에 대해 깊이 생각하지 않는다. 성경과 진리에 대해 깊이 생각하지 않는다. 자신의 행동과 말이 어떤 영향을 미칠지 고민하지 않는다. 그저 호텔에서 서비스 받는 데 익숙해진 사람들처럼 모든 것이 다 차려진 밥상 앞에서 숟가락만 들고 다니는 느낌이다. 즉각적이고 감각적이다. 일주일 동안 하나님과 상관없는 삶을 살더라도 주일만큼은 교회가 제공하는 잘 준비된 예배를 통해 은혜 받고 가면 된다는 식이다. 자기성찰과 자기반성, 자신의 부족함을 인정하고 회개하는 모습이 상실되었다. 자발성은 깊이 있는 고민으로부터 나온다. 자발성은 자기성찰을 통해 자기의 정체성을 분명히 아는 사람들이 어떤 상황에서든 옳은 것을 선택하는 것을 말한다. 누가 강요해서 하는 것도 아니고 늘 해왔던 것이라서 하는 것도 아니다. 자발적 성도는 분명한 목적과 이유

그리고 자기가 해야 할 역할을 알고 행동한다.

많은 성도가 자신에게 주어진 역할이 뭔지, 교회가 뭔지, 복음이 뭔지 정확히 알지 못할 때가 많다. 교회는 좋은 곳이고 성도는 착한 사람들이라는 정도로 여기는 것 같다. 심지어 교회가 문화적인 종교생활 하는 사람들을 위해 최상의 서비스를 제공하는 곳이 되어가는 것도 마음 아프다. 성도들이 자신을 교회라고 생각하지 못하고 자기와 교회를 분리하는 사고로 살아가는 모습이 마음 아프다.

교역자 또한 양질의 서비스를 제공해야 하는 가장 일선에 선 주체처럼 여겨지고 있다. 목사는 성도의 헌금으로 월급 받는 서비스업에 종사하는 직장인이 아니다. 직분의 차이일 뿐 목사나 평신도(목사와 구분된 용어로서의 의미)나 다 성도일 뿐이다. 하나님의 몸을 세우는 그리스도의 지체일 뿐이다. 높고 낮음도 크고 작음도 없다. 교역자가 성도보다 우위에서 성도의 월급으로 살아가기 때문에 성도들을 더 많이 섬겨야 한다는 생각은 매우 위험하다. 구약 시대에도 제사 때마다 제물은 백성들이 직접 잡았다. 가장 중요한 짐승을 죽이는 일을 백성들이 했다. 목사는 성도에게 필요한 제물을 준비하고 잡아주는 일까지 해서는 안 된다.

간혹 성도들을 보면서 '교회중독'에 빠진 사람들 같다는 생각을 해본다. 교회 안에 있을 때 안정감을 누리고 교회 밖에서는 불안한 사람들 같다. 그래서 자꾸 교회에 온다. 교회에 오면 해결될 것이라고 생각한다. 교회에 붙어 있는 것이 하나님께 붙어 있는 방법이라고 생각하는 듯하다. 교회에 더 많은 시간을 할애하면 하나님께 뿌리를 내릴 수 있다고 믿는 모양이다. 성문 앞에서 많은 사람이 볼 수 있도록 소리 내어 기도하는 바리새인이 연상된다. 하루 종일 기계적인 종교생활을 충실히 했던 유대 종교 지도자들이 떠오른다.

예수님은 그들을 사람이 많이 다니는 성문에서 은밀한 골방으로 보내신다. 종교생활을 하던 성전 건물을 떠나 예수님께로 나아오라고 초대하신다. 지금 우리는 분주한 교회생활에서 벗어나 조용히 자신과 하나님께 집중할 수 있는 골방으로 들어가야 한다. 예수님과 마주 대하고 함께 시간을 보내는 일이야말로 뿌리를 깊이 내릴 수 있는 유일한 대안이기 때문이다. 뿌리를 깊이 내릴 때 비로소 우리는 하나님께 의존하지 않고는 살아갈 수 없다는 자기 정체성을 분명히 하게 된다.

성경은 우리에게 스스로 의지력을 키우라고 말씀하시지 않는다. "할 수 있다. 하면 된다. 해보자"는 식의 적극적인 사고방식이 중요하다고 말씀하지 않는다. 우리가 가진 여러 가지 자원을 잘 활용하면 잘 살 수 있다고도 하지 않는다. 우리는 스스로 존재할 수 없으며 반드시 하나님께 의존하여 살아가도록 지음 받았기 때문이다. 하나님의 메시지는 항상 "하나님을 의지하고 신뢰하라"는 것이다. 그러므로 우리는 날마다 하나님이 공급하시는 양분을 충분히 받을 수 있는 뿌리가 있는지를 점검해야만 한다.

다윗의 아둘람과 공감의 공동체

그렇다면 우리는 어떻게 영적 가족이 되고, '서로', '피차' 사랑하는 공동체를 이루어갈 수 있을까? 여러 가지 지켜야 할 것이 있겠지만 여기서는 한 가지만 기억하고 실천할 수 있도록 하자.

바로 '공감하는 공동체'가 될 때 가능하다. 다윗의 아둘람 공동체를 통해 주시는 말씀이 그것이다.

> 그러므로 다윗이 그 곳을 떠나 아둘람 굴로 도망하매 그의 형제와 아버지의 온 집이 듣고 그리로 내려가서 그에게 이르렀고 _사무엘상 22:1

"그러므로"는 '사울 왕이 다윗을 죽이려고 쫓아오니'라는 뜻이다. 이스라엘 백성은 사울 왕보다 이미 다윗을 더 신뢰하여 "사울이 죽인 자는 천천이요 다윗은 만만"이라는 노래를 공공연히 하고 다녔기 때문에, 사울왕의 시기와 질투로 다윗은 도망자 신세가 되었다. 이때 다윗은 얼마나 억울했을까? 나라를 위해 목숨 걸고 싸웠는데, 오늘 죽을지 내일 죽을지 모르고 도망치는 신세가 되었으니, 화병이 생길 법도 했다. 그런데 이런 다윗에게 사람들이 몰려오기 시작했다. 2절이다.

> 환난 당한 모든 자와 빚진 모든 자와 마음이 원통한 자가 다 그에게로 모였고 그는 그들의 우두머리가 되었는데 그와 함께 한 자가 사백 명

가량이었더라 _사무엘상 22:2

동굴에서 400명이, 더구나 가족까지 포함하면 더 많은 사람이 살았다고 상상해보라. 불편한 것이 한두 가지였겠는가? 좁은 공간에 수많은 인원이 함께 지내며 나누어 써야 했으니 얼마나 힘들었겠는가? 히스테리컬해질 수 있는 환경이고, 게다가 다 상처받은 사람들이다. 조금만 건드려도 터져버릴, 폭발 일보 직전인 폭탄들이다. 바로 우리의 모습이다.

우리 교회도 예외는 아니다. 서로 잘 모르는 성도끼리 모인 곳이다. 나와 딱히 친한 성도도 없다. 각자 삶의 터전이 다르고 이전 신앙 환경도 다르다. 아둘람과 다르지 않다. 그래서 때론 오해가 생기고, 날카로운 반응이 오가고, 다툼이 벌어질 수 있다. 차이를 다름이 아니라 틀림으로 여겨 분열할 위험 또한 있다. 지극히 자연스러운 상황이다. 우리는 아둘람과 같은 곳에서 살아가는 것이다.

어떻게 이 시간을 지나가야 할까? 다윗은 어떻게 이때를 지나갔을까?

잘 알다시피, 나중에 다윗이 이스라엘 왕위에 올랐을 때 이 아둘람 공동체 사람들이 가장 충성스러운 신하가 되어 다윗을 돕고 섬겼다. 아둘람을 위기로 생각했는데 시간이 지나고 보니 오히려 아둘람 공동체에서 함께 고난의 때를 넘긴 이들이 하나님의 일꾼이 되었다. 어떻게 그 불편함과 다름을 이겨나갔을까?

이들에게 '공감'이 있었기 때문이다. 무슨 공감인가? '이곳에 모인 우리 모두는 약한 존재, 환난당한 자와 빚진 자와 마음이 원통한 자다'라는 공감대가 있었다. 다윗에게 모여든 이유도 동일하다. 다윗이 자신들과 같은 처지라는 공감대가 있었던 것이다. 한편 다윗 역시 자신과 같은 처지인 그들을 충분히 이해할 수 있었기에 공감했다. 동병상련이다.

목회를 하면서 다른 교역자들과 사역하다 보면 소통을 중요하게 여길 때가 많다. 뭔가를 계획하고 계획한 일을 추진하고 그 일과 관련한 모든 것을 서로에게 알려서 일이 일사천리로 진행되도록 하자면 원활한 소통이 이루어져야 하기 때문이다.

그런데 당연히 그것도 중요하지만, 가장 사역이 잘되고 행복할 때는 따로 있다. 이 사역을 담당하는 교역자를 내가 도와주고 싶을 때, 저 교역자가 여러 가지 일로 힘들고 지쳐 있는데 내가 도와서 힘을 주고 싶을 때다. 그때 결과가 제일 좋다. 단순히 소통 역할이 아니라 공감하는 것이다. 소통을 넘어 공감하는 데까지 이르면 사역 잘 마쳤다는 완수 의식을 뛰어넘는 행복과 보람을 맛보며, 특별히 사람 관계까지 더 좋아진다.

공감의 공동체를 위한 2가지 제안

첫째, 서로 권면하고 축복하는 성도가 되자

공감은 '내 힘'으로는 안 된다. '내 경험'으로는 이해 안 되는 게 너무 많다. 예컨대 사춘기 청소년은 전두엽이 덜 성숙해 집중력, 감정 통제, 욕구 조절 등이 잘 되지 않는다. 이때 아이들이 보이는 비이성적이고 감정적인 행동 양태를 부모가 제대로 이해하거나 공감하기란 불가능에 가깝다. 이는 대화로 설득이 될 문제가 아니다.

그 시간을 하나님께 맡기고 기도하는 방법밖에 없다. 기도하면 아이가 달라질까? 아니다. 기도하는 부모가 달라진다.

우리는 늘 상대방을 판단할 때 '내 생각에는'이라는 전제를 붙인다. '내 생각에는 이렇게 해야 할 텐데, 왜 우리 아이는 내 생각대로 안 하고 저렇게 행동하지?' 여기에는 '내 생각이 더 옳다'는 전제가 깔려 있는데, 이것이 사춘기 아이들에게는 먹히지 않는다. 왜일까? 이때 아이들은 옳고 그름의 문제가 아니라 감정의 문제로 반응하기 때문이다.

그러므로 부모가 달라져야 한다. 어떻게? 기도를 통해. 이때 유념할 것은 질문을 바꿔야 한다는 점이다. 이전에는 '내 생각에는 이렇게 되어야 하는데 왜 안 될까?'라고 물었다면, 이제는 주어를 하나님으로 바꿔야 한다. '하나님께서 우리 아이를 어떻게 보실까?' '내 생각'으로 아이를 바라보지 말고 '하나님 시선'으로 보라는 말이다.

부모와 사춘기 자녀의 시각 사이에는 너무나 큰 간극이 있어서 거의 절대로 공감을 이끌어낼 수 없다. 내가 내 아이와 공감하는 데는 분명한 한계가 있다. 하지만 하나님이시라면 어떨까? '하나님께서는 이 아이를 어떻게 보실까?' '하나님이라면 어떻게 말씀하실까?' '예수님은 이런 상황에서 어떻게 말씀하셨을까?' 이렇게 시각을 바꿔보자.

하나님의 관점으로 사람을 보면, 하나님이 하시는 생각으로 나도 생각하면, 이해와 공감의 은혜가 가득 임할 것이다.

가정뿐 아니라 교회에서도 마찬가지다. 나는 그 성도가 이해가 안 되는데, 그 성도 역시 내가 이해가 안 된다. 이런 경우는 허다하다. 이와 관련하여 목회자나 리더가 조심해야 할 일, 흔히 저지르는 실수가 있는데 자꾸 정답을 가르치려드는 것이다. 성도의 삶을 하나님 눈으로 바라보지 않고, 자기 경험의 틀에 넣어 재단하고 가르치려든다. 이것이 권위주의를 낳고, 결국 성직자와 평신도를 갈라놓는 잘못된 방향으로 나아간다.

목사라고 다 알지 못한다. 하나님이 중재자가 되어주셔서 서로를 이해하고 공감하도록 은혜 주시지 않으면 우리는 끝없이 평행선을 그을 수밖에 없다.

일전에 미국에서 어떤 모임에 참석했는데, 참 많은 은혜를 받고 하나님의 인도하심에 대한 기대를 품게 되었다. 그 모임에서 무척 인상 깊었던 것이 '권면하는 공동체'의 모습이었다.

젊은 부부 2쌍이 각각 6개월 정도 되는 아이들을 데리고 이 모임에 왔는데, 20여 명의 공동체 전원이 한 사람씩 돌아가며 그 아이들에게 축복을 했던 것이다. 어떻게 했을까? '하나님께서 이 아이를 어떻게 보실까?'를 생각하면서 하나님께서 주시는 마음으로 축복의 메시지를 전했다. 이렇게 말이다.

"이 아이가 푸른 나무 같습니다." "축복의 통로 같습니다." "하나님의 기쁨입니다." "하나님이 이 아이에게 평안 주십니다." "용사입니다." "단단하고 용기 있는 아이입니다."

그때 이런 생각이 들었다. '맞다. 왜 나는 자꾸 사람을 내 생각의 틀에서 판단하고 규정지으려고 할까? 이 사람은 옳고 저 사람은 틀렸다고, 이 사람은 이렇게 행동하는 걸 보니 성격이 어떻고, 저 사람은 또 성격이 어떻다고 단정 짓는 걸까?' 좁고 편협한 내 생각의 틀에서 상대방을 바라보고 판단할 때가 얼마나 많았는지 새삼 부끄러웠다.

'하나님께서 이 아이를 어떻게 보실까?' 하고 생각할 때 하나님께서 주시는 마음에 저주의 말은 한마디도 없었다. "앞으로 문제가 있을 거야", "잘못될 거야"라는 뉘앙스의 말을 한 사람은 아무도 없었다.

당연한 일이다! 하나님은 사랑이시고, 소망이시고, 평강이시며, 전능하시고, 선하시기 때문이다. 심지어 내 눈에는 잘못되어 보일 때조차 모든 것을 합력하여 가장 좋은 역사를 일으켜주시는 창조주시기 때문이다.

하나님은 늘 우리에게 복을 주신다. 그분은 복의 근원이시다. 그리고 그 하나님은 우리에게 서로를 축복하기를 원하신다.

그런데 우리의 언어를 보라. 상대방을 대하는 우리 언행을 돌이켜보라. 은근히 깔아뭉개고, 정죄하고, 놀리고, 낮춘다. 다들 매너를 알고 교육 수준이 높으니 대놓고 그러지는 않는다. 대신에 '은근히' 한다. 처음에는 축복의 모양새를 갖추는 듯한데, 자세히 들어보면 결국 저주일 때가 많다. "아, 맞아. 그 사람 참 착하지. 그런데 요즘 놀고 있다면서?" "아, 그집 아이. 너무 훤칠하고 멋지게 자랐더라. 근데 지금 재수한다며?" 이것은 하나님의 마음이 아니다. 하나님이 기뻐하시는 권면과 축복의 언어가 아니다.

어떤 사람이 지금 일을 나가지 못하고 경제적으로 어렵다면 하나님은 그 사람의 힘든 문제에 관심을 가지신다. 그리고 옆 성도가 그 사람을 하나님의 마음으로 위로하고 권면하고 축복하기를 원하신다. 또 어떤 성도의 자녀가 대학에 못 가서 재수하고 있다면 그 아이가 낙심하지 않도록 옆에서 힘이 되어주고 하나님의 마음으로 축복하기를 원하신다.

이것이 하나님의 마음이다. 이것이 그 사람의 아픔과 문제를 함께 나누며, 때로는 그 사람의 즐거움을 함께 기뻐하며, 공감해주는 것이다.

> 14 너희를 박해하는 자를 축복하라 축복하고 저주하지 말라 15 즐거워하는 자들과 함께 즐거워하고 우는 자들과 함께 울라 16 서로 마음을 같이하며 높은 데 마음을 두지 말고 도리어 낮은 데 처하며 스스로 지혜 있는 체 하지 말라 17 아무에게도 악을 악으로 갚지 말고 모든 사람 앞에서 선한 일을 도모하라 18 할 수 있거든 너희로서는 모든 사람과 더불어 화목하라 _로마서 12:14~18

둘째, 경청하는 성도가 되자

사무엘상 30장에는 사울 왕을 피해 도망친 다윗이 아둘람 공동체에 모여든 사람들을 이끌고 여러 곳을 떠돌다 시글락에 정착했을 때, 아말렉과 벌인 전투 장면이 나온다.

다윗과 그의 사람들이 며칠 시글락을 비운 사이 아말렉이 쳐들어와

성을 불사르고 남아 있던 사람들을 몽땅 포로로 잡아가버렸다. 다윗은
무리를 이끌고 아말렉을 뒤쫓았다.

> 무리가 들에서 애굽 사람 하나를 만나 그를 다윗에게로 데려다가 떡을
> 주어 먹게 하며 물을 마시게 하고 _사무엘상 30:11

이 "애굽(이집트) 사람"은 아말렉에서 종살이하던 소년인데 병이 들자
주인이 버리고 가버렸다. 다윗은 이 소년의 이야기에 귀를 기울였다. 그
리고 그 덕분에 결정적으로 아말렉이 있는 곳으로 안내를 받아 마침내
승리를 거둘 수 있었다.

아람 왕의 군대 장관인 나아만 역시 포로로 잡은 이스라엘 여종의 말
에 귀를 기울였기에 선지자 엘리사를 만나 나병을 완치할 수 있었다.

> 2 전에 아람 사람이 떼를 지어 나가서 이스라엘 땅에서 어린 소녀 하나
> 를 사로잡으매 그가 나아만의 아내에게 수종들더니 3 그의 여주인에게
> 이르되 우리 주인이 사마리아에 계신 선지자 앞에 계셨으면 좋겠나이
> 다 그가 그 나병을 고치리이다 하는지라 _열왕기하 5:2~3

보통 어떤 사람이 제일 남의 말을 안 들을까? 많이 안다고 생각하는
사람이다.

다윗은 이제 10여 년 동안 아둘람 공동체를 든든히 키워놓았고, 어느

정도 리더십도 갖추었다. 심지어 목숨을 걸고 적진을 돌파해 물을 떠다 주는 사람들까지 있을 정도다. 이런 그가 스스로 잘난 체하며 애굽 소년의 말을 듣지 않았다면 아말렉을 물리치고 사로잡힌 백성을 구할 수 있었을까? 또한 군대 장관으로서 대단한 권력자였던 나아만이 스스로 모든 것을 할 수 있다고 여기는 인물이었다면 과연 그 여종의 말을 들었을까? 그리하여 엘리사를 만나 문둥병을 고칠 수 있었을까?

누군가와 공감한다는 것은 상대방 말을 잘 듣는다는 것이다. 그 사람의 상황이 나에게 잘 전달되어야 슬픔이든 기쁨이든 함께 나눌 수 있다.

대화 중에 딴 생각을 하는 이들이 있다. 또 서로 이야기를 주고받는 것이 아니라 자기 하고 싶은 말만 하는 이들이 있다. 모두 '경청'을 잘 못 하는, 공감 능력이 약한 사람들이다. 어쩌면 여기에는 친구가 되려 하기보다 상대방보다 더 우월한 사람이 되고 싶은 욕구가 숨어 있는지 모른다.

우리는 상대방 처지에 더 많이 공감하기 위해 경청하는 성도가 되어야 한다. 교회 공동체는 잘 듣는 이들, 경청하는 성도가 많을수록 행복하고 건강하다.

공동체에 맑은 물 붓기

'맑은 물 붓기'라는 공동체 훈련이 있다. 컵에 담긴 물에 잉크를 떨어뜨리면 검게 변한다. 그 컵에 맑은 물을 붓기 시작하면 검은색이 옅어지면서 점점 깨끗한 물로 바뀌어간다.

세상을 살면서 우리는 자꾸 흙탕물을 뒤집어쓴다. 세상은 우리에게 좋은 말을 하지 않는다. 더럽고 오염된 저주의 말로 우리 영혼을 계속 흙탕물로 만든다. 그리스도 공동체는 그 영혼에 깨끗하고 맑은 물을 부어야 한다.

어떤 집회에서 한 목사님이 실제로 10명씩 조를 묶어서 이 훈련을 했다. 한 사람당 2시간을 할애하고, 그 시간 동안 먼저 자기 이야기를 하게 한 다음, 이어서 나머지 9명이 그 사람의 첫인상에 대해 말하거나 권면하고 싶은 말, 축복의 말을 하도록 했다. 대신 한 사람이 자신의 이야기를 할 때 나머지 9명은 절대로 딴 행동을 하지 않고 오직 그 이야기에만 집중하도록 규칙을 정했다.

또 나중에 9명이 권면의 말을 할 때 하나님의 마음을 전하도록, 다른 쓴 소리를 하지 말도록 했다. 그리고 권면과 축복의 말을 듣는 사람은 "아니에요" 같은 부정하는 말을 하지 않도록 했다. 그 권면과 축복을 그대로 받도록 말이다.

처음에는 어떻게 한 사람당 2시간씩이나 할애하느냐며 다들 잘될지 미심쩍어했다. 그런데 실제로 해보니 한 사람당 2시간을 훌쩍 넘겼을 뿐 아니라, 한 사람 한 사람마다 위로와 치유가 일어났다. 맑은 물을 붓자 탁한 물이 깨끗해지듯, 어두웠던 마음이 녹아 사라진 것이다.

나 역시 이런 치유를 경험한 적이 있다. 미국에 갔을 때 방문한 교회 목사님에게 중3 나이의 딸이 있었다. 체류 마지막 날 이런저런 대화를 나누던 중 내 영어 이름이 뭐면 좋겠느냐는 이야기가 나와서, 자연스럽게 목사님 딸에게 질문이 돌아갔다. "박광리 목사님 영어 이름으로 뭐가 좋겠니?" 그냥 "몰라요"라고 대답하며 관심 없어 할 줄 알았다. 그런데 한 1분 정도 고민하더니 "조사이아"라고 말했다.

'요시야'였다. 남유다왕국의 선한 왕 요시야, 성전에서 율법책을 발견하여 율법 회복과 종교개혁을 일으켜 하나님께 칭찬받았던 왕 요시야.

나는 개인적으로 전혀 대단한 인물이 아니다. 때때로 '내가 잘하고 있나? 이게 맞나?' 하고 갈등할 때가 많다. 그러나 하나님 앞에서 바른 교회 그리고 건강한 성도를 세우고 싶은 마음은 정말이지 간절하다. 그런데 그 이름이 나한테 어울리는지는 둘째 치고, 중3 소녀가 내뱉은 한마디 "조사이아(요시야)"가 내 목회에 대한 하나님의 격려로 들렸고, 무거웠던 마음에 커다란 위로가 되었다.

우리는 갈수록 공감 능력을 잃어가는 시대를 살고 있다. 다른 사람의 처지보다 내 생각만 주장하는 시대, 다 남 탓으로 책임 전가하기 쉬운 시대를 살아가고 있다. 그러나 하나님께서는 말씀을 통해 세상의 어둠을 밝히는 메시지를 우리 교회 공동체에 주신다.

서로 사랑하라고, 피차 권면하라고, 하나님의 마음으로 바라보라고. 그리고 성도들에게 맑은 물을 부어, 세상의 흙탕물 같은 말 때문에 상한 마음을 하나님의 위로와 격려로 치유하라고.

CHAPTER

02

교회가 가져야 하는

새로운 생각

은혜, 본질, 깊이

하나님으로 하여금 일하시도록 하라

21 그의 안에서 건물마다 서로 연결하여 주 안에서 성전이 되어 가고

22 너희도 성령 안에서 하나님이 거하실 처소가 되기 위하여 그리스도 예수 안에서

함께 지어져 가느니라

_에베소서 2:21~22

하나님께서 인도해주실 뿐, 저는 아무것도 모릅니다

교회를 처음 개척하면서 이런 기도를 했던 기억이 난다.

"하나님, 제가 처음 교회를 세웁니다. 저는 아무것도 모릅니다. 눈 덮인 길에 발자국 하나 없어, 이곳이 낭떠러지인지 아니면 걸을 수 있는 길인지 구분이 안 됩니다. 하나님, 저를 긍휼히 여기셔서 제가 걷는 발걸음이 바른 걸음이 되도록 저를 인도해주십시오."

지금도 마찬가지고 1년 후, 5년 후, 10년 후도 마찬가지다. 나는 아무것도 모른다. 그저 애굽에서 광야로 나온 이스라엘 백성을 "낮에는 구름 기둥으로 밤에는 불기둥으로" 세심하게 인도하신 하나님께서 한결같이 교회를 인도해주셨을 뿐이다. 그렇기에 앞으로도 하나님이 주시는 은혜대로 또 하나님 은혜의 속도에 발맞추어 뒤쫓아 가는 교회가 되기를 원할 따름이다.

"하나님은 앞서가지 않고서는 우리를 먼저 보내지 않으신다."

내가 좋아하는 말 가운데 하나다. 늘 앞서 행하시는 하나님께서 우리의 발자국이 되어주시기에, 교회가 또 성도들의 삶이 하나님의 은혜로 충만할 수 있는 것이다.

교회 개척 후 많은 분들이 등록하고 또 예배에 참석했다. 어떤 이유로 교회를 옮겼든, 아마 성도들 마음에는 새롭게 신앙생활을 하고픈 열망이 있었으리라 생각한다. 기존 성도뿐 아니라 이런 분들을 위해서라도 교회가 무엇을 추구해야 할지 한번 짚고 넘어갈 필요가 있다.

새로운 성도들을 보면 이전에 좋은 교회에서 신앙생활 하다가 온 분들이 많다. 그래서 한편으로는 개인적으로 부담이 있다. '나 같은 초보 담임목사가 과연 그런 쟁쟁하고 훌륭한 목회자들처럼 성도들을 잘 섬길 수 있을까? 새롭게 시작하는 분들에게 즐거운 마음으로 신앙생활 할 수 있도록 잘 도울 수 있을까?'

이런 부담감이 찾아올 때마다 나는 하나님을 바라본다. 내가 약할 때 오히려 강하신 하나님이심을 믿고, 내가 초보 담임목사이기에 오히려 우리 성도들을 친히 다스려주시고 은혜 주셔서 신앙생활을 잘 이어갈 수 있도록 도우실 것임을 믿는다.

나는 분당우리교회에서 11년간 사역을 했다. 전반부 7년은 찬양과 예배 사역, 후반부 5년은 교구 사역을 맡았다. 분당우리교회는 기본적으로 '심방 사역'을 하는 교회다. 장년 출석 성도가 1만 6천 명, 주일학교까지 합치면 2만 명이 넘지만, 큰 규모의 행사 위주로 목회하기보다 한 사람 한 사람을 심방하는 목회를 하는 교회다.

그런데 내가 교구 사역하는 동안 처음 맡은 교구 성도 숫자가 740명, 그리고 그다음 맡은 교구 성도 숫자가 940명이었다. 한 주에 20명의 성도를 심방한다고 해도 2년을 꼬박 쉬지 않고 하면 간신히 한두 번 전체

성도 얼굴을 본다. 따라서 내가 맡은 교구에 속한 모든 성도의 일거수일투족을 다 알기는 거의 불가능에 가깝다고 보면 된다.

그래서 교구를 처음 맡았을 때 아침마다 출근하면서 이렇게 기도했다. "주여, 제가 이 성도들을 다 볼 수가 없습니다. 그래서 날마다 불안하고 무슨 큰일이나 생기지 않을까 두렵고, 제게 맡겨진 양인데 혹시라도 제가 방치하지는 않을지 걱정입니다. 날마다 주의 은혜와 돌보심이 필요합니다. 우리 교구 성도들을 하나님께서 친히 날마다 만나주옵소서."

그리고 퇴근할 때면 이런 마음의 고백을 드릴 때가 많았다. "하나님, 오늘도 무사히 지났습니다. 제가 돌보지 못할지라도 하나님께서 함께해주셔서 감사드리고, 또 제가 실수하거나 때로 놓친 부분도 하나님 은혜로 보지 못하도록 가려주신 것 감사드립니다. 내일은 더 열심히 잘해보겠습니다."

돌아보면 구멍이 한두 군데가 아니었지만 하나님이 은혜로 매워주신 곳이 얼마나 많은지 모른다.

은혜: 교회가 추구해야 할 첫 번째 키워드

지금부터 교회가 추구해야 할 방향을 몇 가지 키워드로 정리해보고자한다. 이미 서두 내용으로 짐작했을지 모르지만, 첫 번째 키워드는 바로 '은혜'다.

언젠가 한 목사님을 만났는데 이런 이야기를 들려주셨다. 목회를 하면서 자신이 참 교만했다는 것이다. 예전에는 자신이 설교를 잘하는 줄 알았다고, 그래서 성도들에게 은혜를 끼치는 줄 알았다고. 그런데 아니더란다. 교회에서 일어나는 여러 어려움을 겪으며 자신을 돌아보니, 문득 하나님이 깨달음을 주시더라는 것이다.(실제로 이분은 설교에 감화력이 있는 목사님이다. 아마 "목사님, 설교 참 은혜로웠습니다"라는 말을 성도들에게 많이 들었을 것이다.)

그 목사님께서 깨달은 사실은, 그동안은 자신이 설교를 잘해서 성도들에게 은혜를 끼친다고 생각했었는데 그게 아니라는 것이었다. 실상은 설교를 하기도 전에 하나님께서 '이미', '먼저' 성도들의 마음에 은혜를 주셔서 자신의 설교를 은혜롭게 듣도록 하셨다는 것을 알게 되었다는 것이다.

목회자 중에는 말하는 기술이 조금 부족한 분도 있다. 그런데 하나님이 '먼저' 성도들에게 베푸시는 은혜가 임하면, 목사님을 긍휼히 여기는 마음이 성도들에게 생겨나 조금은 어눌해 보이는 설교조차 은혜로 받게 하신다.

결국 무엇보다 앞서 하나님의 은혜가 있어야 한다는 말씀이었다.

그 목사님 이야기를 들으면서 참 많은 생각이 들었다. 그리고 '하나님이 나를 잘 봐주시고 긍휼히 여겨주셔야 내 설교도 목회도 은혜 가운데 갈 수 있는 것'임을 깨달았다. 더불어 나는 '하나님 앞에 끝까지 겸손한 목회자가 되어야겠다'고 다시 한 번 결단했다.

이전에는 '이 설교를 성도들이 어떻게 들을까?'에 더 많이 초점을 맞추었던 것이 사실이다. 물론 그 또한 하나님의 말씀을 올바르게 성도들에게 전하고자 하는 좋은 중심 가운데 하나다. 그런데 이제는 '이 설교를 하나님이 인준해주셔야 한다'는 쪽으로 무게중심이 옮겨가고 있다. 내 삶이, 그리고 설교 준비 과정과 내용이 먼저 하나님을 기쁘시게 하는 것이 중요함을 알았기 때문이다.

모든 목회가 하나님의 은혜로 이루어지며, 목회 곳곳에 하나님의 은혜가 임하신다는 것을 믿어 의심치 않는다.

성도들 중에는 교회에서 안 해본 것이 없을 정도로 열심히 일해온 분들이 상당하다. 그런데 우리가 빠지기 쉬운 착각이 하나 있다. 뭔가 하면 '내가 열심히 해서 이만큼 되었다'는 '공로 의식'을 갖게 되는 것이다. 교회 일꾼들 중에는 이런 공로주의에 물들어 있는 이들이 생각보다 많다.

이것이 점점 커지면 문제가 불거진다. '이 교회는 내가 없으면 안 돌아가', '이 일은 내가 있어야 가능해'라는 자만심이 생긴다. 또는 자신이 잘할 수 있는 일이 전부가 되어버려서 '이 사역은 꼭 해야 해', '이런 사역을 안 하면 교회가 아니야', '이 사역을 안 하는 사람은 신앙이 어린 거야'라는 외곬 고집에 사로잡힌다.

그런데 이런 성도들의 공로 의식이나 고집에 전제 조건처럼 항상 따라다니는 것이 바로 "하나님을 위해"라는 말이다. 하나님을 위한다는 명분만 있으면 모든 것이 옳은 것처럼 생각하는 것이다. 그래서 교만해도 되고, 고집 부려도 되고, 주변 사람 신경 안 쓰고 안하무인으로 행동해도 되고, 예의 없이 대해도 된다고 여기는 경향이 나타난다. 그러나 하나님을 위한다는 것이 다른 성도들을 배려하지 않는 태도로 변질될 때 결국 교회 공동체에는 문제가 생긴다. 다윗은 하나님을 위한다고 성전을 지으려고 했고 사람들은 그것을 좋은 일로 여겼지만, 정작 하나님은 성전 짓는 것을 원하지 않으셨다. 우리가 보기에 하나님을 위한다고 하는 그것이 오히려 하나님을 위한 것이 아닌 자기 자신을 드러내기 위한 공로 의식에서 나온 것일 수 있음을 경계해야 한다.

'내가 은혜의 통로'라는 생각은 아예 하지 않는 것이 좋다. '내가, 내가, 내가'라는 주어를 버리지 않으면 하나님이 주어가 되어 일하시는 은혜를 누릴 수 없다. 우리는 그저 하나님의 완전하심 안에서, 하나님 나라의 작은 일부를 동역하도록 역할을 부여받은 존재일 뿐이다. 나 아니라도 하나님은 일하시고, 일꾼을 세우시고, 합력하여 선을 이루시는 분임을 인정하면서 늘 겸손해야 한다.

교역자, 순장, 부서 부장, 리더, 주일학교 교사, 찬양대원, 안내·주차 부원 등 무슨 일을 맡아 하는 모두가 똑같다. 하나님이 일하시도록 하고 우리는 겸손하게 동참하는 사람들임을 꼭 기억해야 한다.

나는 분당우리교회에서 11년간 찬양 인도를 담당해왔다. 많은 성도들이 찬양팀으로 지원했고 함께 동역하는 기쁨을 누렸었다. 내가 찬양 팀원을 선발할 때 노래 실력은 두 번째로 중요한 것이다. 첫 번째로 중요한 것은 "왜 찬양팀을 하려고 하는가?"에 어떻게 대답하는가다. 어떤 분은 이렇게 답한다. "나는 찬양 부르는 것을 좋아합니다." 또는 "나는 오래 전부터 찬양팀을 해왔습니다." 그러나 그것은 내가 원하는 답이 아니다. 그런 대답을 하는 분에게 나는 이렇게 되묻는다. "성도님, 그런데 회중석에 앉아서 부르는 것과 찬양팀으로 앞에 서서 부르는 게 어떤 차이도 없을 텐데 왜 굳이 찬양팀이 되어 앞에서 부르시려고 합니까?" 많은 분들이 여기에 답을 못할 때가 많다.

"왜 찬양팀이 되려고 하는가?"에 대한 내가 원하는 답은 뭘까? 바로 나를 하나님께서 찬양팀의 자리로 부르셨고 세우셨다는 소명 의식이다. 여기에서 내가 강조하고 싶은 것은 박광리 목사라는 한 사람이, 또는 교회가 필요에 의해 세운 사람이 아니라 하나님께서 그 자리로 부르셨다는 사실이다. 찬양팀이라는 자리가 어떤 노래 실력이나 경력으로 설 수 있는 자리가 아니라 하나님이 부르신 그 은혜로 세워진 곳임을 알게 하려는 것이다.

이 부르심에 대한 은혜를 아는 사람은 쉽게 결석하거나 지각하거나 그 사역을 가볍게 대하지 않는다. 박광리 목사라는 찬양 인도자를 돕기 위해 서는 찬양팀이 아니라, 하나님께서 부르신 거룩한 소명을 따라가는 예배자들은 은혜 안에서 기쁨으로 그 사역을 감당해나갈 수 있다.

교회든 사역이든 모든 것이 하나님의 은혜로 되는 것이다. 은혜가 사라진다는 것은 내가 교만해졌다는 의미와 똑같다는 사실을 명심하자. 그러니 우리는 이렇게 간구하며 외쳐야 마땅하다.

"하나님으로 하여금 일하시도록 하라."

본질: 교회가 추구해야 할 두 번째 키워드

'본질'이라는 단어의 사전적 의미는 '본디부터 가지고 있는 사물 자체의 성질이나 모습'이다. 그런데 시간이 흐르면서 본래 의미가 퇴색하고 본디 가진 성질을 잃어버릴 때가 많다. 교회 또한 마찬가지다. 본질은 사라지고 비본질적인 요소가 점점 많아지면, 교회의 본디 성질이 나타나지 않게 된다.

최근에 아주 흥미로운 내용을 접한 적이 있다. 먹거리는 오늘날 사람들의 중요한 관심사 중 하나인데, 일반적으로 좋은 먹거리에 자주 쓰이는 표현이 "무첨가", "유기농", "글루텐 프리", "비타민 음료" 같은 말이다. 그런데 한 전문가가 이런 표현이 들어간 음식들에 함정이 있다는 이야기를 들려주었다.

예를 들어 "비타민 음료"라고 적힌 음료를 분석해보면, 실상 비타민은 아주 소량이 들어 있고 오히려 상당히 많은 '당분(설탕)'을 포함하고 있다고 한다. 그러므로 과연 이 음료가 건강한 음료인지 아니면 해로운 음료인지 잘 따져봐야 한다는 것이다. 그러면서 비타민을 섭취하고 싶다면 그냥 비타민제를 복용하거나 채소나 과일을 먹으라고 조언했다.

그런데 우리는 그 비타민 음료에 자주 현혹된다. 왜 '비타민'이라는 단어에 그토록 열광하는 것일까? 사실은 시원하고 달달한 음료를 마시고 싶은 욕구가 있기 때문이다. 그런데 그런 음료를 먹자니 아무래도 살이 찌고 건강에 안 좋으리란 걸 너무 잘 안다. 그때 우리에게 면죄부를 주는 것이 바로 '비타민'이라는 단어다. '그래, 저 음료수는 맛도 좋지만 건강에도 좋아'라고 믿어버리는 것이다.

그 전문가는 굉장히 많은 예를 들었는데, 그 가운데 또 한 가지가 음료수에 표기된 "트랜스지방 0%"라는 문구다. 이 표기는 음료수에는 사실 할 필요가 없다고 한다. 음료에는 트랜스지방 성분이 없는 것이 당연한데 군이 그렇게 표기하는 이유는, 사람들의 인식 속에 트랜스지방은 나쁜 것이고 이것이 없으면 건강한 음료라는 결론을 유도하기 위한 방법이라는 것이다.

여기서 알 수 있는 핵심은 뭘까? 우리가 기본적으로 너무 쉽게 믿는다는 사실이다. 상당히 똑똑한 것 같은데, 생각보다 허술한 것이 바로 우리다.

교회 이야기로 다시 돌아가보자.

여러분은 어떤 교회가 좋은 교회라고 생각하는가? 요즘같이 이단이 판치는 시대를 살아가는 성도에게는 안정된 교단에 속한 교회가 우선 중요한 요소일 것이다. 아마 총신대나 장신대가 속한 합동 교단이나 통합 교단의 장로교를 가장 먼저 머리에 떠올릴 수 있을 것이다. 틀린 생각은 아니다.

또 어떤 교회가 좋은 교회일까? 목사님 설교가 좋아야 한다고 생각하는 이들이 많을 것이다. 설교가 좋아야 은혜 받는다고 생각하기 때문이다. 또 어떤 교회가 있을까? 유명한 교회다. 왜냐하면 유명해진 데는 분명히 이유가 있을 테니까. 유명하다는 것은 규모가 크다는 것이고 규모가 크다는 것은 시스템을 잘 갖추고 있기 때문에 안정되게 신앙생활을 할 수 있다는 뜻이다.

또 뭐가 있을까? 주일학교가 잘 갖춰진 교회, 소그룹이 잘 되어 있는 교회. 아버지 학교도 운영하고 어머니 기도회도 있어야 한다. 토요일마다 주일학생들을 위한 영어성경캠프 프로그램도 있어야 하고, 의료선교 분과도 있어야 하고, 신앙 강좌도 마련되어 있어야 한다. 성경 통독 프로그램, 큐티, 신구약 성경공부, 제자훈련, 일대일 양육 등은 두말할 나위 없다. 그리고 조직도 역시 촘촘하게 구성되어 있어야 한다. 이야기할 거리는 무수히 많다.

그런데 과연 우리가 좋다고 생각하는 그 기준이 맞기는 한 걸까? 위에 열거한 좋은 교회의 수많은 조건들이 과연 교회의 본질이긴 할까?

설교 잘하는 담임목사님이 있는 곳이 좋은 교회라는 기준을 예로 들어보자. 여기에는 어떤 함정이 있을까? 바로 '예배는 설교 들으러 오는 것'이라는 오류에 빠지기 쉽다는 점이다. 이런 생각을 가진 성도는 흔히 다른 예배 순서들에 대해서는 무시해버리는 경향이 있다. 실제로 예배 시간에 찬양하기 싫다고 설교 시작할 때 맞춰 들어오는 이들도 있다. 예배는 설교만 들으면 끝이라고 생각하기 때문이다. 그래서 설교가 좋으면 은혜 받았다며 흡족해하고, 설교가 좋지 않으면 더 좋은 설교자를 찾아 떠난다.

앞서 예로 든 것처럼 음료 앞에 "비타민"을 붙이고 "트랜스지방 0%"라고 의미 없는 광고를 하듯이, 오늘날 교회 또한 자꾸 앞에 뭔가 미사여구를 붙이고, 또 좋은 교회라는 설명을 덧붙이려는, 과장 광고에 목을 매고 있는 것은 아닐까?

조금 극단적인 표현일지 모르지만 이런 식이다. "성도 여러분, 너무 깊이 생각할 필요 없습니다. 우리 교회는 안전한 교단 소속입니다. 장로교에 속한 교회입니다. 또한 우리 교회는 주일학교에서 영어성경캠프를 합니다. 또 우리 교회는 셔틀버스가 완비되어 있고, 여러분이 선택할 수 있는 수많은 신앙 강좌가 개설되어 있습니다." 이런 많은 요소를 두루 갖추고 있어야 좋은 교회라고 여기는 풍토가 되어버린 것 같다. 음료에 "비타민"이라 적어놓고는 "걱정하지 말고 드세요. 건강한 음료입니다" 하고 광고하는 것이나 마찬가지다.

교단이, 주일학교 프로그램이, 셔틀버스의 편리함이, 많은 신앙 강좌가 과연 좋은 교회를 만드는 본질일까? 그게 맞다면 모든 교회가 그 본질을 추구하기 위해 앞장서야 한다. 그런데 과연 앞에서 말한 그런 조건과 규모를 갖출 수 있는 교회가 몇 군데나 될까? 재정과 자원이 뒷받침되지 않는 교회들은 그런 조건과 규모를 갖출 수 없기 때문에 나쁜 교회라고 할 수 있는가? 그것은 교회가 아니라고 말할 수 있는가? 그렇지는 않은 듯하다.

복잡한 것은 본질이 아닐 가능성이 높다. 이것저것 중요하지 않은 것들을 빼내고 줄여나가기 시작하면 점점 단순해지고, 그 단순함 속에 본질이 있을 가능성이 훨씬 높다.

교회가 존재하는 목적은 뭘까? '예배'다! 그렇다면 예배만으로 교회는 충분히 존재할 이유가 있는 셈 아닌가?

극단적인 표현임을 잘 알지만 이렇게 말하는 데는 이유가 있다. 다음 2가지를 특별히 강조하고 싶기 때문이다. 첫째, 현대 교회는 너무 복잡해졌다. 둘째, 그러니 우리는 본질을 찾기 위해 단순함을 추구해야 한다.

어느 날 아이들 책을 살 게 있어서 서점에 들렀다. 기독교서점이 아닌 일반 서점이라 신앙서적을 살 생각은 없었는데 간 김에 종교 코너 쪽을 둘러보았다. 제목을 죽 살피던 중 이런 제목의 책이 눈에 들어왔다. 《작은 교회가 답이다》.

처음 보는 출판사인 데다 딱히 구입할 의사도 없었기에 스쳐지나갈 수 있었는데, 하나님께서 그 책을 내 눈에 보여주셨다고 확신한다.

"작은 교회가 답"이라는 제목에서 오해하지 말아야 할 점은, 이 책의 저자는 교회 규모를 작게 하자는 의미로 한 말이 아니라는 것이다. 한국어로 번역한 제목에 조금 오해의 소지가 있는데, 원래 제목은 《의도적 단순함: 교회가 더 많은 것을 하는 법(Deliberate Simplicity: How the Church Does More)》이다. 이 책에서는 '단순함'이라는 결론을 중요하게 다루지만, 더 중요하게 강조하는 것은 우리에게 '단순함을 향한 의도성'이 있는가, 우리가 본질을 놓치지 않기 위해 몸부림치는가다.

어떻게 하면 단순해질 수 있을까? 복잡한 것을 빼야 한다. 빼고 또 빼다 보면 진짜 중요한 것이 그때부터 나타난다. 없어서는 안 되는 것이 나온다.

9 너희 전대에 금이나 은이나 동을 가지지 말고 10 여행을 위하여 배낭이나 두 벌 옷이나 신이나 지팡이를 가지지 말라 이는 일꾼이 자기의 먹을 것 받는 것이 마땅함이라 _마태복음 10:9~10

예수님께서 열두 제자를 파송하시는 장면이다. 이 말씀을 볼 때 여러분은 어떤 생각이 드는가? 복음을 전하러 여러 도시로 가야 하는데, 지갑에 돈을 넣어 가지 말라고 하신다. 여벌옷도 신도 지팡이도 가져가지 말라고 하신다. 이게 가능할까 싶을 것이다.

그런데 만일 이런 전도 여행이 가능한지 아닌지를 놓고 논쟁을 벌이기 시작하면 그 순간 본질에서 벗어나버린다. 초대 교부시대에 벌어진 "바늘 끝에 천사가 몇 명이나 서 있을 수 있을까?" 논쟁과 같은 경우다. 말씀의 본령에서 한참 벗어난, 백해무익한 논쟁이다.

위 예수님 말씀에서 핵심은 이것이 놀러 가는 여행이 아니라는 데 있다. 이 여정은 자기만족을 위해 즐기러 가는 여행이 아니라 복음을 전하는 사명을 띠고 가는 길, '일꾼'에게 맡겨주신 임무를 수행하러 가는 길이다. 이러한 '여행의 의미'와 '일꾼 됨의 소명' 없이 위의 말씀을 우리 머리로만 이해하고 논할 때 문제가 불거진다. 무일푼 여행이 마치 이 말씀의 전부인양 갑론을박을 벌이다 보면 진짜 목적인 파송은 새까맣게 잊어버리는 것이다.

이 당시 예수님의 제자들에게는 주머니에 돈이 없는 것이 큰 어려움이 아니었다. 왜? 예수님을 믿고 그 뜻에 충실히 따르는 것이 자신들이

할 일임을 잘 알았기 때문이다. 그들은 본인에게 주어진 사명의 길이 관광 여행처럼 편하게 온갖 것 누리면서 하는 여정이 아님을, 수중에 돈 한 푼 없어도 해야 하는 일이고 어려움을 감당해야 하는 일임을 정확히 인지했다. 자신의 소명과 자신이 가야 할 길을 분명히 아는 사람에게 나머지는 하찮은 요소일 따름이다. 그랬기에 그들은 의연히 그 길을 좇아 복음을 전했고 결국은 순교의 길을 걸어갔다.

하지만 우리는 어떤가? 핵심에서 멀찌감치 떨어진 채 그저 우리가 보기에 중요하다 싶은 것을 가지고 말씀을 분석할 때가 얼마나 많은가? 사람은 자신이 보고 싶은 것만 보고, 듣고 싶은 것만 듣기를 좋아하기 마련이다. 이처럼 우리는 늘 본질에서 벗어나기 쉽다는 사실을 명심해야 한다.

그러니 마태복음 9~10장 말씀에서 우리가 받아야 할 근본 메시지는 이것이다. "당신은 지금 예수님께 받은 소명이 있습니까? 당신은 지금 예수님께서 보내신 길 위에 서 있습니까? 그 험난한 길을 걷고 있습니까?"

물론 나는 이상주의자가 아니다. 본질만을 외치는 근본주의자도 아니다. 본질만 부르짖고 그 본질을 이루기 위한 방법을 세우지 못하면 공허한 외침이 될 공산이 크다. 이 땅 위의 현실 교회는 본질만 추구할 수 없다는 것을 솔직하게 인정해야 한다. 때로는 뭐가 더 효율적인지 따져야 하고, 또 때로는 최선이 아닌 차선을 선택해야 한다.

그러나 적어도 갈수록 복잡해지는 현실, 지엽적인 데 매달리는 현실을 더 이상 방치해서는 안 된다. 우리가 본질에서 벗어나고 있다는 사실을 분명히 인식하고 나아갈 방향을 찾아야 한다.

이와 관련하여 앞서 소개한 책《작은 교회가 답이다》에 나오는 국제 CTK교회(CHRIST THE KING COMMUNITY CHURCH, INTERNATIONAL)에서는 다음 3가지에 집중한다.

- 예배: 하나님을 더 많이 사랑하라
- 소그룹: 사람들을 더 많이 사랑하라
- 봉사: 더 많은 사람을 사랑하라

이 교회 담임목사님은 성도들에게 반복해서 이 3가지 방향을 강조하면서 "우리는 하나님과 사람들을 잘 사랑하는 법을 배우기 위해 여기에 모였습니다. 일단 거기에 닻을 내리고, 그런 다음에야 다른 일로 넘어갈 것입니다"라고 단언한다.

너무나 공감이 가는 말이다. 이 땅 위의 교회는 결국 시간이 지나면 조직화되고, 경직되고, 매너리즘에 빠진다. 또 복잡해진다. 우리는 이 시기를 최대한 늦추면서 최선을 다해 본질을 놓치지 않도록 몸부림치는 수밖에 없다.

그리스도인의 본분을 잊지 말고 부디 본질을 추구하기 바란다. 자꾸 주변에 붙은 "비타민", "무첨가", "프리", "유기농" 이런 단어나 미사여구에 현혹되지 않으면 좋겠다.

교회는 "하나님을 사랑하고, 내 이웃을 사랑하기 위해" 예배하는 곳이고, 성도끼리 교제하는 곳이며, 또한 세상을 향해 봉사하는 곳이다. 이것만으로 충분히 좋은 교회가 될 수 있음을 증명해낼 때, 우리는 비로소 "돈 없이 떠나라"는 예수님 말씀에 합당한 크리스천으로 거듭날 것이다.

본질이 아닌 것을 유지하는 데 힘 빼지 마라

개척을 하면서 목사는 다른 개척교회를 벤치마킹하지 않고 이른바 성공한 중대형교회를 기준으로 삼을 때가 많다. 그렇게 하면 목회적 성공의 대열에 설 줄로 생각한다. 또 화려했던 중대형교회 부교역자 시절을 떠올리면서 그때 교회처럼 개척하려고 생각하는 목회자가 많다. 그쪽이 안전하다고 느끼는 듯하다. 그리고 그 중대형교회를 개척교회 안에 집어넣으려다 실수하곤 한다.

개척교회는 능력이 안 되는데도 불구하고 대형교회의 시스템을 구현하려고 무리하게 시스템을 도입한다. 마치 사업을 시작하면서 컨베이어벨트부터 무작정 설치하는 것과 다를 바 없다. 실패를 준비하는 셈이다. 개척교회에 엄청난 자원을 소모하면서 대형교회용 컨베이어벨트를 가져온다. 안 그래도 인원이 부족한 형편인데, 그 컨베이어벨트를 돌리고 유지하려면 성도들이 곳곳을 분주하게 뛰어다녀야 한다. 개척 후 1~2년은 열정과 기대감으로 열심히 한다. 그러나 몇 년이 지나 힘들고 지치는 순간이 오면 어김없이 불평과 불만이 터져 나온다.

봉사할 사람이 절대적으로 부족한데 조직도 안에 안내부, 주차부, 성가대, 재정부, 훈련부, 전도부 등 수많은 부서부터 만들어놓는다. 그리고 교회에 오는 성도들을 그곳에 불러 세운다. 또 예배에 올 수 있는 사람이 제한되어 있는데, 주중예배를 고집한다. 오는 성도만 늘 오게 된다. 성도를 예배에 참여하도록 하려고 자꾸 '특별한' 예배가 등장하고 프로그램이 추가되고 재미 요소가 가미되면서 예배가 이상해지기 시작한다. 점점 교역자도 지치고 성도도 그 많은 일과 예배에 다 참여하려니까 힘들어진다.

찬양의 경우도 마찬가지다. 나는 30년 가까이 예배 찬양을 인도한 찬양 사역자다. 많은 교회가 찬양을 연주할 사람이 없는데도 풀밴드 시스템과 비싼 음향 장비를 덜컥 구입한다. 구색을 맞춰야 한다고 생각하기 때문이다. 그리고 찬양 연주가 약하면 예배가 은혜롭지 못하다고, 기도회가 뜨거워지지 않는다고 생각한다. 찬양 연주자가 없어 악기와 음향이 역할을 못 해 예배에 문제가 있다고 착각한다.

이런 이야기를 하는 이유가 뭘까? 개척교회가 일이 많고 그래서 힘들고 지치는 원인이 바로 비본질적인 사역이나 일 때문임을, 그리하여 소모적인 신앙생활을 하게 되는 것임을 말하고자 하는 것이다. 비본질적인 것은 교회에 필요하지 않다. 없어도 된다. 다 붙잡고 있을 필요가 없다. 과감히 던져버려야 한다.

'우리는교회'를 시작하면서 첫 예배에 우리가 가진 악기는 건반 한 대와 인도자의 기타뿐이었다. 11년 동안 분당우리교회의 프로 연주자들과 찬양을 맞춰왔던 찬양 인도자인데 음악의 역할이 얼마나 중요한지 모르겠는가? 주변에서 연주자들도 얼마든지 불러 올 수 있다. 그러나 개척교회는 과감히 그 음악의 역할을 줄일 줄 알아야 한다. 드럼이든 일렉트릭이든 베이스든 뺄 수 있어야 한다.

오해하지 말기 바란다. 곳곳에 음악의 은사로 교회의 찬양과 예배를 섬기고 있는 헌신자들이 있음을 안다. 그러나 음악의 역할이 없다고 해서 불안해할 필요 없다. 우리는 말로는 예수로만 충분하고 마음의 예배를 드린다고 하지만 실제로는 음악에 연주에 음향에 얼마나 신경을 곤두세우는지 모른다. 음악이 없으면 예배가 충분히 예배답지 못하다고 생각하는지 모른다. 도대체 누구를 위한 음악인지 헷갈릴 때가 한두 번이 아니다. 오히려 개척 시절의 단순한 연주와 절제된 순서를 하나님께만 예배할 수 있는 절호의 기회로 삼을 수는 없을까? 지금 돌아봐도 개척 초창기 드린 예배는 조금도 부족함이 없었다. 사람의 눈에는 초라하고 보잘것없어 보일지 몰라도 하나님은 결코 외형으로 예배를 판단하지 않으신다.

어느 날 수요기도회에 피아노도 기타도 없었을 때 우리는 그냥 기도했다. 기도는 분위기가 얼마나 뜨거운지가 중요한 것이 아니다. 하나님이 들으시는 성경적인 기도를 하는 것이 중요하다. 성경적인 기도를 할 때 음악이 있든 없든, 기도를 이끌어가는 사람이 있든 없든 자유함으로 기도할 수 있게 되는 법이다.

개척을 준비하면서 얼마나 두려웠는지 모른다. '과연 나 같은 부족한 사람이 담임으로 있는 교회가 잘 세워질 수 있을까?' '사람은 몇 명이나 모일까?' '사람이 모이지 않으면 어떻게 하지?' 이런저런 걱정에 뜬눈으로 밤을 새운 날이 있었다. 이 모든 근심을 한마디로 요약하면 '내가 시작한 교회가 중대형교회가 되지 못하면 어떻게 하지?'라는 저급한 수준의 근심이었다. 이렇게 수준 이하의 불안감으로 불면의 밤을 보내던 어느 날 새벽 하나님께서 눈이 번쩍 뜨이는 말씀을 주셨는데 아주 당연한 메시지였다. "교회는 하나님이 책임지신다"라는 음성이었다. 교회 걱정은 하나님이 하시는 것이지 목사가 할 필요가 없다는 것이었다. 하나님께서 책임져주시리라는 확신이 드니 그때부터 두려움과 근심이 눈 녹듯이 사라졌다. 그리고 '하루 동안 내게 주신 사역 그리도 지금 할 수 있는 일부터 차근차근 해나가면 된다'는 단순한 마음이 찾아왔다.

주차할 사람이 없으면 주차를 안 세우면 된다. 안내할 사람이 없으면 안내를 안 세우면 된다. 봉사할 사람이 없으면 봉사부서를 안 세우면 된다. 하나님이 사람을 보내주실 때까지 기다리면 된다. 하나님의 교회를, 그 필요를 하나님께서 채워가실 것이기 때문이다. 이렇게 하나하나 부담스럽던 일들의 목록을 제거하고 나니 마지막에 남는 것이 하나 있었는데 바로 '예배'였다. 지금 우리가 할 수 있는 최선은 예배였다. 예배에 마음이 집중되면서 자유함과 기쁨이 찾아왔다. 그리고 시간이 지나면서 주차 봉사도 안내도 주일학교도 귀한 성도들의 섬김으로 아름답게 세워져 갔다.

많은 대형교회에서는 성도들에게 작은 교회로 가라는 요청을 한다. 대형화되는 것이 문제라는 인식이 있기 때문이다. 그러나 문제는 성도들이다. '작은 교회로 간다'는 의미를 잘 모른다. 이른바 '작은 교회'라고 불리는 그 교회가 어떤 상황인지 모른다. 교회는 다 대형교회 같은 줄 안다. 그리고 대형교회에서 신앙생활 하면서 누렸던 모든 것을 작은 교회에서 그대로 누리려고 한다.

그러면서 작은 교회 목회자에게 이런저런 요구 사항을 전달한다. "목사님, 교회는 이것도 있어야 하고 이것도 해야 합니다. 예전 교회에서는 이렇게 해왔어요"라고 말이다. 자신들의 요청이 잘 이루어지지 않으면 쉽게 그 교회를 떠난다. 그리고 작은 교회의 현실을 경험하면 두 번 다시 대형교회를 떠나려고 하지 않는다. 그들에게 교회는 대형교회와 대형교회가 아닌 교회밖에 없는 셈이다.

작은 교회나 개척교회를 무조건 편들려는 것이 아니다. 그런 교회도 변해야 할 것이 많다. 강조하고 싶은 말은 각자가 정의하는 교회라고 하는 것이 대부분 비본질적인 것들을 기준으로 삼는다는 점이다. 예배 스타일, 설교 스타일, 소그룹 스타일, 양육 시스템, 주일학교 시스템 등이 갖춰진 정도로 좋은 교회와 그렇지 못한 교회를 구분하는 것이다. 이런 상황에서 과연 대형교회 성도가 작은 교회로 수평이동하려고 할지 의구심이 든다.

'우리는교회'도 개척 초기에 30여 명의 성도들이 모일 때 이런 사안에 대해 의견을 나누었다. 분당우리교회에서 분립 개척을 했으니 그 교회의 모델을 따라야 하는가 하는 문제였다. 제자훈련을 해야 한다거나 '다락방'이라는 이름으로 소그룹을 해야 한다는 주장 등이 그런 예다. 그때 나는 이런 이야기를 했다. "성도님들, 분당우리교회가 호랑이라면 우리는교회는 호랑이 새끼가 아닙니다. 심지어 고양이도 아닙니다. 우리는교회는 꽃입니다"라고 말이다. 아예 다른 교회라는 점을 강조한 것이다.

꽃을 심어야 하는 동산에 호랑이를 풀어놓는 일은 맞지 않다. 우리가 꽃동산을 만들지 않고 호랑이 키우는 데 힘을 쓰기 시작하면 결국 소모적인 사역을 하게 될 테고, 개척의 때에 어울리지 않는 교회가 될 것이다. 나는 이 위험을 경고하고자 했다.

또 한 가지 성도들에게 전한 메시지가 있는데, "이만큼만 해도 이렇게 되는 교회를 보여야 한다"는 것이었다. 비본질적인 것들을 버리고, 대형교회 흉내 내는 일을 멈추고 해야 할 일만 해내도 하나님께서 역사하심을 증명하겠다는 다짐이었다. 지금도 이 생각에는 변함이 없다. 많은 개척교회가 할 일만 해도 얼마든지 하나님의 역사를 경험할 수 있다는, 우리와 동일한 경험을 하기를 바란다. 더 이상 목회자와 성도가 비본질적인 것들에 이끌려 소모적인 신앙생활 하느라 진짜 해야 할 일들을 놓치지 않기를 소망한다.

개척을 하고 나서 여러 가정에서 강대상을 헌물 하겠다고 연락을 주었다. 그러나 '우리는교회'에는 지금까지도 강대상이 없다. 가장 심플한 일반 보면대를 사용하면 된다. 지금은 학교 강당에서 사용하는 일반 강의용 강단을 사용하고 있다. 강대상이 없는 것이 정답은 아니다. 강대상은 선택의 요소다. 있어도 괜찮고 없어도 괜찮다. 그러나 나는 후자를 선택했다. 왜일까? 성도들과 나누고 싶은 메시지가 있기 때문이다.

성도들에게 종종 묻는다. "성도 여러분, 강대상이 없는 것이 혹시 불편하게 여겨지신다면 왜 그럴까요? 왜 강대상이 있어야 할까요?" 각자에게 의미 있는 답들이 있을 것이다. 그 답을 가지고 갑론을박하고 싶지는 않다. 나의 대답은 이것이다. "강대상이 있어서 예배 가운데 하나님의 역사가 강력해진다면 그것은 의미가 있다. 그러나 하나님은 강대상의 유무에 따라 역사하는 분이 아니시다. 내가 영과 진리로 예배하는 하나님이 찾으시는 예배자인가가 중요할 뿐이다."

'우리는교회'는 주일에는 대학 강의실에서 예배를 드리고 주중에는 비전센터에서 예배나 소모임을 한다. 비전센터에도 내부 장식은 최소화했다. 당연히 강대상은 없다. 나무도 꽃도 어떤 장식도 없다. 그냥 깨끗하게 비워놓은 공간이다. 어떤 성도들은 썰렁하게 느껴진다고 할지 모른다. 그곳에서 사용하는 장비 또한 가장 저렴한 것을 사용한다. 그 흔한 무선 마이크조차 없다. 값이 싼 6개의 유선 마이크를 사용한다. 그마저 주일에는 대학 강의실로 옮겨 쓰고 주일예배 후에는 다시 주중예배 장소인 비전센터로 가져와서 사용한다. 무거운 믹서 장비 역시 한 대만 구입해서 주일예배와 주중예배 장소로 그때마다 옮겨 사용한다. 음향이나 영상 시스템, 악기도 아주 저렴한 것들로 마련했다.

돈이 없어서가 아니다. 좋은 장비가 더 좋은 소리를 내는 것을 몰라서도 아니다. 그렇지만 교회 장식이 화려하고 장비가 좋다고 그 교회가 그리고 그곳에서 드리는 예배가 반드시 좋은 것은 아니다. 물론 마찬가지로 이 방식이 정답이라고 말하고 싶지는 않다. 다만 이렇게 하는 것은 한국 교회가 위기에 처해 있고, "위기의 순간에 기독교는 급진적이어야 한다"라는 말처럼, "이렇게 해도 괜찮다. 문제없다"는 것을 누군가는 본을 보여야 할 때라고 생각하기 때문이다. 비본질적인 것은 없어도 된다고, 본질을 추구하면 목회가 건강할 수 있다고 이야기할 수 있도록 말이다.

본질만 남겨라: 포기와 집중

분당우리교회에서 11년간 사역을 하면서 이찬수 목사님께 배운 중요한 목회 수업이 있다. 교회에서 무슨 행사나 프로그램을 기획하고 보고할 때는 신중하고 철저하게 준비를 해야만 했다. 지금 그 순간들을 생각하면 긴장이 된다. 준비한 보고서를 가지고 목사님 앞에서 설명을 할 때면 어김없이 목사님은 이런 질문을 하셨다. "이 행사를 왜 해야 합니까?" 이 질문에 명확하게 답변을 못 하면 연속된 질문이 들어왔다. "이렇게 하면 교회와 성도에게 뭐가 좋습니까? 또 안 하면 뭐가 문제가 됩니까?"

별것 아닌 질문처럼 보이지만 사실 이런 본질에 대한 질문은 대답하기가 보통 까다로운 것이 아니다. 목사님은 교회에서 무엇을 하건 간에 그것을 해야 하는 분명한 목적을 중시하셨다. 의미 없는 일을 만들거나 예전에 했던 방식대로만 고집하려고 할 때는 어김없이 본질에 대한 질문을 쏟아놓곤 하셨다. 세부 계획이나 아이디어를 백지상태로 만들고 원점에서 "우리가 왜 이 일을 하려고 하는가?"를 물을 때 우리는 본질을 발견할 수 있다.

앞에서도 잠깐 언급했지만 개척 후 5개월 동안 주일 11시 예배만 드렸다. 일주일에 주일 한 번만 교회 오면 되니까 편했으리라 생각하기 쉬운데 현실은 그렇지 않았다. 담임목사인 나뿐 아니라 동역자로 개척에 함께 참여해준 성도들도 이 상황에 다들 적잖이 당황했던 기억이 난다.

오전 11시 예배 후 점심을 먹고 모든 일정을 마치면 오후 1시였다. 이전에 부교역자로 사역할 때는 주일 새벽 5시에 기상해서 오후 5시에 사역 일정이 마감되었다. 물론 오후 5시 이후 스케줄도 자주 있었다. 그랬기에 오후 1시에 중천에 뜬 태양을 본다는 것은 어색하기 그지없는 일이었다. 그런 상황에서 본능처럼 내 마음에 떠오른 생각이 있었다. '일주일에 한 번만 모여도 괜찮은 건가? 성도들을 너무 빨리 집으로 돌려보낸 건 아닌가? 그렇다면 뭔가 더 사역을 만들거나 예배를 늘려야 하나? 주일 저녁 예배가 필요한가? 아니면 주중에 성경공부 시간을 만들어야 하나? 이런 식으로 하다가 성도들이 실망하거나 교회에 나오지 않으면 어떻게 하지?'

아마 많은 개척교회 목회자가 비슷한 불안증세를 가지고 있으리라 짐작한다. 그런데 그 순간에 하나님께서는 본질적인 질문으로 나에게 다가오셨다. "교회가 무엇이냐? 뭐가 있어야 교회냐? 뭘 해야 교회냐?" 예배 횟수가 부족하고 양육 시스템이 없고 성도들이 교회 나오는 횟수가 적다는 '겉으로 나타나는 현상' 때문에 불안해하던 내게 주신 하나님의 메시지는 본질에 집중하라는 것이었다. 한 번의 주일예배에 온 마음을 집중하기 시작했다. 주일 설교를 준비하기 위해 더 많은 시간을 쏟았다. 이 한 번의 예배가 우리 인생에서 마지막일 수 있다는 절박함을 갖게 되었다. 주일예배는 우리 교회 존재의 본질이 되었다. 그리고 지금까지 변함없이 "주일예배를 통해 주신 하나님의 말씀으로 우리는 충분히 한 주간을 살 수 있다"라는 사실을 증명하기 위해 예배에 전심전력을 다하고 있다.

깊이: 교회가 추구해야 할 세 번째 키워드

그렇다면 왜 우리는 본질을 추구해야 할까? 왜 본질에 집중해야 할까? 왜 단순해져야 할까?

사실 우리는 많은 일을 하도록 부르심을 받은 존재가 아니다. 우리는 주어진 시간과 환경 속에서 하나님이 주신 은사와 달란트대로 쓰임을 받는 것뿐이다. 그리고 그렇게 자신에게 주어진 일에 집중할 때 즐겁고 행복하도록 만들어진 존재일 따름이다.

혹시 여러분은 교회에서 너무 바쁘지 않은가? 만일 그렇다면 분명히 여러분의 영성은 그 분주함과 반비례할 것이다. 우리는 시간과 환경에 제한을 받는 사람들이다. 홀로 모든 것을 다 할 수는 없다. 옆으로 넓게 많은 일을 하면서 아래로 깊은 영성의 샘물을 길어 올리기는 거의 불가능에 가깝다.

그런데 성도 중에는 하나님께서 뭐든지 할 수 있는 만능인, 슈퍼맨을 좋아하신다고 오해하는 이들이 있다. 그래서 자신이 모든 일에 관여하고 모든 일을 해내야 한다고, 또 뭐든 잘할 수 있다고 착각한다. 진실을 말하면 하나님은 한 사람에게 슈퍼파워를 주시지 않는다. 한 사람에게 교회를 다 맡기지 않으신다. 그러므로 어떤 성도가 그 교회의 슈퍼맨, 만능인이 된다는 것은 공동체가 건강하지 않다는 의미라고 해도 지나치지 않다.

중요한 것은 '균형'이다. 자신의 은사와 달란트대로 교회에서 1인 1사역 하도록 함으로써, 모든 성도가 교회를 세우는 데 참여할 수 있는 환경을 만들어야 한다. 그리고 나머지 시간에는 말씀과 기도의 깊은 샘을 파도록 해야 한다. 은혜가 있을 때 사역도 열매를 맺는다. 은혜라는 공급이 없는데 사역의 보람과 기쁨이라는 결실을 얻을 수 있을 리 만무하다.

은혜 없이 사역만 펼치는 사람에게는 반드시 '마르다증후군'이 찾아온다. 너무 많이 펼쳐놓은 일 때문에 염려하고 근심하게 되고 결국은 불평과 불만이 되어 공동체를 어렵게 하는 장본인이 되는 것이다.

41 주께서 대답하여 이르시되 마르다야 마르다야 네가 많은 일로 염려하고 근심하나 42 몇 가지만 하든지 혹은 한 가지만이라도 족하니라 마리아는 이 좋은 편을 택하였으니 빼앗기지 아니하리라 하시니라 _누가복음 10:41~42

'doing'에 매몰되지 말고 'being'을 먼저 점검하자. 내가 누군지, 뭘 해야 하는 존재인지 알아야 그다음에 바른 방향으로 행할 수 있다. 무조건 열심히 많은 일을 한다고 유익할까? 결코 그렇지 않다. 예수님의 말씀처럼 몇 가지라도, 또는 한 가지라도 제대로 하는 것이 중요하다.

앞에서 언급한 CTK교회가 '예배, 소그룹, 봉사' 3가지에 집중 가능한 것은 모든 성도가 참여할 수 있도록 단순화했기 때문이다. 그에 비해 한국 교회는 너무 프로그램이 많다는 생각을 지울 수가 없다. 온갖 것을 소화할 수 있는 사람이 더 훌륭한 신앙인인 것처럼 인정하는 풍토는 위험하다.

자신이 깊이 있는 신앙인인지 아닌지 알아보려면 간단하다. 이렇게 물어보면 된다. "나는 은혜로부터 출발하여 자발적으로 순종하고 있는가? 아니면 '나 아니면 할 사람이 없으니 내가 해야지'라는 의무감에서 순종하고 있는가?"

왜 교회가 본질을 추구해야 하고 단순해져야 할까? 왜 깊이 있는 영성가들이 필요할까? 하나님이 가장 좋아하시는 것이 바로 '자발적 순종'이기 때문이다.

자발적 순종은 덮어놓고 무조건적으로 하는 순종과는 다르다. 늘 하던 대로 습관을 좇아 하는 열심과도 다르다. 다른 사람들이 나를 어떻게 볼 것인가를 의식하고 어쩔 수 없이 하는 순종과도 다르다. 자발성은 하나님께서 나를 구원하셨다는 감격 속에서 자신을 하나님께 드리는 마음으로 하는 순종이다. 자발적 순종은 은혜에 근거한 순종이다. 신앙의 깊이는 은혜의 깊이와 비례한다.

　지금 한국 교회는 많이 아프다. 아픈 교회를 어떻게 치유해야 할지는 잘 모르겠다. 다만 우리가 할 수 있는 일을 하자고 제안하고 싶다. 은혜, 본질, 그리고 깊이를 추구하는 교회를 세워가는 일이 그것이다.

　끝으로 유명한 실험 한 가지를 소개한다.

　과학자들이 꼭대기에 바나나가 놓인 사다리를 우리 한가운데 세워두고 원숭이 5마리를 몰아넣었다. 그중 한 원숭이가 바나나를 먹으려고 사다리로 올라갈 때마다 과학자들은 나머지 원숭이들한테 찬물을 끼얹었다. 그러자 한 원숭이가 사다리에 올라가려 할 때면 다른 원숭이들이 그 원숭이를 끌어내려서 마구 때렸다. 이제 아무리 바나나의 유혹이 강해도 어떤 원숭이도 감히 사다리에 올라갈 엄두를 못 냈다.

　그다음 과학자들은 한 원숭이를 새로운 원숭이로 교체했다. 새 원숭이는 들어오자마자 사다리를 올라가기 시작했다. 다른 원숭이들이 즉시 그 원숭이를 공격했다. 이런 일이 몇 번 되풀이되자 새 원숭이는 자신이 왜 맞는지도 모르는 채 다시는 사다리에 올라가려들지 않았다. 과학자들은 또 한 원숭이를 교체했고 똑같은 일이 되풀이되었다. 첫 번째로 교체된 원숭이는 두 번째로 교체된 원숭이를 공격하는 일에 적극 가담했다. 세 번째, 네 번째, 다섯 번째 원숭이가 교체되었을 때도 마찬가지 현상이 발생했다.

　마침내 모든 원숭이가 새로운 원숭이로 교체되었다. 그런데 처음과 달리 찬물을 끼얹지 않았는데도, 어떤 원숭이가 사다리에 올라가려들면 나머지 원숭이들이 공격하는 일은 계속되었다. 만일 그 원숭이들에게 왜 사다리에 올라가면 끌어내려 때리는지 물을 경우, 이렇게 대답할 것이다. "나도 몰라. 여기서는 원래 그래."

하나님은 우리에게 바나나를 주셨다. 좋은 것을 누리고 행복하라고. 그런데 아무도 사다리에 올라가려고 하지 않는다. 이 모습이 딱 지금 한국 교회 성도의 모습 아닐까? "교회가 원래 그렇지. 너무 기대하지 마. 조금만 지나 봐. 어차피 또 문제가 생길 테니. 조용히 출석이나 해."

이래서야 전도를 해봤자 헛수고다. 이런 실패와 회의감으로 가득한 교회 공동체로 사람들을 초대해봤자 결과가 어떨지는 불을 보듯 뻔하다.

우리가 변해야 한다. 함께 도전에 나서보자. 하나님의 은혜로, 단순함을 추구하고, 많은 것을 자랑하는 교회보다 한 가지라도 주님과 함께하는 교회의 길을 걸어보자. 하나님께서 부르신 교회, 하나님께서 이루어 가실 줄 믿고 나아가보자.

21 그의 안에서 건물마다 서로 연결하여 주 안에서 성전이 되어 가고 22 너희도 성령 안에서 하나님이 거하실 처소가 되기 위하여 그리스도 예수 안에서 함께 지어져 가느니라 _에베소서 2:21~22

광야 교회

광야에서 예배드릴 때 하나님이 채우신다

시내 산에서 말하던 그 천사와 우리 조상들과 함께 광야 교회에 있었고
또 살아 있는 말씀을 받아 우리에게 주던 자가 이 사람이라

_사도행전 7:38

누구나 하나님의 음성을 듣는다

같은 의미의 말이라도 뉘앙스가 다르게 들릴 때가 많다. '하나님의 음성'과 '하나님의 말씀'이 그렇다.

이런 생각이 들지 모른다. '하나님의 음성이라고? 그럼 하나님이 우리 귀에다 말씀하시는 건가?' 물론 필요하시다면 하나님은 귀로 듣게도 하시리라 믿는다. 나도 적으나마 그런 경험을 한다. 단어나 어떤 이미지가 귀에 들리듯 떠오를 때가 있다.

그런데 이렇게 귀로 하나님의 음성을 듣는다면, 모든 사람이 하나님의 음성을 듣는 것이 아니라 특별한 누군가만 듣게 될 것이다. 하지만 예수님은 하나님의 사람들은 전부 하나님의 음성을 듣는다고 하셨다.

> 내 양은 내 음성을 들으며 나는 그들을 알며 그들은 나를 따르느니라
>
> _요한복음 10:27

많은 이들이 하나님의 음성을 '귀'로만 듣는 줄 안다. 그러나 이것은 인간 차원의 이해다. 그렇다면 우리는 주님의 음성을 어떻게 들을까? 성

경 말씀에 따르면 '생각'으로 듣는다는 것을 알 수 있다.

> 보혜사 곧 아버지께서 내 이름으로 보내실 성령 그가 너희에게 모든 것
> 을 가르치고 내가 너희에게 말한 모든 것을 생각나게 하리라 _요한복음
> 14:26

성령님은 무엇에 근거해서 우리를 지도하실까? 당연히 하나님의 말
씀, 예수님의 말씀이다. 그리고 예수님이 하신 일과 말씀을 다 생각나게
하신다. 요즘 로마서 읽기를 하면서 시작하기 전에 이렇게 기도하는 이
유다. "성경의 저자이신 성령님께서 우리 눈을 열어주시기를 기도드립
니다."

> 모든 성경은 하나님의 감동으로 된 것으로 교훈과 책망과 바르게 함과
> 의로 교육하기에 유익하니 _디모데후서 3:16

> 20 먼저 알 것은 성경의 모든 예언은 사사로이 풀 것이 아니니 21 예언
> 은 언제든지 사람의 뜻으로 낸 것이 아니요 오직 성령의 감동하심을 받
> 은 사람들이 하나님께 받아 말한 것임이라 _베드로후서 1:20~21

하나님의 영에 감동받아 쓰인 성경은 그저 글자를 해석하고 분석하고
이해한다고 아는 것이 아니다. 성경의 저자 되시는 성령께서 의도를 알려

주시고, 그 뜻을 밝혀 가르쳐주실 때만 알게 된다. 성령께서 성경의 뜻을 밝혀준다는 의미에서 신학 용어로 이를 '조명(illumination)'이라고 한다.

오늘도 성령님께서는 우리에게 말씀하신다. 그리고 그 하나님의 말씀, 하나님의 음성을 우리는 누구나 다 들을 수 있다. 거듭 말하지만 우리에게 생각나게 하시는 성령님께서 일하신다. 우리가 가진 성경으로 말씀하신다. 우리에게 생각나게 하시고 말씀으로 그 상황을 해석하게 하신다. 우리 머리로 끼워 맞추는 것이 아니라 성경으로 바르게 생각하고 해석하게 하신다.

우리가 날마다 성령 충만을 기도해야 하는 이유가 여기에 있다. 성령님이 계시지 않으면 진리를, 성경을, 하나님의 뜻과 생각을 아는 것이 불가능하기 때문이다. 하나님의 뜻과 생각을 알아야만 우리는 바르게 순종하게 된다. 이런 의미에서 우리는 날마다 하나님의 음성에 귀를 기울여야만 한다.

하나님의 음성을 듣지 못하는 3가지 이유

첫째, 성경에 대한 지식이 없으면 들리지 않는다

성령은 성경으로 말씀하신다. 복음으로 사고하도록 도우신다. 막무가내로 생각을 주지 않는다.

성경을 읽으면 한 구절 한 구절이 우리의 지식이 된다. 하지만 거기서 그치지 않는다. 그것은 궁극적으로 우리가 삶에서 위기와 마주할 때마다 하나님의 음성처럼 생각나서 어려움을 이겨내게 한다. 우리가 성경을 읽어 성경에 대한 지식을 갖추어야 하는 것은 이 때문이다.

펌프질을 할 때 물을 끌어올리려면 먼저 물 한 바가지를 부어서 그 압력으로 아래 있는 물이 올라오도록 해야 한다. 이 마중물이 없으면 지하수를 얻을 수 없다. 펌프질을 아무리 해봐야 소용없다. 성경에 대한 지식이 바로 마중물이다. 그 지식이 부어질 때 비로소 성령의 역사가 실제로 모습을 드러내는 것이다. 우리에게 성경이라는 마중물이 없으면 성령의 음성은 결코 들리지 않는다.

둘째, 거짓의 영이 듣지 못하게 미혹한다

우리가 조금만 성령 충만에서 벗어나 자기중심주의나 이기주의나 탐욕에 빠지면 그때부터 우리는 진리와 단절된다.

태초에 아담과 하와가 저지른 죄가 뭔가? 하나님이 그들에게 주신 말씀을 왜곡한 것이다. 그들은 뱀의 모습으로 온 사탄이 하나님께서 하신 말씀과 전혀 다른 말을 하는데도 분별을 못 한다. 하나님은 모든 열매를 먹어도 된다고 하셨다. 다만 선악을 알게 하는 열매 하나만을 금하셨다. 그러나 사탄은 교묘하게 하나님이 모든 나무의 열매를 먹지 못하게 한 것처럼 우리를 속이려고 든다. 그리고 그 열매를 먹어도 결코 죽지 않는다고 우리를 미혹한다.

> 1 그런데 뱀은 여호와 하나님이 지으신 들짐승 중에 가장 간교하니라 뱀이 여자에게 물어 이르되 하나님이 참으로 너희에게 동산 모든 나무의 열매를 먹지 말라 하시더냐 2 여자가 뱀에게 말하되 동산 나무의 열매를 우리가 먹을 수 있으나 3 동산 중앙에 있는 나무의 열매는 하나님의 말씀에 너희는 먹지도 말고 만지지도 말라 너희가 죽을까 하노라 하셨느니라 4 뱀이 여자에게 이르되 너희가 결코 죽지 아니하리라 _창세기 3:1~4

유사휘발유는 휘발유와 비슷하지만 결국 문제를 일으킨다. 신앙에도 유사신앙이 있다. 완전히 다른 것 같지는 않아서 가짜인지 진짜인지 혼란스럽게 만든다. 그렇지만 유사휘발유가 가짜듯 유사신앙은 가짜다. 결국 우리 인생을 잘못되게 만든다.

악한 사탄은 우리를 진리에 머물지 못하도록 미혹한다. 자꾸 진리 바깥으로 맴돌게 하고 유사신앙에 머물게 한다. 하나님의 음성에 집중하지 못하게 하고, 하나님의 말씀을 듣지 못하게 만든다.

셋째, 욕심이 하나님의 음성을 막는다

18 또 어떤 이는 가시떨기에 뿌려진 자니 이들은 말씀을 듣기는 하되 19

세상의 염려와 재물의 유혹과 기타 욕심이 들어와 말씀을 막아 결실하
지 못하게 되는 자요 _마가복음 4:18~19

하나님의 말씀이 들리기는 하지만 그것을 순종으로는 연결하지 못하
는 이들이 있다. 욕심으로 그 말씀을 분석하니, 자신에게 손해가 될 것
같은 두려움이 드니 순종으로 연결하지 못하는 것이다.

언젠가 다큐멘터리를 보니 바다에서 먹을거리를 얻는 사람들도 생각
이 다 달랐다. 어떤 어부는 바다를 경외하고 바다에 순응하면서 바다가
주는 만큼 거두고 자족한다. 미국의 경우 물고기를 잡더라도 크기 몇 센
티미터, 몇 마리라는 기준을 세워 지키고, 또 라이선스가 있어야 한다. 반
면에 욕심 많은 어부들은 저인망 쌍끌이 어선을 만들어서 바다 밑바닥
까지 훑는다. 마치 오늘이 마지막인 양, 내일은 생각하지 않고 그저 당장
이득만 보면 된다는 식으로 물고기를 잡는다.

영적으로 해석해보자면 오늘 아니면, 내일부터는 다시는 하나님이 은
혜 주시지 않을 것처럼 구는 셈이다. 하나님은 속 좁은 분이고 스크루지
처럼 구두쇠여서 언제 또 은혜 주실지 알 수 없다는 양, 치어까지 싹 잡
아들인다.

이런 끝 간 데 없는 욕심은 진리의 말씀을 듣지 못하도록 우리 마음의
귀를 닫게 만든다.

우리를 광야로 내모시는 하나님

여러분은 지금 하나님의 음성을 듣고 있는가? 성령의 감동으로 쓰인 하나님의 말씀을 읽고 있는가? 그 말씀이 여러분 삶 속에서 생각나고 기억나 상황에 맞도록 적용하고 있는가?

만일 그렇지 못하다면 뭐가 문제일까? 바빠서 성경 읽을 시간이 없을 것이다. 또 세상 돌아가는 것을 보니 이런저런 욕심이 날 것이다. 그 욕심을 채우기 위해 거짓조차 받아들이며 분주하게 살아갈 것이다.

이런 우리를 아시는 하나님이 주시는 은혜가 있다. 바로 우리를 '광야'로 내모시는 것이다.

> 그 후에 모세와 아론이 바로에게 가서 이르되 이스라엘의 하나님 여호와께서 이렇게 말씀하시기를 내 백성을 보내라 그러면 그들이 광야에서 내 앞에 절기를 지킬 것이니라 하셨나이다 _출애굽기 5:1

> 17 바로가 백성을 보낸 후에 블레셋 사람의 땅의 길은 가까울지라도 하나님이 그들을 그 길로 인도하지 아니하셨으니 이는 하나님이 말씀하시기를 이 백성이 전쟁을 하게 되면 마음을 돌이켜 애굽으로 돌아갈까 하셨음이라 18 그러므로 하나님이 홍해의 광야 길로 돌려 백성을 인도하시매 이스라엘 자손이 애굽 땅에서 대열을 지어 나올 때에 (중략) 21 여호와께서 그들 앞에서 가시며 낮에는 구름 기둥으로 그들의 길을 인

도하시고 밤에는 불 기둥을 그들에게 비추사 낮이나 밤이나 진행하게

하시니 22 낮에는 구름 기둥, 밤에는 불 기둥이 백성 앞에서 떠나지 아

니하니라 _출애굽기 13:17~18, 21~22

광야란 어떤 곳일까? 생명을 유지할 수 있는 물과 먹을거리가 없고,

길 또한 없는 곳이다. 그래서 광야는 버림받은 장소, 황폐한 장소, 사람이

들어가면 모든 것을 포기하게 되는 장소다.

성경에서도 광야는 긍정적인 의미의 장소가 아니다.

너를 인도하여 그 광대하고 위험한 광야 곧 불뱀과 전갈이 있고 물이

없는 간조한 땅을 지나게 하셨으며 _신명기 8:15 상반절

도움받을 것이 하나 없는 곳이다. 특히 어디로 가야 할지 길을 모른다.

헤매지 않게 인도받는 것은 생존에 절대적이다.

그런데 하나님께서 이스라엘 백성을 이 광야로 내모신다. 그곳에서

예배 받겠다고 하신다. 하나님은 왜 굳이 광야에서 예배를 받으시겠다는

걸까? 일부러 길을 잃게 하려고 우리를 광야로 내모시는 걸까?

여기에 놀라운 영적 원리가 있다. 사람은 광야에 있을 때 그곳에 있는

것만으로 이미 하나님을 예배하고 있는 것이다. 왜일까? 광야에서는 하

나님만 의지할 수밖에 없기 때문이다. 인간이 활용 가능한 어떤 방법과

계획도 다 무용지물인 곳, 아무것도 할 수 없는 곳이 광야다. 그곳에서,

역설적으로, 인간의 손으로는 아무것도 할 수 없을 때 하나님은 가장 온전히 예배 받으신다.

목회자로서 나는 종종 힘이 빠지는 상황을 경험한다. 좌절감을 느끼기도 한다. 그런데 그럴 때 또한 놀라운 경험을 한다. 내 힘이 빠져나감을 느낄 때, 오히려 내 내면이 견고해지는 걸 느낀다. 이게 무슨 뜻일까? 성령님이 살아 계신다는 반증이다. 그럴 때 오히려 마음이 차분해지고, 평안해지고, 말씀이 떠오르고, 하나님이 일하신다는 확신이 드는 것이다. 이것이 바로 '광야'의 능력이다.

운동선수들에게 핵심은 힘을 빼는 것이다. 긴장하면 몸에 힘이 들어가고 그러면 실수한다. 나는 수영을 잘 못하지만 배영은 그런대로 잘한다. 아니, 잘 뜬다. 간단하다. 힘을 빼고 물에 몸을 맡기면 된다. 물에 뜨려고 힘을 주고 긴장하면 바로 물속으로 가라앉고 만다.

불기둥과 구름기둥으로 인도하시는 하나님께 몸을 맡기는 것, 이것이 광야에서는 가능하다. 광야는 우리의 힘을 빼고 하나님을 전심으로 예배하는 유일한 장소다.

우리는 좀 부족해야 한다. 우리는 좀 없어야 한다. 그것이 오히려 우리가 사는 길이다. 내 힘이 강해지는 것을 추구하면 할수록 우리는 광야와 멀어지는 삶을 살 수밖에 없다. 광야가 아무것도 없는 곳, 우리 욕심을 채울 수 없는 곳이라고만 여기고 불안해하고 절망한다면 우리는 어리석음에 빠질 수밖에 없다.

그들이 또 모세에게 이르되 애굽에 매장지가 없어서 당신이 우리를 이

끌어 내어 이 광야에서 죽게 하느냐 어찌하여 당신이 우리를 애굽에서

이끌어 내어 우리에게 이같이 하느냐 _출애굽기 14:11

어리석은 이스라엘 백성에게 광야는 죽는 곳이다. 아무것도 없는 곳,
자신들이 어떤 것도 할 수 없는 옴짝달싹할 수 없는 환경이라고 생각한
다. 하나님께 광야는 예배의 장소고 하나님의 능력을 덧입는 곳이지만,
이스라엘 백성에게 광야는 죽음의 장소일 뿐이다.

무엇이 진리일까? 우리는 무엇을 붙잡아야 할까?

이스라엘 백성이 애굽에서 나와 광야에서 생활하는 내용을 성경은 이
렇게 기술하고 있다.

네 하나님 여호와께서 네가 하는 모든 일에 네게 복을 주시고 네가 이

큰 광야에 두루 다님을 알고 네 하나님 여호와께서 이 사십 년 동안을

너와 함께 하셨으므로 네게 부족함이 없었느니라 하시기로 _신명기 2:7

주께서 사십 년 동안 너희를 광야에서 인도하셨거니와 너희 몸의 옷이

낡아지지 아니하였고 너희 발의 신이 해어지지 아니하였으며

_신명기 29:5

여호와께서 그를 황무지에서, 짐승이 부르짖는 광야에서 만나시고 호

이 말씀에서 광야는 오히려 오직 하나님만 바라볼 수 있는 놀라운 은혜의 장소, 생명의 장소, 하나님의 기적을 볼 수 있는 장소다.

오늘날 우리에게도 하나님만 바라보는 신앙이 필요하다. 광야를 선택하는 광야의 영성이 필요하다. 혹시 지금 여러분이 광야와 같이 막막한 상황에 놓여 있다면, 이때야말로 하나님의 음성을 들을 수 있는 절호의 기회, 하나님만 바라보고 그분의 인도함을 받을 수 있는 절호의 기회다.

거듭 말하지만 광야는 죽음의 장소, 실패의 장소, 두려움의 장소가 아니다. 하나님의 기적이 있는 은혜의 장소다.

요즘은 모든 것이 너무나 복잡하다. 이럴 때 우리는 특별한 문제가 없더라도 의도적으로 스스로 결단하여 광야와 같은 환경 속에서 하나님의 음성을 듣고자 애써야 한다. 그러지 않으면 우리는 시간에 쫓기고 환경에 떠밀려, 온갖 소문과 정보와 세상 풍조에 휩쓸려 하나님의 말씀으로부터, 진리로부터 한없이 멀어지고 말 것이다.

광야, 하나님만으로 가득한 곳

어떤 목사님의 설교가 참 마음을 아프게 했다. 목사님은 회중을 향해 이런 질문을 던졌다. "오늘 당장 이 교회에서 성령님이 떠나신다면 어떤 일이 벌어질까요?" 그러고는 안타까운 마음으로 이렇게 설교했다. "교회의 90% 이상의 일은 아무렇지 않게 돌아갈 것입니다." 우리는 이 말의 의미를 한번 새겨보아야 한다.

> 시내 산에서 말하던 그 천사와 우리 조상들과 함께 광야 교회에 있었고 또 살아 있는 말씀을 받아 우리에게 주던 자가 이 사람이라 _사도행전 7:38

이 말씀에서 "교회"는 그리스어로 '에클레시아(ecclesia)' 즉 '부르심을 받은 자들의 모임'이라는 뜻이다. 애굽에서 이스라엘 백성을 부르셔서 하나님 백성 삼으신 것을 표현하기에 이보다 좋은 단어는 없을 것이다.

그런데 하나님께서는 좋은 곳, 편안한 곳, 먹고 마시고 입고 잠자기 넉넉한 곳이 아니라 광야로 부르신다. 예배 받으시는 장소로 광야를 선택하신다. 이유는 분명하다. 오직 '하나님만 바라보라'고 그렇게 하신다. 이것이 바로 예배며, 예배자가 광야에 있어야 하는 이유다. 하나님과 우리 사이를 가로막는 어떤 것도 있어서는 안 된다.

광야는 실제로 위험한 곳, 사람이 살 수 없는 곳이지만, 하나님이 계시면 오히려 하나님의 음성과 능력과 기적을 경험하는 곳이 된다. 이런 맥락에서 오늘날 우리의 교회도 광야 교회가 되어야 한다. 광야를 선택하는 성도가 되어야 한다. 목회자부터가 광야를 선택하는 목사가 되어야 한다.

이스라엘 백성은 풍요로운 가나안 땅에 도착하자 그때부터 앞뒤를 분별하지 못한다. 풍년을 위해, 잘 먹고 잘 살기 위해 우상을 섬기고 하나님을 저버린다. 자신들 힘으로 잘 살아갈 수 있다는 교만에 빠지고 만다.

교회든 성도든 교만이 들어오면 타락한다. 그때부터 하나님은 없다. 하나님 없는 교회, 하나님 없는 성도는 아무런 의미가 없다. 이런 상황이 되지 않도록 교회는 날마다 '광야'를 유지하기 위해 몸부림쳐야 한다.

중세시대 체코의 신학자 얀 후스(Jan Hus, 1372~1415)는 루터보다 100년 전에 이미 종교개혁을 외친 개혁주의 신학자였다. 그는 1402년경부터 프라하 체코 베들레헴교회에서 10년간 목회했는데, 베들레헴교회 내부와 외부는 다른 중세 교회와 달리 단순하고 소박했다. 후스는 교회의 부와 사치를 악의 근원으로 보았다. 이 당시 성찬식에서는 사제들만 포도주를 마시고 회중은 떡만 먹게 했다. 사제의 권위를 내세우기 위한 종교 행사였던 셈이다. 그러나 얀 후스는 모든 회중에게 포도주와 떡을 받도록 했다. 이것이 더 성경답다고 믿었던 것이다.

또 한 가지 유명한 일화는 설교할 때 체코어로 했다는 사실이다. 모든 회중이 성경을 알도록 하기 위해서였다. 그 전까지는 라틴어로 설교를 해서 회중은 내용을 알지도 못한 채 그냥 앉아만 있었다. 하나님의 음성과 말씀은 없고 그저 화려함과 웅장함만 강조했던 중세 교회의 모습이었다.

1415년 얀 후스는 화형을 당했다. 그 후 가톨릭교회는 그를 따르던 27명까지 처형했다. 왜 처형당했을까? 성경대로 따랐기 때문이다. 지금 우리가 가진 성경, 이 성경을 오늘날 우리가 글로 읽고 그 글을 통해 하나님의 음성을 들을 수 있게 된 것은 이처럼 거저 이루어진 일이 아니다. 죽음마저 감내하며 복음을 지키려 한 희생이 가져다준 혜택이다.

얀 후스는 외쳤다. "경건한 그리스도인이여. 그대는 진리를 찾아 나서고, 진리를 듣고, 진리를 배우고, 진리를 사랑하고, 진리를 말하고, 진리를 지키고, 죽기까지 진리를 증언하시오."

성경이 말하는 교회는 광야 교회, 즉 하나님만 바라보도록 하나님의 음성으로 이끌림 받는 하나님으로 가득 찬 교회다. 다른 것이 하나님의 역사를 대신하지 못하도록 오직 하나님의 역사만 가득한 곳이다.

이천의 한 교회 이야기다. 이 교회는 아무것도 없이 시작했다. 동네의 허물어져가는 마을회관을 빌렸는데 도저히 쓸 수 없을 정도였다. 그런데 일단 벽에 페인트칠을 시작하자 주변에서 도움의 손길이 계속 이어졌다. 교회 곳곳에 다 돕는 힘이 미쳤다. 이제 이 교회는 근처 주민 어르신들의 쉼터일 뿐 아니라 그 지역의 상징적인 장소가 되어가고 있는 듯하다.

이 교회를 방문했을 때 나 또한 절로 이런 생각이 들었다. '다음에 올 때는 컵라면이라도 사 와야겠다.' 해서 그곳 목사님에게 이런 말씀을 넌지시 드렸다. "이 교회는 목사님이 주인처럼 주장하지도 못하겠습니다. 아예 처음부터 하나님의 손길과 인도하심으로 세워진 곳이라서요. 언제나 하나님의 채우심을 경험하는 교회가 될 것 같아서 기대가 됩니다."

교회는 하나님의 도우심으로 우리의 필요를 채우는 곳이 되어야 한다. 그것이 광야 교회다. 하나님 없이도 운영되고, 한 사람이 자기를 주장

할 수 있는 곳이 되면 이미 교회가 아니다. 우리를 구원으로 부르신 하나님이 계시지 않는다면 교회라는 정의 자체에 모순이 생길 수밖에 없다. 교회는 '부르심을 입은 자들의 모임'이기 때문이다.

하나님이 채우시도록 우리는 자꾸 비워나가는 교회가 되어야 한다. 자꾸 주변에 물질과 봉사를 흘려보내는 곳이 되기 위해 힘써야 한다. 가진 것이 없어야 하나님이 채우시고, 우리의 채움이 나누어질 때 생명이 살아나고 하나님의 영광이 드러난다.

'라이프호프' 기독교자살예방센터라는 곳이 있다. 자살 예방을 위한 예배 사역을 하는 단체다. 우리 사회에 자살 문제는 심각하다. 그런데 오늘날 자살 관련 사역은 많은 교회가 꺼려하는 일이 되어버렸다. 교회는 자꾸 빛나는 사역, 밝은 사역을 원한다. 그래서 자살 같은 말을 꺼내면 지레 손사래부터 친다.

게다가 교회가 '자살은 지옥'이라는 공식을 강조하면서 자살은 교회에서 내보내야 할 악으로 규정하고 있다. 어떤 교회는 자살한 사람 장례예배를 집례할지 말지를 고민하다가 그 가족이 교회를 떠난 적도 있었다. 장례는 죽은 사람을 기리고 좋은 곳으로 보내기 위한 예식이 아니라 살아 있는 사람들에게 위로를 주는 일이다. 자살한 사람이 천국 갈지 지옥 갈지는 하나님이 결정할 문제다. 죽은 사람에 대해 우리는 더 이상 왈가왈부할 것이 없다. 우리가 관심 가져야 할 대상은 그 유가족이고 또 자살하는 사람이 없는 문화를 만들어가는 일이다.

한 목사님과 이야기를 하다가 '네트워크 사역'에 대한 말씀을 나누었다. 네트워크는 흘려보내는 것이라고 정의하셨는데 참 공감이 갔다. 온몸의 모든 기능은 흘러가야 한다. 멈춰 서서 정체되면 문제가 생긴다. 예컨대 피가 막혀 돌지 못하면 터지기 마련이듯이.

교회는 네트워크 사역의 주체가 되어야 한다. 흘려보내고 또 필요해지면 하나님의 채우심을 경험하고, 이것이 기쁨이 되는 선순환을 만들어야만 광야 교회를 유지할 수 있다.

일차적으로 가장 문제는 목회자다. 늘 갈등한다. '우리도 좀 가진 게 있어야 앞으로 건축도 하고 뭐도 하고 하지.' 이런 생각을 하다 보면 결국 광야에서 떠나 정착하고 싶은 마음이 일어난다.

서로 기도하자. 얀 후스처럼 성경대로 살기 위해 목숨을 내놓은 분들을 생각하면서. 광야를 통해 날마다 하나님의 채우심을 경험하는 인생이, 또 교회가 되기를 간구하자.

자기부인

사람의 일보다 하나님의 일을 생각하라

27   예수와 제자들이 빌립보 가이사랴 여러 마을로 나가실새 길에서 제자들에게 물어
     이르시되 사람들이 나를 누구라고 하느냐

28   제자들이 여짜와 이르되 세례 요한이라 하고 더러는 엘리야, 더러는 선지자 중의
     하나라 하나이다

29   또 물으시되 너희는 나를 누구라 하느냐 베드로가 대답하여 이르되 주는
     그리스도시니이다 하매

30   이에 자기의 일을 아무에게도 말하지 말라 경고하시고

31   인자가 많은 고난을 받고 장로들과 대제사장들과 서기관들에게 버린 바 되어
     죽임을 당하고 사흘 만에 살아나야 할 것을 비로소 그들에게 가르치시되

32   드러내 놓고 이 말씀을 하시니 베드로가 예수를 붙들고 항변하매

33   예수께서 돌이키사 제자들을 보시며 베드로를 꾸짖어 이르시되 사탄아 내 뒤로 물러가라
     네가 하나님의 일을 생각하지 아니하고 도리어 사람의 일을 생각하는도다 하시고

34   무리와 제자들을 불러 이르시되 누구든지 나를 따라오려거든 자기를 부인하고
     자기 십자가를 지고 나를 따를 것이니라

35   누구든지 자기 목숨을 구원하고자 하면 잃을 것이요 누구든지 나와 복음을 위하여
     자기 목숨을 잃으면 구원하리라

    _마가복음 8:27~35

신앙생활의 기준은 무엇인가

개척을 하고 나서 한동안 교회에 대한 이야기, 특별히 '우리는교회'의 정체성과 방향에 대한 이야기를 많이 강조했던 것 같다. 목회자로서 한번 잘해보고 싶었기 때문이다. 이왕이면 행복한 목회를 하고 싶었고, 우리 교회에 오는 성도들 또한 행복하고 의미 있는 신앙생활을 하도록 해주고 싶었기 때문이다.

그런데 한편으로는 잘 안다. 좋은 교회, 좋은 성도, 좋은 목회자가 되는 것이 얼마나 어려운 일인지 말이다. 참 아이러니한 일이다. 하나님이 우리를 사랑하시고, 그 사랑하시는 분이 전능하신 하나님이시며, 그분이 우리를 자녀 삼기 위해 십자가도 마다않고 죽으셨고, 또 부활하심으로 우리에게 부활의 소망과 천국을 허락하셨다. 이 얼마나 지고한 축복이고 기쁜 소식인가? 이것이 나에게 또 우리 교회 공동체에 일어난 놀랍고 감사한 일이다. 그런데, 그럼 당연히 좋은 성도, 좋은 교회, 좋은 공동체가 되어야 하는데, 잘 안 되더라는 것이다.

이유가 뭘까? 여러분은 혹시 아는가? 목사가 잘못해서 그런 걸까? 옆에 있는 어떤 집사, 어떤 장로 때문일까? 맞다. 목사나 장로나 집사나 뭔가 문제가 있으니, 그 큰 은혜를 받고도 좋은 성도, 좋은 교회, 좋은 목사 되기가 어려운 것 아닌가?

여러분은 어떤가? 나름 신앙생활 잘하고 있는가? 또 여러분 생각에 우리 교회는 잘 나아가고 있는가? 나 또한 스스로에게 자주 묻는다. "나 자신은 목회를 잘하고 있는가?"

여기에서 한 걸음 더 나아가 이런 질문을 던져볼 수 있다. "그렇다면 신앙생활을 잘하고 있다는 게 뭔가?" 무슨 기준으로 보면 우리가 신앙생활을 잘하고 있는지, 교회가 잘 나아가고 있는지, 목회를 잘하고 있는지를 검증할 수 있는가? 도대체 그 기준이 뭔가?

여러분이 잘하고 있다면 왜 잘하고 있다고 생각하는가? 또 교회는 왜 잘 나아가고 있다고 생각하는가? 여러분이 가진 기준은 무엇인가?

사실 우리는 측정하기 편한 것으로 신앙을 측정하려는 경향이 있다. 우리가 '무엇을 얼마나 많이 하는가'로 잘하고 있다는 것을 평가하려고 할 때가 많다는 이야기다. 성과중심주의, 결과중심주의에 기댄 생각이다. 이만큼 했으면 잘한 것이라고 쉽게 결론을 내리는 것이다. 일주일에 큐티를 몇 번 하는지, 교회에 몇 번 오는지, 소그룹은 잘 나가는지, 봉사는 몇 가지나 하는지, 하루에 몇 번 몇 시간을 기도하는지 등이 그런 예다.

이런 행위가 다 틀렸다는 것이 아니다. 이것보다 더 중요한 기준이 있다는 말을 하려는 것이다. 아니, 더 확실한 기준이 있다는 이야기를 하려는 것이다.

예수님의 제자훈련

먼저 마가복음 8장 말씀을 통해 이 문제를 살펴보고 이어서 실천 사항에 대한 이야기를 나누도록 하겠다. 27절 말씀을 보자.

예수와 제자들이 빌립보 가이사랴 여러 마을로 나가실새 길에서 제자들에게 물어 이르시되 사람들이 나를 누구라고 하느냐 _마가복음 8:27

제자들의 의견을 물으신 것이 아니라, 우선 주변 사람들이 예수님에 대해 뭐라고 하는가를 물으신다.

제자들이 여짜와 이르되 세례 요한이라 하고 더러는 엘리야, 더러는 선지자 중의 하나라 하나이다 _마가복음 8:28

사람들은 예수님을 두고 이렇게 묘사한다. "일반 사람 같지는 않고 특별한 것 같다. 어쨌든 하나님께서 예수님을 통해 일하시는 것 같다. 마치 세례 요한이나 엘리야나 선지자들처럼."

이 대답에 등장하는 세 비유 대상의 공통점은 뭘까? 다 사람이라는 것이다. 하나님이 아니다. 무슨 뜻일까? 3명 모두 훌륭한 사람이지만 인류의 구원자는 아니라는 말이다. 비유하자면 달을 가리키는 손가락 역할을 하는 존재지 달 자체는 아니다.

또 물으시되 너희는 나를 누구라 하느냐 베드로가 대답하여 이르되 주
는 그리스도시니이다 하매 _마가복음 8:29

베드로는 세상 사람들과는 완전히 다른 대답으로 자신의 신앙을 고
백한다. 예수님은 '그리스도'시라고. 이를 구약의 언어로 바꾸면, 모든 선
지자가 예언했던 바로 그 구원자, 인류를 구원할 수 있는 분 '메시야(메시
아)'시다.

게다가 예수님의 신성 즉 하나님이심을 고백한다. 다른 성경 기자 마
태는 이렇게 기록한다.

시몬 베드로가 대답하여 이르되 주는 그리스도시요 살아 계신 하나님
의 아들이시니이다 _마태복음 16:16

"세상 사람들은 예수님을 세례 요한이나 엘리야나 선지자라고 하지만
제자인 저 베드로에게 예수님은 하나님이십니다"라는 놀라운 신앙고백
을 한다. 다시 말해 하나님께 쓰임받는 인간으로서의 예수가 아니라 예
수님 스스로가 하나님이시며 예수님 스스로가 그리스도, 메시야 곧 구원
자시라는 신앙고백이다.

베드로는 예수님의 제자로 헌신한 사람답게 정답을 외친다. 그는 세
상 사람들과는 다른 답을 알고 있었고 입술로 그 사실을 고백한다. 지금
베드로는 더할 나위 없이 잘하고 있다. 실제로 예수님도 칭찬하신다.

예수께서 대답하여 이르시되 바요나 시몬[베드로]아 네가 복이 있도다
이를 네게 알게 한 이는 혈육이 아니요 하늘에 계신 내 아버지시니라

_마태복음 16:17

이 신앙고백을 듣고 예수님은 드디어 제자들에게 이 땅에 오신 목적을 분명하게 가르치기 시작하신다. "너희가 정말 나를 구원자로 믿는다면, 나를 그리스도로 그리고 하나님이 보내신 유일한 독생자로 믿는다면, 내가 이제 그리스도로서 해야 할 사역을 알려주겠다"라고. 구약에 이미 예언된 메시야에 대한 하나님의 계획을 성취해야 한다는 사실을 일러주시기 시작한 것이다.

그렇다면 이제 예수님은 인류의 구원자, 인류를 위한 그리스도가 되기 위해 어떤 일을 행해야 할까? 여러분이 2,000년 전 이스라엘로 돌아가 베드로와 같은 처지라면 여러분 앞에 서 계신 '메시야, 그리스도, 하나님의 아들'이신 예수님이 무엇을 해주시기를 원하겠는가? 하나님으로서의 기적, 치유, 구제, 로마의 압제로부터 해방, 자유…… 이런 것들인가, 아니면 다른 무엇인가?

하나님이신 예수님이 인류를 구원하시는 그리스도가 되기 위해 행하신 사역 내용이 과연 무엇이었는지 알아보자.

30 이에 자기의 일을 아무에게도 말하지 말라 경고하시고 31 인자[예수님]가 많은 고난을 받고 장로들과 대제사장들과 서기관들에게 버린 바

되어 죽임을 당하고[첫 번째 수난 예고] 사흘 만에 살아나야 할 것을 비로소 그들에게 가르치시되 _마가복음 8:30~31

하나님의 아들인데, 인류의 구원자인데, 메시야, 그리스도라고 하는데, 대단한 일을 하겠다는 계획, 청사진을 펼쳐주시는 게 아니라 버림받는다고, 죽임당한다고 말씀하신다. 구원자는 강력해야 하고 능력자여야 하고 대단한 존재여야 하는 것 아닌가? 그런데 죽는다 하신다. 버려진다 하신다.

구약 시대에 메시야는 강력한 왕을 의미했다. 어려운 상황에 놓인 나라를 구원하기 위해 하나님의 능력으로 강한 통치력을 발휘해서 상대방을 제압하고 나라를 일으켜 세우는, 그런 이미지를 가지는 단어였다.

그래서 신약 시대, 특히 로마의 압제 아래 있던 이스라엘 백성은 메시야, 그리스도를 고대하면서 정치적인 왕을 기다렸다고 해도 틀리지 않다. 이스라엘이 로마의 손아귀에서 벗어나 주권을 회복하고 구약 시대에 가장 번성했던 다윗 왕조를 회복하는 것, 그것을 꿈꾸고 기다리고 있었다.

아니나 다를까, 예수님이 버림받고 죽으신다는 이 황당한 이야기를 하자마자 베드로가 바로 반발한다.

드러내 놓고 이 말씀을 하시니 베드로가 예수를 붙들고 항변하매 _마가복음 8:32

"붙들고"라는 표현은 실제로 육체적인 접촉이 있었음을 가리킨다. 어떻게 붙잡았을까? 뒤 단어 "항변하매"를 보면 유추가 가능하다. '항변하다'로 옮긴 이 말의 원어는 '꾸짖다'다. 그러니까 베드로가 "그리스도는 그렇게 하면 안 되는 겁니다"라고 예수님을 꾸짖으면서 가르친 것이다. 그리스도는 버림받으면 안 되고 메시야는 죽으면 안 된다고, 메시야는 강력한 왕인데 그런 일은 있을 수 없다고 다그쳤다.

그럼 어떻게 붙잡고 이 이야기를 했을까? 바짓가랑이를 붙들고 애원하며 부탁했을까? 아니다. 멱살을 잡았을지 모른다. 그럴 정도로 굉장히 강한 불만을 표했다. 사람들은 언제 멱살 잡고 언쟁을 벌일까? 좋을 때 그럴까? 당연히 아니다. 자기에게 손해가 될 때, 자기에게 불이익이 될 것 같을 때, 자기 뜻대로 안 될 때다.

베드로는 지금 잡은 물고기도, 자기 직업도 버리고, 심지어 집조차 버리고 떠나서 예수님을 좇는 제자가 되어 헌신했다. 그는 예수님이 진짜 하나님의 아들이며, 이스라엘의 주권을 회복하고 다윗 왕조를 다시 세울 강력한 왕 메시야인 줄 알았다. 그리고 은근히 예수님이 왕이 되면 자신도 재상 자리 하나 정도는 차지할 줄 알았다. 그런데 굳게 믿고 있던 예수님이 버림받고 죽는다니 싫은 것이다.

여러분도 예수님 멱살 잡고 항변해본 적 있을 것이다. 설마 싶겠지만 있다. 여러분 뜻대로 안 될 때 불평불만 많이 하지 않는가? 나도 그렇다. 내 생각대로 하나님이 안 움직여주실 때 화가 치민다.

예수님은 이 상황을 통해 제자들을 향해 이제부터 진짜 '제자훈련'을 시작한다. 그래서 이 본문을 '제자도'라고 부른다. '예수님의 제자가 따라가야 할 길(원리)'이라는 의미다.

서두에서 질문을 던졌듯이 신앙생활을 잘한다는 것, 교회가 잘 나아가고 있다는 것이 뭘까? 도대체 무슨 기준으로 그것을 판단할 수 있는가?

이 질문에 대한 답, 확실한 기준이 바로 '제자도'다. '예수님이 말씀하신 대로 따라가고 있는가?' 이것을 보면 된다.

가장 확실한 신앙생활의 기준, 제자도

하나님의 일을 생각하라

> 예수께서 돌이키사 제자들을 보시며 베드로를 꾸짖어 이르시되 사탄아
> 내 뒤로 물러가라 네가 하나님의 일을 생각하지 아니하고 도리어 사람
> 의 일을 생각하는도다 하시고 _마가복음 8:33

우리는 2가지 생각을 가질 수 있다. 하나는 하나님의 일, 그리고 또 하나는 사람의 일이다. 예수님은 메시야니까 죽어서는 안 된다는 생각으로 가득한 베드로다. 그런 베드로에게 예수님께서는 하나님의 일을 생각하지 않고 사람의 일을 생각하는 것을 꾸짖으며 직격탄을 날리시는데, 바

로 "사탄아"다.

무슨 의미일까? 이제 베드로는 사탄과 한 패거리니 버리시겠다고, 제자 안 삼으시겠다고 이 말을 하신 걸까? 아니다. 베드로는 이후에도 예수님을 계속 좇으며, 본인 역시 결국 순교당하는 데까지 나아가는 예수님의 귀한 제자가 된다.

여기서 예수님이 하신 말씀의 의미는, 사탄에 미혹되어 사람의 일을 생각하지 말라는 것이다. 하나님의 일을 생각해야 한다는 뜻이다.

창세기 3장 아담과 하와의 이야기를 잘 알 것이다. 두 사람은 사탄의 유혹으로 하나님께 불순종해서 결국 선악을 알게 하는 나무 열매를 따 먹는데, 이때 사탄의 전략은 뭘까?

하나님께로부터 독립하라는 것, 다시 말해 하나님이 시키는 대로 하면 불이익을 당하니까 너 자신을 믿고 네가 생각하는 대로 밀어붙이라는 것이다. 그리고 그렇게 하면 하나님이 주시는 것보다 더 좋은 것을 얻을 수 있게 된다는 것이다.

'예수님의 제자가 되면, 메시야라는 강력한 왕에게 붙어 있다 보면 나도 한자리하지 않을까?' 이것이 베드로가 가진 사람의 일에 관한 생각이다. 자기 자신의 유익을 중심에 둔 사고방식이다.

베드로의 예를 우리 모습에 적용해보자. 특히 우리의 기도를 잘 살펴보자. 행여 하나님을 가르치고 꾸짖고 결국은 내가 원하는 바를 이루기 위해 하나님을 조종해내려는 내용으로, 그런 마음으로 기도하고 있지는 않은가?

기도란 '말씀이라는 진리를 기준으로 하나님의 뜻이 이루어질 수 있도록 나를 헌신하는 것'이 첫 번째 목적이다. 그럼 자신이 원하는 것을 구하는 기도는 없다는 말인가? 그렇지는 않다. 하나님은 우리에게 떡이 필요하고 일용할 양식이 필요한 것도 아신다. 그러나 신앙에는 항상 우선순위가 있다. 신앙생활을 잘한다는 것은 바로 이 우선순위를 잘 지키는 것이라고 해도 과언이 아니다.

'JOY 선교회'는 문서 선교도 많이 하고 좋은 책도 많이 출간하는 선교 단체다. 이 선교회가 바탕으로 삼는 정신이 이 '조이 스피릿(JOY Spirit)'이다.

Jesus First!
Others Second!
You Third!
and JOY!
예수님을 첫째로,
이웃을 둘째로,
나 자신을 마지막에 둘 때
참 기쁨이 있습니다!

예수님의 제자훈련 첫 번째가 바로 하나님의 일을 먼저 생각하라는 것이다. 하나님의 일은 성경에 가득하다. 성경은 하나님이 일하시는 원리로 넘친다. 우리가 성경을 보아야 하는 이유가 여기에 있다. 하나님의 일을 최우선으로 삼기 위해서다.

'제자'든 '무리'든 신앙은 동일하다

> 무리와 제자들을 불러 이르시되 누구든지 나를 따라오려거든 자기를 부인하고 자기 십자가를 지고 나를 따를 것이니라 _마가복음 8:34

이 절에서 흥미로운 장면이 등장한다. 처음에는 "제자들"을 바라보시면서 그들에게 가르치시기 위해 베드로를 꾸짖고 하나님의 일을 생각하라고 하셨는데, 이제는 눈을 돌리셔서 "무리"까지 불러서 말씀하신다.

성경에서 무리와 제자는 다르다. 무리는 그저 예수님께 어떤 이득을 얻고자 이기적으로 움직이는 사람들을 지칭할 때가 많다. 예를 들어 병을 고친다거나, 귀신 들린 사람을 도와준다거나, 먹을 것을 준다거나 할 때 항상 등장하는 존재가 바로 "무리"다.

그렇다면 예수님은 왜 무리와 제자를 다 불렀을까? 우리는 종종 신앙생활이 무엇인지 정의할 때 '교회에 나가는 일' 또는 '예수 믿고 천국 가는 것' 등으로 생각을 할 때가 많다. 그런데 사실 성경에 따른 신앙(믿음)의 정의는 '예수님을 따르는 총체적인 삶'이다.

이런 맥락에서 보면 예수님께서는 무리와 제자 모두에게 하실 말씀이 있다. 먼저 무리(초신자나 미신자)에게는 예수님을 따라 산다는 것에 대해

'제대로' 알아야 한다고 말씀하신다. 그리고 제자들(기존 신자)들에게는 너희도 예수님을 따라 사는 것을 '제대로' 알고 신앙생활 하고 있는지를 다시금 점검하라고 도전하시는 것이다. 앞으로 예수님을 따를 사람이든 지금 따르고 있는 사람이든 다 원점에서 출발하라는, 신앙생활이란 '예수를 따르는 삶'이라는 것을 '제대로' 알고 시작하라는 메시지를 주시는 것이다.

교회를 보자. 이 원리가 잘 작동하는가? 은연중에 초신자가 해야 할 신앙생활과 기존 신자가 해야 할 신앙생활을 나누고 있지는 않은가? 초신자는 일요일에 교회 나오는 것만으로 충분하고, 기존 신자는 더 많은 일을 해야 한다고 생각하지 않는가? 물론 교회 생활이 좀 더 익숙하고 덜 익숙하다는 차이는 있을 것이다. 예수님을 처음 따르는 사람과 3년 동안 따른 사람이 같을 리는 없다. 어찌 보면 라이프스타일이 달라지는 셈이니까.

그런데 예수님은 예수를 따른다는 것, 즉 예수의 제자가 된다는 것의 의미를 설명할 때 이름과 늦음을 따지지 않으신다. 무리와 제자들을 구분해서 설명하지 않으신다. 있는 그대로 선언하신다. 신앙은 예수를 따르는 것이므로, 예수님처럼 살아가야 함을 명확히 하신다.

여러분은 신앙생활 한 지 얼마나 되었는가? 십여 년을 넘나드는 신자인가, 아니면 갓 시작한 초신자인가? 또는 새롭게 신앙생활 해보려는 의욕을 품고 있는가? 다들 신앙생활 잘하고 싶은 마음은 같을 것이다. 어느 쪽이든 가장 먼저 해야 할 일은, 신앙이란 예수님을 따르는 것임을 분명하게 하는 것이다. 이것은 무리에게나 제자에게나 동일하게 적용된다. 신앙의 정의는 초신자용, 기존 신자용이 따로 있지 않다.

특별히 기존 신자 또 직분자, 오래 신앙생활 한 성도가 유념할 일이 있다. 여러분이 경험한 신앙생활의 모습을 정답이라고 생각하지 말기 바란다. 여러분이 경험한 신앙을 초신자에게 답습시키지 않기를 바란다. "초신자 때는 원래 이런 겁니다, 저런 겁니다" 하지 않으면 좋겠다.

한 여성 초신자 성도 이야기다. 이 성도는 이전까지 한 번도 신앙생활을 해본 적이 없다. 또 남편이 교회 가는 걸 안 좋아한다. 그런데 남편 깨기 전 새벽 5시에 일어나서 성경을 읽고, 그날 큐티를 한다. 그리고 하루를 위해 기도한다. 소그룹에 나가고, 주일예배에 참석한다. 내가 물었다. "아니, 처음 신앙생활 하신다고 하지 않으셨어요? 어떻게 새벽에 큐티하고 기도하고 소그룹하고 예배하고 그러십니까?" 이 성도 대답이 뭐였을까? 오히려 놀란 듯이 "네? 목사님 원래 다 이렇게 하는 거 아니에요?" 라고 되물었다.

나부터가 미리 한계를 짓고 있었던 셈이다. 초신자는 이만큼만 하면 된다고 말이다. 어쩌면 그래서 교회가 약해졌는지 모른다. 무리와 제자를 구분해서 가르치고, 초신자와 기존 신자를 은연중에 나눈다. 그러다 보니 무리가 제자로 변하는 것이 아니라 제자가 무리가 되어가는 역현상이 나타나는지 모르겠다.

초신자가 성경 원칙대로 예수님을 따르게 해주자. 이를 위해 먼저 앞선 자들이 예수님을 따르는 본이 되어주자. 신앙생활 잘하려면, 신앙을 예수님을 따르는 삶으로 정의하는 것이 중요함을 명심하자.

제자도의 핵심은 '자기부인'이다

'자기부인(self denial)'은 사람의 일을 생각하지 말고 하나님의 일을 생각하라는 원칙의 또 다른 표현이다. 자기주장 하지 말고 자기희생 하라는 것이다.

신앙생활 잘한다는 것은 결국 예수를 따르는 삶을 살아간다는 것인데, 예수님의 삶이 어떠했는가? 하나님의 자리를 거절하고 인간의 자리로 내려오셨다. 왕의 자리를 거부하고 십자가의 자리로 내려가셨다. 영광의 자리를 포기하고 죽음의 자리를 택하셨다.

간단하다. 칭찬받아야 할 성도는 직분자가 아니다. 자기부인 할 줄 아는 성도다. 아무리 목사고 장로고 권사고 순장이고 집사라도, 또 헌금 많이 하고 봉사 많이 한다 해도, 자기부인 하는 삶, 예수님을 따르는 삶을 살지 못한다면 신앙생활을 잘하는 것이 아니다.

> 누구든지 자기 목숨을 구원하고자 하면 잃을 것이요 누구든지 나와 복음을 위하여 자기 목숨을 잃으면 구원하리라 _마가복음 8:35

우리가 하는 모든 행동의 기준은 '이 일은 예수님을 위한 것인가?', '이 일을 하면 복음이 드러나는가?'다. 예수님과 복음을 위한 일이라면,

예수님과 복음이 동기라면, 결과가 하나님의 영광이라면, 목숨을 잃는 즉 자기가 희생하고 손해 보는 일이라도 "구원하리라" 말씀하신다.

'예수님과 복음을 위하고 있는가'는 신앙생활 잘하고 있는지에 대한 가장 확실한 기준이다.

오스 기니스는 《소명》(IVP, 2006)에서 이렇게 말한다.

"그리스도, 그리스도인, 기독교'라는 세 용어를 생각해보면, 우리는 첫 번째 용어가 두 번째로 그리고 세 번째로 진전되는 과정에서 두 방향 중 한쪽으로 움직이고 있음을 알게 된다.

즉 인격적인 것으로부터 비인격적인 방향으로 흐르거나 또는 참신하고 직접적인 것으로부터 제도적이고 이데올로기적인-종종 타락한-방향으로 흐른다. 그렇기 때문에 그리스도에 대해 매력을 느끼더라도 '기독교'에 대해 싫증을 느끼거나 거부 반응을 보이는 사람이 매우 많다."

그리스도를 따르는 그리스도인 또는 제자는 오직 그 길(제자도)에 들어서서 평생을 두고 그 길을 걸어가며 순종하는 자, 소명을 좇는 자다. 예수님은 이 길(道)을 제시하신 것이지 어떠한 제도로서의 기독교를 제시하지 않으셨다.

"그리스도에게 무언가를 더하면 그리스도 없는 기독교가 된다"라는 말을 기억할 필요가 있다. 여러분에게 기독교가 이미 겉멋처럼 자리하고 있다면, 왜 그렇게 되었는가를 돌아보고 그렇게 만든 그 무언가를 빼야 한다. 요한계시록 말씀을 보자.

15 내가 네 행위를 아노니 네가 차지도 아니하고 뜨겁지도 아니하도다 네가 차든지 뜨겁든지 하기를 원하노라 (중략) 17 네가 말하기를 나는 부자라 부요하여 부족한 것이 없다 하나 네 곤고한 것과 가련한 것과 가난한 것과 눈 먼 것과 벌거벗은 것을 알지 못하는도다 18 내가 너를 권하노니 내게서 불로 연단한 금을 사서 부요하게 하고 흰 옷을 사서 입어 벌거벗은 수치를 보이지 않게 하고 안약을 사서 눈에 발라 보게 하라 _요한계시록 3:15, 17~18

부요한 라오디게아교회를 향해 "안약을 사서 눈에 발라라"고 하신다. 비본질적인 것을 뽑아내고 진짜 본질을 잡는 교회가 되라는 뜻이다.

좋은 교회, 좋은 목회자, 신앙생활 잘하는 성도가 되고 싶다면 사람들이 만든 종교생활의 기준 말고 가장 확실한 기준, 예수님이 가신 길, 제자도를 따라야 한다. 모든 성도는 제자가 되어야지 기독교에 익숙해진 종교인이 되면 안 된다. 자기부인 하는 성도, 예수님과 복음을 위한 일인지를 생각하는 성도, 하나님의 일을 먼저 생각하는 성도가 되어야 한다.

사람 살리기

복음 거부 시대를 돌파하라

14 항상 우리를 그리스도 안에서 이기게 하시고 우리로 말미암아 각처에서 그리스도를
    아는 냄새를 나타내시는 하나님께 감사하노라

15 우리는 구원 받는 자들에게나 망하는 자들에게나 하나님 앞에서 그리스도의 향기니

16 이 사람에게는 사망으로부터 사망에 이르는 냄새요 저 사람에게는 생명으로부터
    생명에 이르는 냄새라 누가 이 일을 감당하리요

17 우리는 수많은 사람들처럼 하나님의 말씀을 혼잡하게 하지 아니하고 곧 순전함으로
    하나님께 받은 것 같이 하나님 앞에서와 그리스도 안에서 말하노라

    _고린도후서 2:14~17

사람들이 전도를 거부하는 이유

최근 일부 대학에서 '전도거부카드'가 등장한 적이 있었다. 왜 이런 카드가 생겨났을까? "너무 귀찮게 하니까", "크리스천이 자기들만 옳다고 하면서 몹시 권위적으로 나오니까", "일방적으로 사람들을 죄인이라고 몰아붙이며 예수 믿으라고 강요하니까" 등이 이유다. 또 전도카드를 내밀면서 읽어주고 영접 기도 시키곤 하는데, 이런 방식에 대한 거부감을 표현한 것이다.

그럼 반대로 크리스천은 왜 이토록 전도하려고 하는 것일까? 성경 말씀을 진리라고 믿기 때문이다. 하나님 없이는 살아갈 수 없도록 지음 받았고 예수님을 구원자로 믿지 않으면 결국 심판당할 것임을 믿기 때문이다. 그래서 절박하게 복음을 전하는 것이다.

그렇다. 믿음생활은 너무나 중차대한 일이다. 예수님의 말씀을 들어보자.

> 예수께서 이르시되 내가 곧 길이요 진리요 생명이니 나로 말미암지 않고는 아버지께로 올 자가 없느니라 _요한복음 14:6

"내가 길이다"라고 예수님은 선언하신다. 우리 인생에서 가장 중요한 "길"은 '하나님 아버지'께로 가는 길이다. 그분이 우리를 창조하셨고, 우리는 설계된 그분의 뜻대로 살아갈 때 가장 행복할 수 있기 때문이다. 우리의 인생은 짧다. 이 짧은 인생을 소모적으로 낭비하지 않고 살아가려면 분명한 삶의 방향과 목적을 향해 나아가야만 한다. 성경은 올바른 방향과 분명한 목적으로 가는 그 길이 바로 예수님을 따르는 것이라고 말씀한다.

"내가 진리다"라고 예수님은 이어서 선언하신다. 200여 나라 국민을 대상으로 조사해보았더니 종교를 갖고 있다고 답한 사람이 84%였다고 한다. 사람들은 종교가 없다면 자기 주먹이라도 믿는다는 신념으로 살아간다. 이처럼 인간은 뭔가를 믿고 살아가도록 지음 받았다. 그런데 모든 사람이 가진 믿음과 신념이 다 옳은 것이 아니라는 데 문제가 있다.

극단적일 수 있겠지만 이런 사례가 뉴스에 보도되곤 한다. 병에 걸린 자녀를 기도로만 낫게 만들겠다는 부모, 죽은 가족을 집에 둔 채 기도로 다시 부활하게 만들겠다는 사람. 잘못된 믿음이 얼마나 사람을 망가뜨리는지 잘 보여주는 예다.

수많은 이들이 뭔가를 믿고 있지만, 진정한 믿음의 내용인 진리는 오직 하나일 수밖에 없고, 그렇기 때문에 다른 잘못된 신념이나 생각에 대해 배타성을 가질 수밖에 없다. 성경은 예수님만이 우리가 믿어야 할 유일한 "진리"라고 말씀한다.

"내가 생명이다"라고 예수님은 또한 선언하신다. 우리는 영과 육으로 지음 받은 영적 존재다. 흙으로 만들어진 육체는 유한한 존재여서 언젠가는 다시 흙으로 돌아가 죽음을 맞는다. 그런데 육신이 죽는다고 끝이 아니다. "한번 죽는 것은 사람에게 정하신 것이요 그 후에는 심판이 있으리라." 히브리서 9장 27절 말씀이다.

우리 영혼이 죄에 대한 심판에서 벗어나 천국 백성이 되는 것은 너무나 중요한 일이다. 그리고 이 일을 이루려면 오직 예수밖에 없다.

다른 이로써는 구원을 받을 수 없나니 천하 사람 중에 구원을 받을 만한 다른 이름을 우리에게 주신 일이 없음이라 하였더라 _사도행전 4:12

우리 크리스천이 그토록 간절히 복음을 전하려는 이유가 여기에 있다. 예수를 믿어야만 하나님께 나아가는 분명하고 확실한 길을 알 수 있고, 가장 중요한 진짜 진리를 알 수 있으며, 영생하는 은혜를 누릴 수 있기 때문이다. 이것만이 유일한 방법이기 때문이다.

게다가 예수님은 우리가 이 땅을 살아가는 동안 문제와 환란 가운데 있을 때 구원하는 도움의 은혜를 주시겠다고 약속하신다.

13 너희가 내 이름으로 무엇을 구하든지 내가 행하리니 이는 아버지로 하여금 아들로 말미암아 영광을 받으시게 하려 함이라 14 내 이름으로 무엇이든지 내게 구하면 내가 행하리라 _요한복음 14:13~14

그렇다면 크리스천이 세상 사람들에게 전하려는 복음은 참으로 좋은 것 아닌가? 길이고 진리고 생명이다. 또 삶의 어려움을 이겨내게 하는 도움, 구원이다. 그런데 이 좋은 것을 왜 사람들은 전도거부카드까지 만들면서 거부하는 것일까?

예를 들어보자. 다들 전화판매나 방문판매를 당해본 경험이 한번쯤은 있을 것이다. 그럴 때 아무리 좋은 물건이라고 소개해도 덥석 사지는 않는다. 처음에는 대부분 의심한다. '이 사람이 물건 팔려고 나를 구워삶으려드네', '돈 벌려고 날 홀리려드네' 하고 말이다.

지금 세상 사람들은 우리가 하는 복음 전도를 이 정도 수준으로 보고 있다고 생각하면 정확할 것이다. '당신들은 좋다고 선전하지만 정말 좋은 거냐?'라고 의심한다. 그러면서 묻는다. 그거 진짜냐고, 뭐가 그렇게 좋으냐고.

그런데 많은 크리스천이 전도를 오해하고 있기 때문에 그 질문에 바른 대답을 주지 못한다. 그런 건 묻지 말고 그냥 교회 오면 좋은 일이 있고, 예수 믿으면 다 잘될 거고 천국 갈 거라는 식의 단순한 답밖에 주지 못할 때가 많다. 그러면 사람들은 당연히 복음을 거절하고 거부한다. 마치 전화판매 전화를 끊어버리듯이 말이다.

전도에 대한 3가지 오해

첫째, 예수천당 불신지옥: 복음을 축소 해석하지 말자

성경을 자세히 보면 사실 전도 자체를 직접 강조하는 경우는 거의 없다. 오히려 전도하라는 것보다는 복음에 합당한 삶을 살 것을 더욱 강조한다.

예수님은 승천하시기 전에 "오직 성령이 너희에게 임하시면 너희가 권능을 받고 예루살렘과 온 유대와 사마리아와 땅끝까지 이르러 내 증인이 되리라"(사도행전 1:8) 하셨다. 또 "그러므로 너희는 가서 모든 민족을 제자로 삼아 아버지와 아들과 성령의 이름으로 세례를 베풀고"(마태복음 28:19)라고 대위임령을 내리셨다. 그런데 이 말씀은 모두 "예수천당 불신지옥"을 외치라는 것이 아니다. 증인의 삶과 제자의 삶을 살라는 '삶에 대한 명령'이다.

이 땅에서 행하신 예수님의 가르침을 보면, 전도 공식이나 사영리(四靈理)를 가르치신 것이 아니었다. 학교에서 하듯이 선생님이 공식이나 내용을 칠판에 적어주면 그것을 암기해 시험 보고 하는 식이 아니었다. 예수님은 이 땅에 이미 임한 하나님이 통치를 선포하시고 실존하는 하나님 나라 안에서의 삶을 사셨다. 그리고 우리에게도 하나님의 통치를 받으며 살 것을 가르치시고 보이셨다

"예수천당 불신지옥"이라고 외치는 전도는 자칫 현실도피식 전도, 내

세의 복락을 강조하여 불안을 해소하는 정도의 복음으로 전락할 위험이 있다.

전도는 그저 죽어서 천국 가는 것만을 알리는 것이 아니다. 이 땅에서 사는 동안 하나님 나라 안에서 복된 삶을 누리고 그 행복한 삶으로 사람들을 초대하는 것이다. 그리고 교회는 이 하나님 나라에서 통치받으며 살아가는 삶의 여정을 위한 공동체인 것이다.

둘째, 때를 얻든지 못 얻든지 전파하라: 나의 올바른 삶이 먼저다

이처럼 우리는 말씀을 전파하라는 것을 그저 "예수천당 불신지옥"을 전하라는 것으로 축소 해석하는 경향이 있다. 그래서 "때를 얻든지 못 얻든지" "예수천당 불신지옥"을 외치는 일을 게을리하지 말라고 권면하는 것으로 오해한다.

> 너는 말씀을 전파하라 때를 얻든지 못 얻든지 항상 힘쓰라 범사에 오래 참음과 가르침으로 경책하며 경계하며 권하라 _디모데후서 4:2

그러나 위 디모데후서 본문에서 "말씀을 전파하라"고 한 것은 그렇게 전도 문구 몇 가지를 암기해서 기계적으로 외치는 일과는 거리가 멀다. 이 말씀 바로 전 디모데후서 3장에서 사도 바울은, 이 말세의 시대에 악한 생각과 행동을 하는 자들에게 진리의 말씀을 가르쳐서 하나님 뜻에 맞는 올바른 삶을 살도록 하라고 강조한다. 그러니까 말씀을 전파하라는 것은 올바로 살아가도록 바른 길을 알려주라는 뜻이다.

그럼 우리가 이렇게 하려면 무엇이 전제되어야 할까? 당연히 전하는 내가 먼저 말씀대로 살고자 노력하고 올바른 삶을 사는 모습을 보여야 한다. 물건을 팔 경우 내가 좋다는 확신이 있을 때 그 진정성이 전달되는 것과 같은 원리다. 말씀을 전하는 일, 복음을 전하는 일에서 중요한 전제는 '내가 그 말씀이, 그 복음이 좋은 것을 분명히 경험한 증인이 되어야 한다'는 것이다.

그러므로 때를 얻든지 못 얻든지 말씀을 전하라는 것은, 우리가 먼저 말씀대로 올바로 사는 그리스도인이 되어, 그렇게 살지 못하는 이들을 훈계하고 바른 길로 가도록 쉬지 말고 가르칠 의무에 대한 이야기인 셈이다.

셋째, 강권하라: '사랑'이라는 분명한 이유와 근거가 필요하다

> 주인이 종에게 이르되 길과 산울타리 가로 나가서 사람을 강권하여 데려다가 내 집을 채우라 _누가복음 14:23

"강권하여 데려다가"는 조금 과격하게 말하면 '팔모가지를 비틀어서라도 데려오라'는 의미다. 그런데 왜 이렇게 강제로라도 하나님이 베푸신 구원의 잔치에 끌고 와야 할까? 이 억지스러운 행동에는 분명한 이유가 있어야 하는데, 그것이 바로 '사랑'이다.

그리스도의 사랑이 우리를 강권하시는도다 _고린도후서 5:14 상반절

하나님이 우리를 붙잡으시고, 우리를 당신에게 오라고 부르시고, 강권하시는 데는 다 이유와 근거가 있는데, 우리를 너무 사랑하시기 때문이다. 구원이 인간에게 너무 좋은 것이고 가장 중요하고 필요한 것이기에 강권하지 않을 수 없는 것이다.

교회에 사람을 '강권하여' 데려올 경우, 누구든 일단 데려오고 보자는 마음으로, 실적 올리려고, 의무감으로 하는 것이 아니다. '하나님께서 저 사람을 어떻게 보실까? 저 영혼도 하나님께서 만드신 사랑받아야 할 영혼이다'라는 긍휼한 마음이 도저히 그러지 않고는 못 배기게 하기에 "함께 교회 가자", "함께 신앙생활 하자"라고 강권하게 되는 것이다.

교회에서 전도축제 한다고 해서 이런 식으로 목사님이나 다른 성도 눈치 보며 안 하면 좋겠다. "한 번만 교회 와줘요. 나 열심히 교회 다니는 사람처럼 보여야 하는데, 이번 한 번만 교회에 출석해줘요." 우리가 전도에 대해 가져야 할 바른 생각과 태도는 '하나님께서 이 사람을 어떻게 보실까?' 하는 마음으로 지속적인 사랑과 관심을 쏟으며 정중하게 초청하는 것이다.

복음 거부 시대의 전도법: 그리스도의 향기 되기

이 시대는 복음을 거부하는 시대다. 이런 때 복음을 전한다는 것은 말로 예수님을 증거할 뿐 아니라 내 삶으로 예수님을 드러내는 증인이 되어야 함을 뜻한다.

전화판매나 방문판매가 성과를 올리려면 '간증자'가 필요하다. 진짜 써본 사람의 '간증'이야말로 가장 효과적인 무기다. 요즘 사회문제로 대두되는 가짜 댓글 같은 불법행위가 판치는 이유도 여기에 있다. 효과가 있기 때문이다. 이 물건 정말 좋다는 상품 평이나 이 가게 정말 맛있다는 평가가 많이 달리면 잘 팔리니까 그런 가짜 '간증'을 내세워서라도 장사를 하려는 것이다.

이와 동일한 맥락에서 오늘날은 사람들이 정말로 복음이, 신앙생활이 좋은 것인지 점검하고 싶어 하는 시대다. 그렇기에 실제로 그런 삶을 살아내는 신앙인이 되어야만, 다시 말해 '간증자'가 되어야만 전도가 가능한 시대가 된 것이다.

"항상 복음을 전하라. 꼭 필요하면 말도 사용하라(Preach the gospel at all times. If necessary, use words)." 확실치 않지만 프란체스코회 설립자인 아시시의 성 프란체스코가 했다고 알려진 명언이다. 말로 하는 증거보다는 내가 먼저 증인 된 사람일 때 전도가 더욱더 빛을 발한다는 의미다.

"전도는 내 이야기를 하는 것이다!" 좀 과격한 표현이지만 우리 생각을 전환하기 위해 나는 전도를 이렇게 재정의한다.

"아니, 목사님. 전도는 예수님 이야기 하는 것 아닙니까?"라고 되물을 수 있다. 맞다. 그런데 나와 관계없는 예수님을 말하는 것으로는 부족하다. 내가 경험한, 나에게 역사한 예수님을 말해야만 한다. 목회자로서 나는 믿음은 들음에서 난다는 것을 강조해야 함을 잘 안다. 복음은 분명하게 들리는 메시지가 있어야 한다는 것도 안다. 개척하고 1년 동안 수요예배에서 "말하는 복음"이라는 주제로 설교를 했던 이유도 거기에 있다. 우리가 복음을 잘 알고 그 복음의 내용을 말할 수 있도록 하기 위해서였다. 그러나 우리가 복음을 말할 수 있게 되었다 할지라도 복음을 들을 사람이 없고, 우리가 전할 복음을 말할 기회가 없다면 무슨 소용이 있겠는가?

근래 등록한 어느 가정의 이야기다. 보통은 아내가 남편에게 전도하는 경우가 많은데, 이 가정은 특이하게 남편이 먼저 믿고 아내에게 전도했다. 남편이 등록하고 1년쯤 뒤 부인이 등록했고, 아이 때문에 함께 살게 된 장인 장모도 함께 교회에 나와 예배를 드리게 되었다. 부인과 장인 장모는 그전까지는 신앙생활을 한 경험이 전혀 없었다. 심방을 가서 너무 궁금해 물어보았다. 어떻게 부인과 장인 장모까지 교회를 나오게 되었냐고.

이유는 너무 분명하고 간단했다. 남편은 복음이 뭔지, 신앙이 뭔지, 교회가 뭔지 설명하지 않았다. "우리 가족이 다 함께 교회 가기를 기도하고 있습니다. 장인 장모님과 우리 가정을 위해 기도합니다"라고 선포하고는, 자기 자신부터 그리스도인답게 살기 시작했다. 부인이 봐도, 장인 장모가 봐도 남편의 생활은 귀감이 되기에 충분했다. 남편이 삶에서 그런 본보기를 보였기에 온 가족이 신앙인으로 거듭나게 된 것이다.

또 한 가지가 궁금해서 남편에게 물었다. "오랫동안 신앙생활을 안 하고 계셨다고 했는데, 어떻게 다시 교회를 나오시게 되었습니까?"라고. 그러자 자기 상사 중에 신앙생활 잘하는 이가 있는데, 어려운 환경 속에서도 낙망하지 않고 신앙으로 고난의 과정을 이겨가는 모습을 보면서 그것이 자신에게 도전이 되어 다시 신앙생활을 시작할 수 있게 되었다고 대답했다.

그렇다. 지금 이 시대는 전화판매자나 방문판매자가 하듯이 물건을 말로 설명하는 방법으로 전도하는 데 한계가 있다. 증인이 필요하다. 고난 중에 승리하는 예수님의 제자가 필요하다. 증인이 복음을 전할 때 비로소 사람들의 마음이 움직인다.

> 14 항상 우리를 그리스도 안에서 이기게 하시고 우리로 말미암아 각처에서 그리스도를 아는 냄새를 나타내시는 하나님께 감사하노라 15 우리는 구원 받는 자들에게나 망하는 자들에게나 하나님 앞에서 그리스도의 향기니 _고린도후서 2:14~15

"그리스도 안에서 이기게 하시고"는 원어로 "예수님께서 이루신 승리의 개선 행진에 우리를 끼워주시고"다. 로마 시대에는 전쟁에서 승리하고 돌아와 벌이는 개선 행진에 항상 향을 피웠다. 그 향이 온 동네에 퍼지면 사람들은 전쟁에서 승리했음을 알았다.

우리가 예수님을 좇을 때마다 그곳에는 향기가 난다. 우리가 예수님을 따르는 삶을 살아갈 때, 그리스도와 함께하는 분명한 증거가 나타난다. 그래서 "우리는 구원 받는 자들에게나 망하는 자들에게나 하나님 앞에서 그리스도의 향기"다.

향수에 관심 있는 사람은 냄새만 맡아도 어떤 향수인지 안다. 예전에는 '샤넬 넘버 5' 등의 향수가 유명했는데 요즘은 '조 말론' 같은 향수가 유행이라고 한다. 그렇다면 크리스천에게는 어떤 향기가 날까?

우리 그리스도인에게는 그리스도 예수의 향기가 배어 나와야 한다. 우리의 말, 우리의 생각, 우리의 행동에 그리스도가 보여야 한다.

"샤론의 꽃 예수 나의 마음에 거룩하고 아름답게 피소서." 찬송가 89장의 이 가사처럼 샤론의 꽃이신 예수님이 우리 마음에 피어나면 그 꽃향기가 우리를 통해 뿜어 나온다. 세상은 악취로 가득할지라도, 우리가 가는 곳마다 샤론의 꽃 예수의 향기를 전할 수 있는 그런 증인의 삶을 우리는 살아야 한다.

전도와 관련하여 참 감동적인 사례가 있다. 이른바 '모텔 전도' 이야기다. 모텔들이 죽 들어선 지역이 있는데, 이런 모텔에 '장기 투숙'하는 이들이 생각보다 많다고 한다. 월세가 비교적 저렴하기 때문에 방 하나를 장기간 빌리는 것이다. 이런 이들을 대상으로 성경책을 주고 전도를 한다. 그런데 놀라운 일은 이 전도에 아이들이 함께한다는 사실이다.

모텔 주인이 성경책 들고 들어오는 교인들을 좋아할 리 없다. 그런데 계속 설득하면 문을 열어주는 모텔도 있다고 한다. 그래서 아예 못 들어오게 하는 모텔은 ×, 들여보내주는 모텔은 ○, 가능성 있는 모텔은 △ 등으로 노트에 적어 구분한다. 그 일을 누가 하고 있을까? 바로 아이들이다.

아이들뿐 아니라 그 어머니들도 대단하다는 생각이 든다. 모텔이 밀집한 지역은 아이들이 가지 말아야 할 곳, 피해야 할 곳이다. 세상의 눈으로든 영적으로든 악취가 심한 곳이고 악한 곳이어서 자녀들에게 피하기를 권해야 마땅할 텐데, 함께 손을 잡고 간다. 무슨 믿음으로 갈까? 자기 안에 샤론의 꽃 예수, 그분의 '향기'가 있다는 믿음, 그리고 그곳을 예수님의 향기로 덮을 수 있다는 믿음이다. 이들이 진짜 그리스도인이 아니면 누가 진짜 그리스도인일까? 머지않아 그 모텔들 곳곳에 성경이 들어가고 좌절과 절망과 자살 충동에 시달리는 이들이 다시 소망을 얻는 일들이 생겨나리라 믿는다.

이 시대는 진짜 그리스도인, 예수의 향기를 가진 그리스도인, 그리스도의 향기가 나는 그리스도인을 원하고 있다. 요즘 카페나 음식점 같은 곳에는 장식용 화분을 많이 놓아둔다. 멀리서 보면 진짜 꽃인지 조화인지 구분이 잘 안 된다. 알 수 있는 방법이 뭘까? 향기다. 지금 여러분은 어떤가? 향기 없는 조화인가, 아니면 예수 그리스도의 향기로 가득한 생화인가?

잃어버린 영혼을 살리는 교회

미국 윌로우크릭 교회의 빌 하이벨스 목사님은 처음에는 "예배와 교육, 선교와 친교, 봉사가 균형 잡힌 교회가 건강한 교회"인 줄 알았다고 한다. 그런데 어느 날 아버지의 마음을 헤아려보았더니, 아버지는 잃어버린 자녀를 바라볼 때 균형 감각을 가질 수 없음을 알게 되었다.

내 자녀를 잃어버렸다면 나는 열 일 제쳐놓고 내 자녀를 찾으러 24시간 전국 방방곡곡을 찾아다닐 것이다. 내 잃어버린 자녀를 그 무엇으로 비교할 수 있을까? 그런데 정작 교회는 잃어버린 영혼을 보면서도 균형 감각만 강조하고 있었다. 그때부터 목사님은 교회는 균형이 아니라 초점이 중요하다는 사실을 깨닫고, 아버지의 마음을 헤아리는 교회가 건강한 교회임을 알게 되었다고 한다. 아버지의 마음은 잃어버린 영혼에게 가 있음을 잊지 말아야 한다는 뜻이다.

교회는 영혼을 살리는 교회, 사람을 살리는 교회가 되어야 한다. 우선 예배 공동체로서 모인 성도 한 사람 한 사람이 하나님의 말씀과 성령이 주시는 은혜의 바람을 맞고서 살아나야 한다. 그리고 우리 안에 거하시는 예수 그리스도의 향기가 우리가 가는 곳곳에서 풍겨 나와 전도하고 복음을 전하는 그런 증인의 삶을 살아가야 한다. 그리하여 잃어버린 영혼을 찾아 살리는 성도의 교회가 되어야 한다.

이런 맥락에서 교회가 추구해야 할 방향 중 하나는 새 신자가 올 수 있는 교회, 전도하는 일이 일상인 교회가 되는 것이다. 새 신자들에게 탁

월하게 복음을 전하는 사역으로 유명한 김민정 목사님은, 새 신자들에게 힘을 쏟는 교회가 생각보다 적다고 말했다. 빌 하이벨스 목사님의 표현대로 하자면, 교회가 균형을 잡겠다는 생각에 사로잡혀 잃어버린 영혼에게 에너지를 많이 못 쓰는 경우가 많다는 말씀이다.

1960~1970년대 미국에서는 히피문화가 만연했다. 그런데 시간이 지나면서 히피들은 그런 자유분방하고 문란한 삶이 공허할 뿐 자신들의 마음을 채울 수 없다는 것을 알게 되었다. 교회들은 히피들이 교회에 들어오는 것을 싫어했다. 그때 현재 갈보리채플의 척 스미스 목사님은 교회에서 히피를 받아들여야 한다고 주장했다. 롱비치 해변에 가서 히피들에게 복음을 전하고 그들을 교회로 받아들여 예수님을 영접하도록 하고 말씀으로 양육했다. 그랬더니 놀랍게도 변화가 일어나 그들이 헌신하기 시작했다. 특별히 히피들은 노래에 은사가 있었다. 그들은 은혜 받고 찬양을 했으며 스스로 찬양을 만들었다. 그들이 만든 찬양을 '마라나타'라고 하는데, 우리가 부르는 복음송이다.

그 복음송 중에 유명한 찬양이 〈작은 불꽃 하나가〉다. "작은 불꽃 하나가 큰불을 일으키어 곧 주위 사람들 그 불에 몸 녹이듯이 주님의 사랑이 같이 한번 경험하면 그의 사랑 모두에게 전하고 싶으리."

여기서 "작은 불꽃"은 무엇을 상징할까? 마리화나를 피울 때 그 담뱃불이다. 이런 작고 정말 보잘것없는, 인생을 망치게 했던 불꽃들이 예수님의 사랑을 경험하자 커다란 불이 되어 주위에 있는 모든 사람을 주님의 사랑으로 녹이기 시작했다. 마리화나 불꽃이 예수 그리스도의 향기로 변하여 복음이 힘차게 전해지는 역사가 일어난 것이다.

우리가, 교회가 하나님의 사랑을 전하고 복음을 전하는 그런 축복의 통로로 세워지기를 바란다. 그리스도가 향기로 드러나는 삶, 그런 공동체로 살기를 바란다. 그리고 그를 통해 영혼 구원의 열매가 풍성히 맺히기를 바란다.

지혜 있는 자는 궁창의 빛과 같이 빛날 것이요 많은 사람을 옳은 데로 돌아오게 한 자는 별과 같이 영원토록 빛나리라 _다니엘서 12:3

경계선 넘어가기

하나님은 하늘에만 계시지 않는다

요셉은 무성한 가지 곧 샘 곁의 무성한 가지라 그 가지가 담을 넘었도다

_창세기 49:22

예수님은 어디에 계시는가

이 시대를 후기 기독교 사회로 설명할 수 있다고 말했다. 이제 무조건 교회 다니는 사람이라고 호의적으로 보지 않는다고, 목사라고 해서 다 착한 사람일 것이라고 믿어주지 않는다고, 그래서 내가 교회 다닌다는 사실을 감춰야 불이익을 덜 보는 시대가 되었다고, 이제 더 이상 교회는 세상의 주류가 아니라 비주류로 변두리에 있다고, 마치 바벨론에 포로로 끌려간 이스라엘 사람들의 형국 같다고.

지금 여기가 바벨론이고 여러분은 포로라고 한번 가정해보자. 집 밖으로 나가서 길을 걸어가는데 누가 봐도 여러분은 이스라엘 사람이고 포로다. 그럼 길을 가는 동안 과연 바벨론 사람들이 여러분에게 말을 걸어올까? "안녕하세요?"라고 인사를 건넬까? "잘 지내세요?"라고 안부를 물을까? 당연히 그럴 일 없다. 주인이 뭐가 아쉽다고 포로에게 먼저 다가와 말을 걸겠는가?

이를 오늘날 우리 상황에 접목해보자. 세상 사람들이 스스로 먼저 교회에 나와야겠다고 하거나, 그리스도인이라고 해서 먼저 손 내밀며 말 걸어오는 일이 있을까? 당연히 없을뿐더러 앞으로는 더 그럴 일 없을 것이다. 우리가 오늘날 익히 경험하고 있기에 설명이 필요 없는 사실이다.

그럼 이제 어떻게 해야 좋을까? 포로인 이스라엘 백성이 먼저 다가가야 한다. 바벨론에서 살려면, 그곳에 적응하려면, 그곳 사람들과 잘 어울리려면 먼저 다가가는 방법밖에 없다. 예전에는 목에 단단히 힘주고 선민의식을 가지고 다가갔다면 이제는 포로로서 조심히 예의를 갖추고 겸손하게 다가가야 한다.

그리스도인도 마찬가지다. "예수 안 믿으면 당신 손해야"라는 식의 강요하는 전도가 아니라, 이제는 종의 자세로 몸을 낮추고 겸손히 세상으로 나아가야 한다. 그런데 이스라엘 백성에게 이것은 보통 힘든 일이 아니다. 왜냐하면 그들은 이방인과 분명히 구분되는 아주 명확한 경계선을 긋고 살았던 사람들이었기 때문이다.

요나 이야기를 잘 알 것이다. 하나님께서 이방 민족인 앗수르인을 회개시켜 그 땅을 멸망하지 않도록 도우시려고 요나에게 가서 회개를 선포하라고 했으나 요나는 가지 않았다. 절대 못 간다고 고집 부렸다. 요나가 가진 분명한 경계선 때문이었다. 이방 족속의 나라인 앗수르는 망해야 마땅하다는 선이었다. 그들을 살리기 위해 그 선을 넘어갈 수 없다는 것이었다. 그 경계선이 얼마나 강했던지 하나님의 말씀마저 불순종했다.

신약 시대에 예루살렘 성전에는 유대인만 들어갈 수 있는 뜰이 있었는데 그곳으로 이방인이 들어오면 죽였다. 이방인이 들어오면 더럽혀진다고 생각했기 때문이다. 유대인은 자신들의 정결을 위해 율법의 테두리 밖으로 나가지 않았다. 이방인에게 나아가지 않았다.

이 요나의 모습, 유대인의 모습이 오늘 우리의 모습 아닌가? 나름대로 경계선을 다 그어놓고 있다. 세상과 자신을 구분해서 정해놓은 선이 있다. 이 사람은 만나면 안 되는 사람, 유익이 없는 사람, 나에게 불이익을 줄 사람, 또 저 사람은 용서하지 못할 사람, 하나님에게 망해야 할 사람, 상종 못 할 사람 등. 우리의 이러한 경계선들이 요나처럼 하나님의 뜻과 명령에 불순종하게 만드는 근거로 작동하고 있지 않은가?

이전까지는 이런 선들을 우리 주변에 잔뜩 깔아놓고 살아왔지만, 이제는 세상이 바뀌었다. 삶을 바꿔야 하는 상황에 맞닥뜨렸다. 어떻게 해야 할까? 그 답은 다시 예수님께로, 신앙의 뿌리로 돌아가는 것이다.

예수님의 삶을 한마디로 말하면 '경계선을 제거하는 삶'이라 해도 지나치지 않다. 예수님의 행보는 항상 파격적이고 급진적이었다. 자꾸 경계선을 넘어가셨기 때문이다. 세상과 경계선을 그어놓는 채 안전하다고 생각하는 우리에게는 불안해 보이는 삶을 사셨다.

예수님께서는 지금 안전한 삶에 머무르는 우리를 경계선 밖으로 불러내어 초청하고 계신다. 우리의 신앙을 바로잡기 위해서 말이다. 예수님이 어떻게 경계선을 허무시는지 보자.

먼저, 하늘과 땅의 경계를 허무신다. 하나님이신데 이 땅에, 그것도 당시 아주 천하게 여겨졌던 육신을 입고 오셨다. 이것은 가장 파격적인 행보다. 왜 예수님은 하늘과 땅의 경계를 넘어오신 것일까? 완전한 인간이 되지 않고는 인류의 죄를 위해 피 흘릴 수 없기 때문이다. 십자가가 능력이 되도록 하시기 위해 이 땅에 온전한 인간으로 오신 것이다.

둘째, 유대인과 이방인의 경계를 허무신다. 예수님 여정에서 자주 등장하는 장소가 사마리아다. 유대인에게는 항상 피하고 싶은 지역이다. 그런데 한 사마리아 여인을 구원하기 위해 그 이방 땅의 경계선을 넘어 들어가신다.

12 유대인이나 헬라인이나 차별이 없음이라 한 분이신 주께서 모든 사람의 주가 되사 그를 부르는 모든 사람에게 부요하시도다 13 누구든지 주의 이름을 부르는 자는 구원을 받으리라 _로마서 10:12~13

셋째, 강한 자와 약한 자의 경계를 허무신다. 예수님이 만나러 다니셨던 사람들을 보라. 누구였나? 창녀, 가난한 자, 과부, 소경, 문둥병자와 같이 병들고 소외된 이들이다. 그런 세상의 약자들만이 예수님을 직접 보고 경험했다. 바리새인이나 사두개인은 자기들이 정해놓은 율법의 경계선 안에서 예수님을 구경만 하고 적대시했다. 그분께 넘어가지 않았다. 그리고 만나지 못했다.

하나님은 어디 계시는가? 우리는 늘 높은 곳, 하늘만 바라본다. 대단하신 하나님을 그린다. 그리고 은연중에 나도 하나님 잘 섬기면 저 높은 곳에 놓일 것이라고 기대한다. 하나님의 역사는 성공이고, 더 높은 지위고, 더 많은 돈이라고 오해한다. 마치 예수님의 제자들이 예수님이 이스라엘 왕이 되면 본인들도 한자리씩 차지할 줄 알았던 것처럼 말이다.

그러나 하나님은 저 높은 곳에만 계시지 않는다. 하나님은 예수님을 이 땅에 보내시면서 분명한 메시지를 우리에게 주셨다. "하나님은 어디 계시는가?"에 대한 답은 이것이다. "예수님이 계시는 곳에 계신다."

그렇다면 예수님은 어디 계시는가? 우리가 그토록 가기 싫어하는 경계선 밖에 계신다. 우리는 말씀 보고 기도하면서 신앙생활 하는 내내 그토록 하나님과 함께하기를 간구하는데, 정작 우리 스스로 엉뚱한 곳에 있지 않은가? 자신이 그어놓은 경계선을 지우고 그 선 밖으로, 예수님이 계시는 곳으로 우리는 넘어가야 한다.

복음에는 경계선이 없다. 누구에게도 차별이 없다. 하나님의 전능하심, 사랑하심에는 제한이 없다. 그래서 온 세상을 만드셨고 그 온 세상을 사랑하신다. 그런데 하나님의 백성, 예수님의 제자를 자처하는 우리는 얼마나 많은 경계선을 가지고 있는가? 교회 안에서조차 친한 사람, 그렇지 않은 사람, 밥 함께 먹을 사람, 차 같이 마실 사람, 내 사람, 저쪽 라인 사람, 하고 인맥과 연줄 따위로 선을 긋는다.

물론 친한 사람들이 편할 수밖에 없다. 그게 틀렸다는 것이 아니다. 그러나 그 친밀함이 다른 사람에 대한 배타적인 태도로 비치는 것이 문제다. 친한 우리끼리만 좋으면 뭐할까? 그 친밀함 때문에 옆에서 상처받고 있는데. 초신자나 새로 교회에 등록한 이들은 외톨이 같아서 불편한데.

예전에는 교회에서 친한 이들끼리 어울려 지내면 다른 사람들이 그 무리에 들어가고 싶어 했다. 지금은 그렇지 않다. 끼리끼리 몰려다닌다고 욕먹는다. 자기네끼리만 좋아한다고 비아냥댄다. 그리고 말한다. "내가 저래서 교회 안 가." 그 말에 이렇게 받아칠 수도 있다. "그래? 그럼 교회 오지 마." "어차피 당신 손해야." "그렇게 살다가 지옥이나 가라."

이런 반응이 바로 요나의 반응이다. 우리가 예수 믿고 구원받은 건 내가 남들보다 더 똑똑해서가 아니다. 나는 똑똑해서 예수 믿고, 남들은 바보라서 안 믿는 것이 아니다. 오직 하나님의 은혜 덕분이다. 우리 때문에 누군가 교회를 떠나간다면 미안해해야 한다. 우리 책임을 다하지 못한 것을 아파하고 깊이 반성해야 한다.

> 병사로 복무하는 자는 자기 생활에 얽매이는 자가 하나도 없나니 이는
> 병사로 모집한 자를 기쁘게 하려 함이라 _디모데후서 2:4

우리를 먼저 부르신 예수님의 뜻은 세상 사람을 구원하는 일꾼으로 세우기 위함이다. 예수님의 일꾼은 예수님의 삶의 방식대로 경계선을 넘어가는 사람이다.

지금 이 시대는 '교회 안'조차 선교다. 성도 한 사람 한 사람이 얼마나 다양한 생각과 환경을 지니고 살아가는지 모른다. 선교하는 마음으로 신앙생활 해야 한다. 교회 안에서부터 경계선의 철조망을 걷어내야 한다. 교회 안에서 불가능한데 어떻게 바벨론과 같은 세상의 담을 넘어 사람들에게 손을 내밀고 복음을 전할 수 있겠는가?

에베소교회의 상황: 사랑 없는 교회

초대교회인 에베소교회의 모습을 통해, 다른 사람을 배타적으로 여기는 경계선을 복음의 능력으로 걷어내고 예수님이 그랬듯이 경계선 밖으로 나아가는 은혜를 확인해보자.

디모데전서를 보면 사도 바울이 자기의 영적 아들인 디모데를 에베소교회 지도자로 세운 이유가 나온다. 에베소교회의 "거짓 교사"들 때문이었다. 거짓 교사의 특징이 뭘까? "배우지는 않고, 헌신이라는 대가 지불은 안 하면서, 가르치는 것을 높은 지위로 여기고 교사 되기에 욕심을 내는 자들"이다. 배우지는 않으면서 잘못된 복음을 전하고, 게다가 성도 간의 관계도 나쁘니 가는 곳마다 분란과 다툼과 언쟁이 벌어진다.

그래서 사도 바울은 디모데에게 진리 위에 바르게 서고 바른 일꾼들을 세우라고 목회 서신을 보낸다. 이에 따라 에베소교회에서는 아주 엄격한 기준에 근거해 감독과 장로, 집사 등의 직분자를 세운다.

8 이와 같이 집사들도 정중하고 일구이언을 하지 아니하고 술에 인박히지 아니하고 더러운 이를 탐하지 아니하고 9 깨끗한 양심에 믿음의 비밀을 가진 자라야 할지니 10 이에 이 사람들을 먼저 시험하여 보고 그 후에 책망할 것이 없으면 집사의 직분을 맡게 할 것이요 _디모데전서 3:8~10

이처럼 철저하게 검증된 사람을 지도자로 세운다. 누가 참 성도고 누가 거짓 성도인지 누가 봐도 알도록.

요즘 왜 이단들이 기성 교회에 들어와 공동체를 흔드는 일이 잦을까? 이단의 전략이 교활하기 때문인 점도 있지만, 결국 참된 성도의 부재 때문임을 부정할 수 없다. 바른 복음으로 배우지는 않으면서 빨리 직분을 얻기는 원한다. 에베소교회의 거짓 교사가 벌이는 행태와 같은 현상이 오늘날 일반 교회와 성도 사이에 만연하고 있다. 참 성도와 거짓 성도가 구분이 안 되니 더욱더 혼란스러울 수밖에 없다.

이런 맥락에서 보면, 교회는 등록부터 학습 세례 그리고 직분과 리더십 등을 더욱 철저히 검증하는 것부터 회복해야 하는 것 아닌가 하는 생각도 든다. 목회자는 말할 것도 없다. 이런 말씀 앞에 우리 모두가 도전을 받아야 한다. 에베소교회처럼 희미해진 참 신앙의 기준을 회복하는 은혜가 있어야 한다. 예수님께서도 이런 에베소교회를 칭찬하신다.

> 나는 네가 한 일과 네 수고와 인내를 알고 있다. 또 나는, 네가 악한 자들을 참고 내버려 둘 수 없던 것과, 사도가 아니면서 사도라고 자칭하는 자들을 시험하여 그들이 거짓말쟁이임을 밝혀 낸 것도, 알고 있다. _요한
> 계시록 2:2 (표준새번역)

그런데 교회의 주인 되시는 예수님이 에베소교회를 죽 둘러보시니 한 가지 큰 문제가 보였다. 거짓 교사와 참 성도를 구분하기 위해 진리로,

또 교회 목회를 위한 적절한 규칙들로 경계선을 잘 그어놓았는데, 그러다 보니 교회가 너무 차갑고 건조해진 것이다.

> 그러나 너를 책망할 것이 있나니 너의 처음 사랑을 버렸느니라 _요한계시록 2:4

사랑이 없어졌다는 말씀이시다. "아니, 예수님. 진리가 중요하잖아요?"라며 항변할 수 있다. 그러나 예수님은 단호하게 말씀하신다. "사랑이 없으면 교회가 아니다."

> 내가 내게 있는 모든 것으로 구제하고 또 내 몸을 불사르게 내줄지라도 사랑이 없으면 내게 아무 유익이 없느니라 _고린도전서 13:3

"아무 유익이 없다"는 것은 하나 마나 한 일이라는 말씀이다. 그러니 거짓 교사를 쫓아내도 사랑이 없다면 아무것도 아니다. 충격적이다.

최근 어느 원로 목사님 인터뷰를 보았다. 그 목사님이 한국 교회를 걱정하시며 던진 말씀이 무척 가슴에 와닿았다. 요약하면 이렇다. "한국 교회 성도들은 다 성경공부로 도망갔다. 말씀 자체가 신앙의 실체는 아니다. 말씀이 실재가 되는 삶이 신앙의 실체다."

진리를 빙자해 성경공부만 하면 그걸로 충분하다고 생각하는 현실, 그리하여 세상에 아무 영향력 없는 교회 안 교인만 가득하게 된 현실을 꼬집는 내용이다. 교회는 울타리 안에 모여 성경공부 하라고, 진리를 배우기 위해 옹기종기 모여 살라고 부르신 곳이 아니라, 세상을 섬기라고 부르신 곳이다. 이 경계를 허무는 사랑이 없으면 아무것도 아니다.

예수님은 에베소교회와 똑같이 우리를 칭찬하신다. 성경공부 열심히 하고, 봉사 열심히 하고, 주일 성수 하고, 새벽기도 하고, 교회 세우는 데 온 마음을 다한 것 잘했다고. 그러나 경계선 안에 안주한 채 한 발짝도 움직이려들지 않는 우리를 보시자 다시 이렇게 엄히 꾸짖으신다. "처음 사랑이 없으면 아무것도 아니다."

앞서 인용한 요한계시록 본문은 사랑 중에서도 특별히 "처음 사랑"을 강조하고 있다. 도대체 "처음 사랑"이 뭘까? 에베소교회 성도들은 "처음 사랑"이라는 단어를 들었을 때 무엇을 떠올렸을까? 분명히 예수님의 십자가 희생을 포함하여 그분이 살아 계실 때의 삶을 떠올렸을 것이다.

예수님은 대단한 뭔가를 원하시는 것이 아니다. 그저 경계를 허물고 사랑하기를 원하신다.

> 이에 임금이 대답하여 이르시되 내가 진실로 너희에게 이르노니 이 지극히 작은 자 하나에게 하지 아니한 것이 곧 내게 하지 아니한 것이니라 하시리니 _마태복음 25:45

우리는 뭐든 태가 나는 것을 좋아한다. 이왕이면 교회도 더 부흥하고 목사도 유명해지고 자기가 헌신한 것도 사람들이 알아주고 하기를 바란다. 그렇다 보니 눈에 띄는 일, 큰일에는 다들 열심히 한다. 유명한 목사님이 강사로 오면 우르르 몰려든다. 단적으로 말하지만, 거기는 예수님 안 계신다. 열심히는 하는데 전부 폼 나는 일, 이름난 곳에서 한다. 예수님께서 말씀하신다. "그건 나에게 하는 것이 아니다."

거지나 병자, 이방인 돕는 일 같은 건 안 하려든다. 도와봤자 티 안 나는 일은 꺼린다. 하나 마나 한 데다 누가 알아주지도 않으니까. 그런데 예수님은 말씀하신다. "내가 거기 있다. 그 일을 할 때 내게 하는 것이다."

지금 우리는 누구를 위해 사역하고 있는가? 이것은 대단히 중요한 질문이다.

경계 없는 영적 프로가 되자

프로란 돈 받은 만큼 값을 하는 사람, 자기에게 주어진 역할을 완벽하게 해내는 사람이다. 하나님의 백성인 우리는 영적으로 프로가 되어야 한다.

영적 프로란 어떤 사람일까? 우리는 예수님께 큰 은혜를 받았다. 받은 그 은혜만큼 대가를 지불하는 사람, 다시 말해 예수님을 위해 대가를 지불하는 사람, 예수님을 위해 신앙생활을 하는 사람이 바로 진정한 영적 프로다. 내가 인정받는 것, 커 보이는 것, 태 나는 것은, 나를 위하는 거짓된 신앙이다.

영적 프로는 남들이 보든 안 보든, 알아주든 말든, 결과가 크든 작든, 어떤 상황에서든 하나님이 주신 직분을 감당한다. 이런 이들의 특징이 바로 경계선이 없다는 것이다. 예수님만 바라보면서 그분 계시는 그 작은 곳, 낮은 곳, 알아주지 않는 곳에 한결같이 서 있다.

> 모든 것이 하나님께로서 났으며 그가 그리스도로 말미암아 우리를 자
> 기와 화목하게 하시고 또 우리에게 화목하게 하는 직분을 주셨으니
> _고린도후서 5:18

장로, 권사, 집사, 부장, 또는 무슨 팀원 등 교회에서 맡은 역할이 없어도, 우리는 하나님이 구원과 함께 주신 "화목하게 하는 직분"을 먼저 생각해야 한다. 법으로 말하면 헌법처럼 상위개념이 있다는 말이다. 사람을 살리는 일에 내 일 네 일이 따로 있을 리 만무하다. 대부분 조금만 관심 가지면 다 친해질 수 있는 규모인 교회에서 무슨 역할을 나누는가?

주일 아침 일찍부터 짐 나르고, 안내하고, 예배 준비하는 이들이 있다. 그것이 충성된 대가 지불이라면 하나님은 그 일을 기쁘게 헌신으로 받으신다. 그 성도를 두고 누가 뭐라고 할까? 누가 말릴까? 예수님을 위해 필요하다고, 해야 하는 것이라고, 하나님 은혜에 보답하는 길이라고 여겨서 스스로 하는 헌신인데. 그런 성도가 바로 영적 프로다.

어떤 성도는 순장도 아닌데, 소그룹으로 모일 필요가 있는 이들을 자발적으로 모아서 주일 설교 나눔을 한다. 그 성도는 그 순간부터 순장이

다. 교회에서 순장이라는 직분을 받기 이전에, 우리는 하나님께 이미 성도를 화목하게 하는 직분을 받은 자들이다. 순장이어서 소그룹을 인도하는 것이 아니라, 화목하게 하라는 거룩한 역할을 부여받은 성도이기에 소그룹을 세우는 것이고, 이에 하나님께서 교회의 질서를 위해 순장이라는 직분을 또 더해주시는 것이다.

에베소교회의 거짓 교사처럼 남들에게 보이려고, 리더십을 자랑하려고 자기가 맡은 교회 직분을 수행한다면 영적 프로가 아니다. 진짜 영적 프로는 고린도후서 5장 말씀 속 "화목하게 하는 직분"을 귀히 여기는 이들이다. 교회의 필요에 따라 역할을 받고 장으로 서고 직분을 맡아 자기 일을 기능적으로 잘 수행한다 할지라도, 그리스도의 냄새가 나지 않고 화목하지 않으면 결코 건강한 성도가 아니다.

> 항상 우리를 그리스도 안에서 이기게 하시고 우리로 말미암아 각처에서 그리스도를 아는 냄새를 나타내시는 하나님께 감사하노라 _고린도후서 2:14

양육도 훈련도 조직도 역할도 다 필요한 요소다. 이런 것들이 없을 때 생기는 무질서함의 부작용도 무시 못 한다. 그러나 이 모두가 사랑보다 앞설 수는 없다. 교회가 사랑 위에 지어지지 않은 상태에서 이런 시스템이 들어오면 서로를 구분하는 경계선이 된다. 이 경계가 더 짙고 굵어지면 사랑은 없고 진리만 있는, 사랑 없이 역할로만 움직이는 차갑고 건조한 교회가 되기 십상이다.

나는 순진한 목사가 되겠다고 이야기하곤 한다. 내친김에 순진한 소원 한 가지를 더 말해보겠다. 나는 우리 교회가 내가 목회하는 동안은 조직이나 시스템이 없는 교회가 되기를 진정으로 바란다. 목사가 시켜서 일하는 그런 교회가 안 되기를 소망한다. 남들에게 인정받고자 하는 욕구가 없는 교회가 되면 좋겠다. 진짜 순진한 말일지 모르지만 '하나님만 기쁘게 하는, 그래서 사람을 화목케 하는 그런 교회'라면 더할 나위 없겠다.

속으로 웃는 이들도 있을 것이다. 나도 이런 말을 하며 웃는다. 그런데 웃을 수밖에 없는 현실 때문에 슬프다.

하나님은 어디 계시는가? 예수님이 계시는 곳에 계신다. 내가 쳐놓은 경계선 밖에 계신다. 엉뚱한 곳에서 하나님을 찾지 말자. 순원을 만나면 활짝 웃다가 처음 온 성도를 보면 갑자기 낯빛이 바뀌는 그런 성도가 되지 말자.

오늘부터 여러분 옆 성도가 예수님께서 우리에게 함께하도록 보내신 '작은 자'임을 알자. 여러분이 보내는 작은 관심과 웃음이 오늘 소망을 잃고 마음 둘 곳 없는 누군가를, 심지어 자살 충동에 놓인 사람을 살릴 수 있음을 알자. 이 경계선을 허무는 훈련이 교회 안에서 이루어질 때, 우리의 작은 손을 세상을 향해 내미는 일 또한 자연스러워지고, 사랑 없는 이 시대에 그리스도와 세상을 화목케 하는 직분까지 감당할 수 있다.

요셉은 무성한 가지 곧 샘 곁의 무성한 가지라 그 가지가 담을 넘었도 어떤 이들은 무성한 가지가 휘어져서 자꾸 안으로 들어오기를 원한다. 내 안에서 열매가 열리고 내가 잘되어야 한다고 생각한다. 그 혜택이 나와 내 가까운 이들에게 주어지길 원한다.

그러나 요셉과 같은 인생은 그 무성한 가지가 담을 넘었다. 밖으로 밖으로 뻗어간 것이다. 요셉은 이스라엘 백성뿐 아니라 애굽까지 복되게 한 사람이다. 보디발이라는 애굽 사람의 집에서 종살이할 때도 그 애굽 땅에 하나님이 함께해주셨다. 우리는 애굽을 저주받을 이방 땅으로 생각하지만 하나님은 그 땅에 요셉과 함께해주셨다. 그 결과 어떤 일이 벌어졌을까?

그가 요셉에게 자기의 집과 그의 모든 소유물을 주관하게 한 때부터 여호와께서 요셉을 위하여 그 애굽 사람의 집에 복을 내리시므로 여호와의 복이 그의 집과 밭에 있는 모든 소유에 미친지라 _창세기 39:5

누군가가 하나님의 사람으로 세워지면 그 사람을 통해 수많은 이들이 혜택을 누린다. 그리스도의 지체인 교회가, 그 교회의 지체인 성도 한 사람 한 사람이 하나님께서 물가에 심어주신 화목하게 하는 나무가 될 때, 그래서 담장 밖으로 그 가지를 뻗어나갈 때, 세상은 사랑으로 온통 물들 것이다.

CHAPTER

03

크리스천이 가져야 하는

새로운 생각

하나님의 주권

우리는 하나님의 통치 밖에서 살 만큼 선한가

18 그런즉 하나님께서 하고자 하시는 자를 긍휼히 여기시고 하고자 하시는 자를 완악하게
    하시느니라

19 혹 네가 내게 말하기를 그러면 하나님이 어찌하여 허물하시느냐 누가 그 뜻을
    대적하느냐 하리니

20 이 사람아 네가 누구이기에 감히 하나님께 반문하느냐 지음을 받은 물건이 지은 자에게
    어찌 나를 이같이 만들었느냐 말하겠느냐

21 토기장이가 진흙 한 덩이로 하나는 귀히 쓸 그릇을, 하나는 천히 쓸 그릇을 만들
    권한이 없느냐

22 만일 하나님이 그의 진노를 보이시고 그의 능력을 알게 하고자 하사 멸하기로
    준비된 진노의 그릇을 오래 참으심으로 관용하시고

23 또한 영광 받기로 예비하신 바 긍휼의 그릇에 대하여 그 영광의 풍성함을 알게
    하고자 하셨을지라도 무슨 말을 하리요

    _로마서 9:18~23

하나님의 주권과 인간의 자유의지

창조주이신 하나님은 모든 것을 '다스리시고 통치하신다'. 이것을 '하나님의 주권(sovereign of God)'이라고 한다.

칼뱅은 '하나님의 (절대)주권'을 이렇게 설명한다. "하나님은 스스로 계신 전능자시기에 우리가 그분의 주권적 전능하심을 인정하기를 원하신다." 스스로 계신다는 것은 그분의 존재 이전에 또는 그분보다 더 높은 위치에 어떤 존재도 없다는 말이다. 즉 모든 것이 그분으로부터 왔다, 모든 것이 그분으로부터 시작되었다는 의미를 내포한다.

개혁주의 신학자 헤르만 바빙크는 "하나님은 자존(自存)하시게 지존(至尊)하시며, 주존(主尊)하시게 주권(主權)적이시다"라고 말한다. 스스로 계시는 분이기에 가장 높으신 분이고, 가장 높은 주인이시기에 모든 것을 스스로 결정하시며 다스리신다. 그래서 '하나님의 주권'을 '하나님의 절대주권'이라고 강조하기도 한다. '절대'라는 말은 어떤 것에도 의존하지 않는다는 의미다.

그런데 우리는 '절대'라는 말이 거슬린다. '절대'라는 단어는 '강요, 강압, 통제, 압제' 등의 의미를 가진 듯 여겨진다. 배타적이고, 다른 것을 인정하지 않고, 편협한 것처럼 보인다. 뭔가 내 마음대로 못 하도록 제재하고 억압하는 느낌을 준다. 이 시대는 내가 하는 것에 동의하지 않거나 내 자유를 통제하는 것에 대해 상당한 거부감을 갖고 있다. 마치 '아무리 하나님이라도 나를 마음대로 좌지우지하고 통제하는 것은 도저히 인정할 수 없어'라고 생각하는 것 같다.

이런 맥락에서 구원과 관련한 논문이나 서적을 보면 항상 '하나님의 절대주권'과 함께 언급되는 말이 있는데, '인간의 자유의지'다. 쉽게 말하면 "모든 것이 하나님 마음대로냐? 우리는 로봇이냐? 그냥 구원하면 구원받고 구원 안 해주면 구원 못 받는, 그런 존재냐?"라고 이의를 제기하는 것이다. 그래서 '하나님의 주권'과 '인간의 자유의지'는 특히 구원과 관련하여 뜨거운 논쟁거리다.

그런데 하나님의 주권이 불편하다고 해서 만일 인간의 자유의지를 강조하면 구원에 큰 문제가 생긴다.

구원을 이렇게 이야기하면 얼핏 더 이해하기 쉬워 보인다. 예수님이 십자가로 대속의 은혜를 주시고, 우리는 우리의 자유의지로 그 은혜를 받아들인다. 예수님의 은혜를 받아들이는 것이 믿음인데, 그 믿음이 우리의 자유의지에서 나온 것이라면, 하나님은 십자가로 은혜를 주시고 우리는 우리의 자유의지에서 나온 믿음으로 그것을 받은 것이다.

이런 식으로 이해하면 공평해 보인다. 하나님도 은혜를 주셨고 우리도 믿음으로 받았다. 즉 하나님께서 주권적으로 은혜를 주셨고 인간은 자유의지로 받았다고 하면 이성적으로는 제일 이해가 잘된다.

그런데 여기에는 문제가 있다. '이 구원을 완성시키는 주체는 누구인가?', '구원이 완성되려면 하나님의 은혜만으로 되는가?' 하는 문제다. 위 논리에 따르면 아무리 예수님이 십자가에서 죽으심으로 온 인류를 구원할 은혜를 베푸셨더라도 우리가 자유의지로 안 받겠다고 하면 구원은 이루어지지 않는다. 또 우리가 받기로 결정해야만 구원이 이루어진다면 결국 구원의 마지막 결정권자는 우리가 된다. 그렇다면 구원의 공로는 당연히 우리 인간에게로 돌아간다. 이것은 전혀 성경적이지 않다.

성경에 따르면 우리는 오직 은혜로 구원을 얻으며 그 구원은 하나님께만 모든 공로가 돌아가야만 한다. 우리 인간에게는 어떤 공로도 없다. 그래서 믿음이라는 구원의 수단조차 인간이 소유하거나 인간으로부터 나올 수 없다. 믿음 또한 하나님의 선물이다. 구원의 이유와 결과 모두 하나님의 주권 아래 있는 것이다.

구원은 하나님이 주권적으로 하신 일이라고 성경은 분명히 선언한다. 그리고 구원은 오직 은혜(그리스도께서 행하신 대속의 공로)로 주어지며, 행위로는 구원받을 수 없으므로 오직 믿음(그리스도께서 행하신 대속을 받아들임)으로 구원받는다. 그러므로 하나님께서 베푸신 일방적인 구원에 대한 인간의 반응은 '오직 하나님께 영광'이 되어야 한다.

이것이 종교개혁자들의 외침이다. 오직 성경, 오직 은혜, 오직 믿음, 오직 그리스도 그리고 오직 하나님께 영광. 칼뱅은 이 전부를 한마디에 담았다. "하나님은 주권적이시다." 얼마나 완전한 구원인지 모른다. 우리는 감사하고 감격하고 하나님이 행하시는 일을 찬양할 따름이다.

우리의 최고 존재 목적은 무엇인가

그런데 왜 우리는 감사와 감격과 찬양보다 '하나님의 절대주권'에 저항하려고 하는 걸까? 왜 하나님의 절대주권이 마치 인간의 자유를 통제하고 뭔가 불공평하고 부당하다는 생각을 갖는 걸까? 이는 우리가 이 땅에 존재하는 목적에 대한 몰이해, 오해에서 기인한다.

《웨스트민스터 소요리 문답》은 신앙생활에 필요한 교리에 대한 질문과 대답 형식의 문답서다. 이 책에서 제일 먼저 나오는 질문이 "인간의 최고 목적은 무엇인가?"다. '우리는 왜 사나? 어떻게 살아야 하나? 무엇을 위해 살아야 의미 있는 삶을 살 수 있나?'를 묻는다. 이 질문에 대한 답은 이것이다. "하나님을 영화롭게 하고 그분을 영원토록 즐거워하는 것이다." 쉽게 말해 '하나님께 영광을 돌리면서 살아야 한다. 그것이 제일 잘 사는 것이다'라는 뜻이다.

> 내 이름으로 불려지는 모든 자 곧 내가 내 영광을 위하여 창조한 자를 오게 하라 그를 내가 지었고 그를 내가 만들었느니라 _이사야 43:7

> 이 백성은 내가 나를 위하여 지었나니 나를 찬송하게 하려 함이니라 _이사야 43:21

"영광"은 "찬송"으로 표현되는데, 이때 영광의 의미는 무엇일까? 하나님이 우리를 압도한다는 것이다. 아름다움과 놀라움과 경이로움으로 말이다. 웅장한 오케스트라 음악에 압도당하면 그 곡을 듣는 내내 우리 심장은 흥분으로 두근대고 놀라움과 경이로움으로 가득 찬다. 그러다 곡이 끝나면 기립하여 우레와 같은 환호성과 박수를 보내고 휘파람을 분다.

하나님께 영광 드린다는 것은 그분이 행하신 놀라운 일에 감사와 찬양과 감격으로 반응하는 것을 말한다. 우리 인생에 하나님이 역사하시면 반드시 놀랍고 경이로운 일을 경험하게 되며, 우리는 하나님께 환호와 찬양과 감사의 박수를 쳐드릴 수밖에 없다. 하나님은 이렇게 하나님을 찬양하도록 우리를 지으셨다.

더 나아가 하나님께 영광 드린다는 것은, 하나님께서 우리에게 은혜를 베푸시고, 우리는 그 은혜에 대해 하나님께 감사를 표현한다는 뜻이다. 이는 일방적인 관계가 아닌 하나님과 인간 사이의 상호관계성을 포함한다. "하나님을 무조건 찬양해야 해"라는 식의 독재, 강제가 아니다.

하나님께서 우리를 이렇게 만드신 것에 대해 우리는 어떠한 이의도 달 수 없다. 인간은 인간의 창조자가 아니기 때문이다.

예를 들어 의자는 그냥 만든 것이 아니다. 서 있으면 피곤하니 앉으려고 만든 것이다. 의자의 디자인이나 놓이는 장소는 다 다르다. 디자인은 수백 수천 종에 이를 테고 놓이는 장소도 셀 수 없이 많을 것이다. 그러나 목적은 하나다. 앉기 위한 것이다. 여기에 대해 우리는 반론을 제기할 수 없다. 의자를 발명하고 만든 사람이 그 목적으로 만들었기 때문이다.

창조자 하나님에게만 온 세계와 인간을 만드신 이유가 있다. 우연히 또는 하나님이 심심해서, 장난삼아서, 시간이 남아돌아서 한번 만들어본 존재가 아니다. 우리는 창조자의 그 목적에 따라 피조되었음을 잊지 말아야 한다.

자유가 탐욕을 만날 때

사람은 다양한 삶의 형태로 살아간다. 똑같은 운명을 가지고 태어나는 이는 없다. 하나님께서 각자에게 주신 은사와 재능으로 살아간다. 그러나 목적은 같다. 우리는 하나님과 관계를 맺고 그분을 찬양하면서 살아야 한다.

그런데 만일 이 목적을 놓쳐버리면, 인간의 최고 목적에 놓여야 할 하나님의 영광 대신 다른 것들이 우리 삶의 목적을 차지한다. 하나님이 아닌 나 자신을 영화롭게 하고, 하나님을 기쁘게 하는 대신 내 육신을 기쁘게 하는 일에 몰두한다. 삶의 동기와 에너지가 온통 '나'로 집중되고 '육체의 욕심'에 빠져든다. 한마디로 '탐욕'의 삶을 추구하게 된다.

5 육신을 따르는 자는 육신의 일을 영을 따르는 자는 영의 일을 생각하나니 6 육신의 생각은 사망이요 영의 생각은 생명과 평안이니라 7 육신의 생각은 하나님과 원수가 되나니 이는 하나님의 법에 굴복하지 아니할 뿐 아니라 할 수도 없음이라 8 육신에 있는 자들은 하나님을 기쁘시

우리 인생은 영을 따르는 길과 육신을 따르는 길로 나뉜다. 그리고 이 2가지는 늘 상반된 결정을 내린다. 여기에는 중요한 메시지가 들어 있는데, 특히 육신의 생각이 강해지면 하나님의 법에 "굴복하지 않는다". 반면에 이와 달리 영적 존재로서 살아가는 삶은 하나님 앞에 "굴복한다".

육신을 따르는 삶을 거슬러 저항하는 것이 쉬울까? 성령을 따르기 위해 육신을 굴복시키는 일이 쉬울까? 그렇지 않다. 내가 1만 달란트라는 엄청난 빚을 탕감받았으면 다른 사람이 내게 진 빚 100데나리온 정도는 탕감해주어야 마땅하다(1달란트는 6천 데나리온이며, 1데나리온은 하루 일당이다). 자연스러운 일이고 이론상으로는 맞는데 이것이 잘 안 된다. 육신에 갇히면 사람은, 내가 탕감받은 일은 위기를 잘 넘어간 것이고, 거기다 빌려준 돈까지 받아내면 내가 더 편하고 풍성한 삶을 살 수 있다고 생각한다. '탐욕'의 논리가 고스란히 드러난다.

오랜 옛날 이스라엘은 북이스라엘과 남유다 두 왕국으로 나뉘어 있었다. 그러다 예레미야 시대에 이르면 북이스라엘은 이미 100년 전에 앗수르에 멸망당하고 남유다만 남는 상황이 된다.

이 남유다에 하나님께서 재앙을 내리리라 경고하신다. 이유가 뭐였을까? 인간의 존재 목적에 근거하여 설명하자면, 하나님의 영광을 위한 삶을 살지 않고, 하나님이 기뻐하실 결정을 하지 않았기 때문이다. 남유다 백성은 그들에게 주어진 자유를 가지고 자기네 영광만을 추구하면서 살았다. 이것은 창조의 목적과 전혀 다른 삶이다.

> 땅이여 들으라 내가 이 백성에게 재앙을 내리리니 이것이 그들의 생각
> 의 결과라 그들이 내 말을 듣지 아니하며 내 율법을 거절하였음이니라
> _예레미야 6:19

그들은 도대체 무슨 생각을 하고 있었을까? 그들 머리에는 온통 '농사
에서 풍요로움을 얻고자 하는 마음'뿐이었다. 풍요로움이 자신들을 행복
하게 해줄 것이기에 그 풍요를 얻을 수만 있다면 굳이 하나님을 의지하
기보다는 바알이라는 우상을 섬겨도 상관없다고 생각했다.

'나만 돈 잘 벌면 돼. 돈은 나에게 행복을 가져다줄 거야. 우상이라도
괜찮아. 돈만 많으면 다른 건 다 상관없어.' 혹시 여러분은 지금 이런 생
각을 하고 있지 않은가? 이 생각이 하나님께서 우리를 창조하실 때 목적
에 맞을까? 전혀 아니다. 완벽하게 반대. 모든 생각과 결정의 핵심 기
준이 하나님의 기쁨과 영광이 아니라 내 기쁨과 내 영광이다. 내 탐욕을
채울 수 있는 우상으로 가득 찬 생각이다.

그러면서 하나님이 주신 율법은 거부한다. 하나님은 내가 원하는 만
큼의 풍요를 주지 않는 분이라고, 그러니 통제하지 말라고 반발한다. 맞
다. 하나님은 우리에게 복을 주시지만 결코 우리 육신의 만족, 탐욕을 채
워줄 만큼의 풍요는 주지 않는다. 그것이 우리를 망치는 길임을 아시
기 때문이다.

왜 광야에서 하나님은 이스라엘 백성에게 맛도 없고 영양가도 풍부하지 않은 만나만 주셨을까? 더 맛있고 영양가 있는 음식은 주실 수 없었을까? 아니다. 주실 수 있었다. 나중에 고기를 요구한 이스라엘에게 메추라기를 쌓이도록 주셔서 얼마든지 먹을 양을 공급하신다.

우리는 늘 이렇게 생각한다. '하나님. 처음부터 만나 말고 고기를 주시지 그러셨어요? 진작 이러실 수 있었는데 왜 이렇게 감질나게 주세요?' 답을 해보자. 만나보다 고기가 더 좋은 것이라는 우리 생각이 과연 맞는 생각일까? 옳은 생각일까? 만일 옳다면 우리 생각이 하나님 생각보다 더 뛰어난 셈이다. 하나님은 우리보다 한참 못 미치는 분이다. 그러니 제대로 생각을 못 하고 만나 따위밖에 안 주신다.

과연 그럴까? 당연히 아니다. 만나보다는 고기가 좋다는 이스라엘 백성의 판단은 오직 육신을 즐겁게 하고 만족케 하는 '탐욕'의 기준에만 따른 것이다. 그들은 하나님께 뭐라고 불평했는가? 직설적으로 말하면 "힘을 못 쓰겠다. 정력이 떨어졌다. 그러니 힘 좀 쓸 음식이 필요하다"라는 것 아닌가?

그러나 하나님은 만나를 통해 하나님의 통치를 알려주신다. "너희가 먹을 양식은 하늘로부터 오며 그 만나는 그치지 않을 것"이라는 사실을.

우리가 내리는 선택과 결정을 너무 믿지 말자. 우리 기준이 늘 탐욕에 사로잡혀 있음을 되새기자. 하나님의 주권에 대항하여 달라고 하는 그 자유가 탐욕을 만나면 엉뚱한 결과, 하나님이 만드신 인간의 목적과는 전혀 다른 방향으로 갈 수 있음을 경계하자.

마틴 로이드 존스는 이 사실을 날카롭게 비판한다. 악인에 대해서는 자유의지를 빼앗아서라도 막아야 하는데 하나님이 허용하셔서 이런 일이 벌어졌다며 하나님 탓을 한다고. 반면에 나에 대해서는 막지 말고 내가 하고자 하는 일을 하도록 허용해야 하는데 막는 바람에 손해 봤다며 또 하나님 탓을 한다고.

저 사람은 악하니 의지를 막아야 하고 나는 선하니 의지를 막아서는 안 된다는 논리다. 누가 인생의 결정권자인가? 누가 사람을 판단하고 심판하여 선과 악을 판가름하고 있는가? '나'다. 더 구체적으로, 나의 탐욕을 채울 수 있는가, 아니면 손해 보는가가 우리의 유일한 기준일 때가 많다. 나는 하나님의 통제 밖에서 자유롭게 살 만큼 선한가? 저 사람보다 더 자유를 허용받아야 할 만큼 훌륭한가? 과연 만나는 고기보다 못한 음식인가? 그렇지 않다. 우리는 주권자가 아니다. 하나님만이 주권자시다.

우리는 하나님께 지음 받은 존재다. 그분은 우리를 만드실 때 목적을 두셨다. 그 목적은 하나님께 찬양과 영광을 돌리는 것이다. 그분은 우리에게 영광 받으시고 찬양받으시기 위해 주권적으로 역사하신다. 하나님께 영광 돌리는 목적으로 지음 받은 인간은 마땅히 하나님의 주권을 인정해야 한다. 그리고 그것은 인간의 자유를 제한하는 것이 아니다. 다만 인간이 탐욕을 목적으로 욕망을 채우려들고 스스로가 하나님의 영광된 자리를 대신하려고 할 때, 하나님은 인간의 자유를 막으심으로 인간이 지음 받은 목적에서 벗어나지 않도록 인도하신다. 만일 탐욕을 채우기 위해 자유를 요구한다면 하나님은 그 자유를 제한하실 수 있는 분이다.

우리는 모든 것에 자유다. 심지어 죄를 짓는 것도 자유다. 하나님은 완전한 자유를 인간에게 주셨다. 인간은 자유롭게 행할 수 있다. 하나님도 주권적으로 행하신다. 그러나 이 말만은 꼭 기억하자. "인간의 자유는 하나님의 주권을 제한할 수는 없습니다."(R. C. 스프로울)

사도 바울의 고민: 왜 유대인은 구원받지 못하고 있나

사도 바울에게는 고민이 있었다. '왜 나와 같은 혈통인 유대인은 정작 구원에 들지 못하고 이방인들만 구원받고 있는가?' 하는 고민이었다. 사도 바울은 구원이 철저하게 하나님의 주권에 달려 있다는 사실을 알았던 사람이다.

> 4 곧 창세 전에 그리스도 안에서 우리를 택하사 우리로 사랑 안에서 그 앞에 거룩하고 흠이 없게 하시려고 5 그 기쁘신 뜻대로 우리를 예정하사 예수 그리스도로 말미암아 자기의 아들들이 되게 하셨으니 _에베소서 1:4~5

강력한 표현이다. 하나님이 직접 주권적으로 택하시고, 심지어 예정하셨다. 그런데 하나님이 주권적으로 택하시고 예정하신 민족이라면 이스라엘 백성 즉 유대인이 빠지면 안 된다. 이스라엘 민족의 역사는 하나님을 빼놓고는 설명할 수 없다. 하지만 그들은 지금 예수님을 그리스도로 받아들이지 않아 끝내 구원에서 제외되고 있다. 이런 결과를 보며 사도 바울은 너무 마음이 아프다.

> 1~2 내가 그리스도 안에서 참말을 하고 거짓말을 아니하노라 나에게 큰 근심이 있는 것과 마음에 그치지 않는 고통이 있는 것을 내 양심이 성령 안에서 나와 더불어 증언하노니 3 나의 형제 곧 골육의 친척을 위하여 내 자신이 저주를 받아 그리스도에게서 끊어질지라도 원하는 바로라 _로마서 9:1~3

사도 바울은 그 이유도 알고 있다.

> 어찌 그러하냐 이는 그들[유대인]이 믿음을 의지하지 않고 행위를 의지함이라 부딪칠 돌에 부딪쳤느니라 _로마서 9:32

예정이란 무엇인가? 하나님이 구원할 자와 구원하지 않을 자를 구분하셨다는 것이다. 앞에서 구원은 은혜로 받는 것이라고 했다. 우리 공로는 전혀 없다. 심지어 믿음조차 우리의 의지적 결단이 아니다. 믿음 또한 하나님이 주셔야만 우리에게 주어지는 선물이다. 구원과 관련해서 인간의 공로는 전무하다.

그렇다면 이런 질문이 가능하다. "유대인이 믿음에 의지하지 않고 행위에 의지한 것은 하나님이 주권적으로 믿음을 주시지 않았기 때문 아닌가? 그래서 예정에서 제외한 것 아닌가?"

결론부터 말하자면 이렇다. "예정은 하나님의 주권 아래서 하나님이 결정하시는 영역이며, 성경에는 누가 구원받고 받지 않는지에 대한 기준이 없으므로 분석 자체가 불가능한 영역이다. 그러나 다만 그것이 하나님의 불의함이나 불공평함은 아니라는 사실은 설명 가능하다."

우리 수준에서 이를 설명해보자. 주권자이신 하나님의 구원을 위한 선택은 3가지로 정리된다.

첫째, 모든 사람을 구원하신다.
둘째, 모든 사람을 구원하지 않으신다.
셋째, 부분적으로 사람을 구원하신다.

여러분은 몇 번째가 가장 좋은 선택이라고 생각하는가? 아마 흔히 고기가 만나보다 낫다고 여기듯이, 모든 사람을 구원하시는 것이 선이라고 생각할 것이다. 그래서 구원받지 못한 유대인을 보면서 하나님은 불공평하다고 느낀다. 누구는 구원하고 누구는 구원하지 않음에 불편함을 느끼는 것이다.

하나님의 주권은 이해되는 것이 아니라 선포되는 것

그럼에도 우리가 꼭 염두에 두어야 할 질문이 있다. "그렇다면 왜 하나님은 그렇게 하시지 않는가?"다.

우리가 생각하는 기준, 다시 말해 모든 사람이 구원받는 것이 가장 선하다는 우리 기준보다 하나님의 기준이 못하기 때문일까? 우리보다 하나님이 덜 선하시기 때문일까? 그건 아닐 것이다. 하나님은 이 구원을 위해 스스로 인간이 되어 죽으신 하나님임을 기억하자. 그분은 사랑이시다. 그분은 선하시다. 우리보다 훨씬, 아니 비교 불가능하게 선하신 분이다. 이런 분이 그렇게 하실 때는 이유가 있을 것이다. 그러나 우리는 다 알 수가 없다. R. C. 스프로울의 《하나님의 예정과 선택》(생명의말씀사, 2014)의 내용을 근거로 설명을 해보려고 한다. 다만 우리 수준에서 이렇게 설명함으로써 조금이나마 이해가 되기를 바랄 뿐이다.

- 모든 인간은 예외 없이 죄인이다.
- 하나님이 공의롭다는 것은 죄인에 대해 벌을 내리신다는 것이다.
- 하나님은 주권자시므로 긍휼과 사랑으로 죄인에게 면책(구원)을 내릴 수 있다.
- 구원받은 자는 죄인임에도 주권자에게 은혜를 입은 것이다.
- 구원받지 못한 자는 죄에 대해 공의로운 대가를 받은 것이다.
→ 결론 1: 그 누구도 부당한 대우를 받지 않는다.

- 우리는 인간적으로 모든 사람에게 똑같이 긍휼을 베푸시기를 구할 수는 있다.

→ 결론 2: 공의로우신 하나님이 죄인에게 긍휼을 베풀어야 할 의무는 없다.

우리가 이해할 수 있는 설명은 여기까지다. 이제 우리 모두에게 주시는 성경 결론을 소개한다. 이 말씀을 믿음으로 받기 바란다.

19 혹 네가 내게 말하기를 그러면 하나님이 어찌하여 허물하시느냐 누가 그 뜻을 대적하느냐 하리니 20 이 사람아 네가 누구이기에 감히 하나님께 반문하느냐 지음을 받은 물건이 지은 자에게 어찌 나를 이같이 만들었느냐 말하겠느냐 21 토기장이가 진흙 한 덩이로 하나는 귀히 쓸 그릇을, 하나는 천히 쓸 그릇을 만들 권한이 없느냐 22 만일 하나님이 그의 진노를 보이시고 그의 능력을 알게 하고자 하사 멸하기로 준비된 진노의 그릇을 오래 참으심으로 관용하시고 23 또한 영광 받기로 예비하신 바 긍휼의 그릇에 대하여 그 영광의 풍성함을 알게 하고자 하셨을지라도 무슨 말을 하리요 _로마서 9:19~23

하나님의 주권은 이해되는 것이 아니라 선포되는 것이다. 우리는 그분의 주권을 다 이해할 수 없고, 또한 그분은 당신의 주권을 우리에게 이해시킬 의무가 없으시다.

존 파이퍼는 성경 말씀에 감동받아 교수 생활을 그만두고 목회로 뛰어든 인물로 유명하다. 그의 사고 체계에 대반전을 가져온 성경 본문이 바로 위에서 소개한 로마서 9장이다.

철저하게 인간 중심 사고를 하는 사람들은 하나님의 주권이 그저 인간인 자기가 허용하는 범위에서 행해지기를 요구한다. 그리고 자기가 생각하는 범위를 넘어서거나 이해할 수 없는 일이 벌어지면 싫어한다. 그러면서 감정적 반응을 표출하는데 '분노'다. 자신이 늘 하던 방식인 인간 중심 사고 체계를 뛰어넘어버리는 하나님으로 인해 마음이 불편해지고, 그것을 참지 못해 불만이 분노로 표출되는 것이다.

이전까지는 존 파이퍼도 마찬가지였다. 그러던 그에게 사고 체계의 대전환이 일어났다. 매일 로마서 9장을 공부하던 중 하나님이 얼마나 장엄하고 자유롭고 크신 분인지 알고, 그 순간부터 그의 연구는 '경배'로 바뀌었다.

한편 척 템플턴이라는 전도유망한 신학생이 있었다. 알려진 바로는 빌리 그레이엄보다 훨씬 더 설교를 잘했던 인물이다. 그런데 어느 날 그는 한 전단지를 보고 크게 분노했다. 비가 오지 않아 수많은 사람들이 죽어가는 아프리카 상황을 보여주는 전단지였다. 그는 "하나님만이 비를 주실 수 있는 분인데, 비를 주시지 않는다는 것은 하나님은 선하지 않거나 존재하지 않는 것"이라는 성급한 결론을 내리고 무신론자가 되고 말았다.

척 템플턴과 존 파이퍼의 결정적인 차이는 사고 체계의 전환이 일어나지 못했다는 데 있었다. 척 템플턴은 자기 이해의 범위를 넘어서는 일에 맞닥뜨리자 분노했고 끝내 하나님을 떠났다. 인간적인 사고 체계의 한계를 극복하지 못한 결과였다.

하나님께서는 존 파이퍼에게 이렇게 말씀하셨다.

"나는 단순한 분석의 대상이 아니라 흠모의 대상이다. 음미할 대상이 아니라 선포할 대상이다. 주권은 조사의 대상이 아니라 널리 전파할 대상이다."

우리 모두에게 이와 동일한 하나님의 음성이 들리기를 바란다.

하나님의 작정

하나님의 큰 계획 안에서 우리는 자유다

당신들은 나를 해하려 하였으나 하나님은 그것을 선으로 바꾸사 오늘과 같이
많은 백성의 생명을 구원하게 하시려 하셨나니

_창세기 50:20

우리 모두는 은혜로 일당 받은 일꾼이다

마태복음 20장을 보면 포도원 품꾼에 대한 비유 말씀이 나온다. 내용을 간단히 요약하면 다음과 같다.

포도원 주인이 포도원에서 일할 사람을 구하러 길거리로 나간다. 포도원에서 일꾼을 구한다는 것은 포도 수확을 할 때라는 의미다. 길거리에는 할 일이 없어서 빈둥거리는 사람들이 있다. 당시 빈둥거리고 놀고 있다는 것은 그만큼 일을 할 만한 가치가 없는 사람들임을 말한다.

포도원 주인은 이른 아침부터 시작해 오전 9시, 12시 정오, 그리고 오후 3시까지 거듭 나가서 일꾼들을 데려와 일을 시킨다. 모두 하루 품삯으로 한 데나리온을 주기로 계약한다. 그런데 포도원 주인이 일 마감 한 시간 전인 오후 5시에 또 일꾼들을 데려온다. 아마 다들 의아했을 것이다. '일이 다 끝나가는데 뭐 하러 데려왔을까' 하고 말이다. 이윽고 일이 끝나 일당을 받는 시간이 되었다. 이때 재미있는 장면이 목격된다. 일 끝나기 한 시간 전인 오후 5시에 들어온 일꾼들에게도 하루 품삯을 온전히 준 것이다. 아마 일꾼들이 술렁이기 시작했을 것이고, 새벽같이 일하러 온 일꾼들은 은근히 기대를 했을 것이다. '한 시간 일한 사람도 일당을

다 받는데 우리는 더 많은 일당을 받지 않을까?'

그런데 포도원 주인은 새벽부터 온 사람들에게도 똑같은 일당만 지급한다. 그러자 그들이 불평한다. "아니, 이런 경우가 어디 있소? 한 시간 일한 사람도 하루 일당이고 하루 종일 일한 사람도 하루 일당이라면 이건 불공평하지 않소?"라고.

여러분이 이런 처지라면 어떤 마음이 들었겠는가? 아마 똑같은 반응을 보이지 않았을까? 그러자 포도원 주인이 말한다.

> 13 주인이 그 중의 한 사람에게 대답하여 이르되 친구여 내가 네게 잘못한 것이 없노라 네가 나와 한 데나리온의 약속을 하지 아니하였느냐 14 네 것이나 가지고 가라 나중 온 이 사람에게 너와 같이 주는 것이 내 뜻이니라 _마태복음 20:13~14

앞에서 '하나님의 주권'에 대한 이야기를 나누었다. 하나님의 주권은 하나님 마음대로 아무렇게나 막 결정하신다는 의미가 아니다. 위 이야기를 예로 들어 설명하면 이렇다.

- 공의의 하나님: 일꾼들에게 일당을 주기로 한 약속을 지키신다.
- 긍휼의 하나님: 한 시간만 일한 사람들에게도 일당을 주어 은혜를 베푸신다.
- → 결론: 누구도 부당한 대우를 받은 사람이 없다.

한쪽 사람들은 약속한 대로 일당을, 또 한쪽 사람들은 긍휼을 받았다. 품삯을 못 받거나, 받기로 한 일당보다 적게 받은 사람은 없었다. 공의롭지 못한 일은 전혀 없었다.

새벽부터 온 사람들은 왜 이 상황을 부당하다고 보았을까? '사람의 탐욕' 때문이라고 할 수 있다. 탐욕은 받기로 한 일당 이상의 돈을 받고 싶은 욕심을 말한다. 원래 한 데나리온만 받기로 했음에도 마지막에 와서 긍휼을 입은 일꾼들을 기준으로 더 많은 돈을 받겠다는 생각을 한다. 탐욕이 자기도 모르게 기준을 바꾸어버린 것이다. 따라서 부당한 쪽은 포도원 주인이 아니라 불평하는 일꾼들이다. 이것은 처음 계약과 기준에서 보면 정당한 요구가 아니다. 이러한 탐욕의 기준으로 하나님의 주권을 바라보면 나오는 증상이 바로 '분노'다.

여러분은 어떤가? 혹시 스스로를 새벽부터 일한 일꾼이라고 여기고 오후 5시에 온 일꾼과 비교하면서 자신이 더 특별한 대우를 받아야 하는 존재라고 생각하지 않는가? 우리의 문제점은 자신이 오후 5시에 와서 은혜로 살아가는 존재임을 망각하고 늘 이른 새벽에 와서 하나님을 위해 열심히 일했다고 생각하는 것이다. 더 나아가 그렇기 때문에 더 많은 것을 받아야 한다고 주장하는 것이다.

설령 우리가 새벽부터 와서 일한 일꾼이라 할지라도, 일을 잘해서 부름을 받은 것이 아님을, 일꾼으로 써주는 데가 없어 어슬렁거리고 빈둥대며 놀고 있던 가치 없는 사람이었음을 잊으면 안 된다. 그런 우리를 먼저 불러주시고, 일당을 주는 은혜를 베푸신 하나님께 감사하는 마음을 잊어버리면 안 된다. 우리 모두는 오후 5시에 불려와 은혜로 일당 받은 일꾼이다!

성경에서 말하는 하나님의 주권을 다시 한 번 상기해보자.

> 20 이 사람아 네가 누구이기에 감히 하나님께 반문하느냐 지음을 받은 물건이 지은 자에게 어찌 나를 이같이 만들었느냐 말하겠느냐 21 토기장이가 진흙 한 덩이로 하나는 귀히 쓸 그릇을, 하나는 천히 쓸 그릇을 만들 권한이 없느냐 _로마서 9:20~21

게다가 우리의 토기장이인 하나님은 어떤 분이신가?

> 3 찬송하리로다 하나님 곧 우리 주 예수 그리스도의 아버지께서 그리스도 안에서 하늘에 속한 모든 신령한 복을 우리에게 주시되 4 곧 창세 전에 그리스도 안에서 우리를 택하사 우리로 사랑 안에서 그 앞에 거룩하고 흠이 없게 하시려고 5 그 기쁘신 뜻대로 우리를 예정하사 예수 그리스도로 말미암아 자기의 아들들이 되게 하셨으니 _에베소서 1:3~5

하나님은 우리에게 늘 좋은 일을 행하시는 분임을 기억해야 한다. 하나님은 복 주기를 좋아하시고, 선하시고 인자하시며, 긍휼 베풀기를 기뻐하시는 분이라는 것, 그리고 그분의 기쁘신 뜻을 따라 역사하신다는 것을 믿음으로 받아야 한다.

구원은 전적인 하나님의 절대주권 그리고 은혜로 이루어지는 하나님의 사역이다. 인간의 공로는 없다. 그분의 주권 아래서 예정되고 선택될 만한 어떤 이유도 우리에게는 없다. 그러므로 우리는 하나님의 선하심을 신뢰하고, 하나님께서 기뻐하시는 대로 우리를 이끌어가심에 감사하고, 하나님께 영광 돌리는 것이 마땅하다.

하나님의 주권과 인간의 선택은 모순?

구원은 하나님의 주권적 은혜로 이미 예정되어 있다. '그렇다면 하나님의 선택과 은혜로 구원받은 우리 인간은 가만히 있으면 되는 것 아닌가? 이미 다 정해졌으니 운명 아닌가?'라고 생각하기가 쉽다.

그런데 성경은 인간의 책임에 대해서도 언급하고 있다. 예를 들어 요한복음 3장 니고데모와 예수님의 만남을 보자.

유대인의 지도자인 니고데모라는 바리새인이 예수님을 밤에 몰래 찾아온다. 아마 진리를 알고 싶었으리라. 예수님은 니고데모에게 말씀하신다. "거듭나지 않으면 하나님 나라를 볼 수 없다"라고. 거듭난다는 것은 말 그대로 두 번 태어나야 한다는 뜻이다. 첫 번째는 물론 어머니 배 속에서 태어나는 것이고, 여기에 더해 두 번째로 다시 태어나야만 하나님 나라를 볼 수 있다고, 즉 구원에 이를 수 있다고 하신 것이다.

니고데모는 당황한다. '아니, 어머니 배 속으로 들어가서 다시 태어나는 게 말이 되는가?'라고. 당연한 반응이다. 태어남을 육체적인 의미 외에는 상상할 수 없었기 때문이다. 이에 예수님은 이렇게 말씀하신다.

> 7 내가 네게 거듭나야 하겠다 하는 말을 놀랍게 여기지 말라 8 바람이
> 임의로 불매 네가 그 소리는 들어도 어디서 와서 어디로 가는지 알지
> 못하나니 성령으로 난 사람도 다 그러하니라 _요한복음 3:7~8

부모의 육신을 통해 태어날 때도 우리가 할 수 있는 일은 전혀 없다. 그저 택함을 받았을 뿐이다. 거듭남 또한 같은 원리다. 우리가 할 수 있는 것이 아니라 "성령께서 태어나게 하시는 것" 외에는 방법이 없다.

신앙생활 오래 한 이들 중에도 거듭남에 대해 '믿음으로' 거듭난다고 오해하는 경우가 많다. 성경적으로 거듭남은 오직 성령께서 주권적으로 하시는 일이다. 우리의 믿음에 따라 일어나는 사건이 아니다. 육신의 부모로부터 태어난다는 의미를 생각해보면 어렵지 않다. 태어남은 자녀가 선택할 수 없는 일이다.

이 말씀을 다시 정리해보자. "믿음으로 거듭나는(태어나는) 것이 아니라 성령께서 거듭나게(태어나게) 하심으로 믿을 수 있게 되는 것이다."

그런데 예수님은 이 말씀을 하시고 나서 요한복음 3장 뒷부분에서 우리가 잘 아는 인간의 책임에 관련된 말씀을 하신다.

하나님이 세상을 이처럼 사랑하사 독생자를 주셨으니 이는 그를 믿는

앞에서는 성령께서 주권적으로 거듭나게 하심이 있어야 믿게 된다고 하셔놓고, 결론부에서는 우리가 믿어야 한다고 하신다. 당장 이런 질문이 터져 나올 법하다. "아니, 목사님. 그럼 뭡니까? 거듭남은 하나님의 주권 영역에 속하는 성령에 의해 가능한 것인데, 동시에 '믿는 자'에게 영생이 주어진다면 결국 우리가 믿어야 한다는 것이잖아요. 이건 모순 아닙니까?" 성령이 거듭나게 하지 않으면 우리가 믿을 수 없다면서 우리에게 믿음을 요구하니 모순처럼 들리는 것이다.

게다가 "사람에게 구원에 대한 책임이 있다면, 구원에 대해 사람이 뭔가 기여해야 한다는 의미니, 사람의 공로도 있는 것 아닙니까?"라는 질문이 가능하다. 구원이 하나님의 주권적 은혜 주심으로, 인간의 공로 없이 이루어진다는 이야기와 다른 것처럼 여겨지기 때문이다.

그러나 성경은 분명히 하나님의 주권과 인간의 책임을 동시에 말하고 있다. 이런 내용은 교회에서 다루지 않으려 회피하거나 또 어렵다고 생각해서 성도들과 나누기를 꺼려하기 쉽다. 그러나 반드시 짚고 넘어가야 한다. 이것을 해결하지 않으면 신앙에 맹점이 생긴다.

어떤 사람은 하나님의 주권만 강조해 하나님이 모든 것을 알아서 해주신다고 생각하는 운명론, 숙명론과 같은 잘못된 신앙에 빠진다. 또 어떤 사람은 인간의 책임을 강조해 하나님의 주권을 훼손하는 잘못을 범한다. 하나님을 조종할 수 있다고 생각하면서 그것을 믿음이라고 명분입네

내세워 잘못된 신앙생활을 하게 된다.

그럼 이 부분을 어떻게 설명할 수 있을까?

미국의 그레이스커뮤니티교회 존 맥아더 목사님의 설교 내용을 간추려 인용해본다.

"하나님의 주권과 인간의 책임이 동시에 나오는 것을 불편해하지 마라. 성경이 완전한 하나님의 주권적인 구원과 인간의 공로는 조금도 없음을 분명히 말하면서 동시에 인간의 책임을 말하고 있다는 사실을 이해할 수 없는 영역으로 인정하라. 두 가지를 조화시킬 능력이 없음을 인정하고, 그대로 받아들이면 된다."

이제 인간의 책임에 대한 몇 가지 성경의 예를 살펴보자.

하나님은 우리의 선택을 강제하지 않으신다

유대인이 구원받지 못한 것은 하나님이 예정하고 선택하지 않으신 때문이라고 말할 수 있다. 그러나 성경은 동시에 유대인이 믿지 않은 것에 대해 책임을 지우고 있다.

30 그런즉 우리가 무슨 말을 하리요 의[율법]를 따르지 아니한 이방인들이 의를 얻었으니 곧 믿음에서 난 의요 31 의의 법을 따라간[율법을 지키는 행위로 의로워지겠다는] 이스라엘은 율법에 이르지 못하였으니

32 어찌 그러하냐 이는 그들[유대인]이 믿음을 의지하지 않고 행위를 의지함이라 부딪칠 돌에 부딪쳤느니라 _로마서 9:30~32

유대인이 구원에 들지 못한 것은, 토기장이가 진흙을 마음대로 다룰 주권이 있는 것처럼 하나님의 선택이 없었기 때문으로 설명할 수 있는 동시에, 유대인의 잘못 때문이기도 하다는 말씀이다. 어떤 잘못일까? 행위로 구원을 얻겠다고 율법에 매달려 살아간 점이다. 율법을 지켜서 완전한 의로움에 이르겠다는 잘못된 생각이 예수님을 구원자로 받아들이지 못하게 하는 원인이 되었다는 것이다.

"그럼 하나님이 강제로 유대인을 선택해 구원하면 되지 않습니까?"라로 반문할 수 있다. 그러나 그것은 불가능하다. 하나님은 인간의 자유를 결코 제한하지 않으신다. 억지로 생각을 바꾸거나, 생각을 뒤에서 강력하게 조종함으로써 구원에 이르도록 이끌지 않으신다. 이미 언급했지만 하나님은 사람에게 '완전한 자유' 즉 죄를 선택할 자유까지 주셨기 때문에 그 자유를 침해하지 않으신다. 그러므로 인간은 이런 결정에 대해 책임을 져야 한다.

이렇게 설명할 수도 있다.

- 긍휼하신 하나님: 이방인을 은혜로 구원하신다.
- 공의로운 하나님: 율법에 의존한 결과에 대해 유대인을 심판하신다.
→ 결론: 누구도 부당한 대우를 받지 않았다.

마태복음 19장에서 예수님이 부유한 청년에게 모든 소유를 팔아 가난한 자들에게 나누어주면 영생을 얻을 것이라고 말씀하시자, 청년은 이런 반응을 보인다.

> 그 청년이 재물이 많으므로 이 말씀을 듣고 근심하며 가니라 _마태복음 19:22

하나님이 부자 청년의 마음을 조종해서 가난한 이들에게 돈을 나누어주지 못하도록 강제한 것일까? 아니다. 부자 청년이 재물에 대한 욕심을 버리지 못했으므로, 영생에 이르지 못한 것은 그의 책임이다. 하나님은 청년의 마음을 바꿔 돈을 나눠주도록 강제하지 않으신다. 인간의 자유를 빼앗지 않으신다. 영생을 얻지 못할지라도 하나님은 사람의 마음을 마음대로 바꾸시지 않는다.

로마서 9장에는 출애굽 당시 애굽 왕 바로(파라오)에 관한 이야기가 나온다.

> 17 성경이 바로에게 이르시되 내가 이 일을 위하여 너를 세웠으니 곧 너로 말미암아 내 능력을 보이고 내 이름이 온 땅에 전파되게 하려 함이라 하셨으니 18 그런즉 하나님께서 하고자 하시는 자를 긍휼히 여기시고 하고자 하시는 자를 완악하게 하시느니라 _로마서 9:17~18

바로는 애굽의 장자들이 죽을 때야 비로소 이스라엘 백성을 놓아주었다. 출애굽 하려는 그들을 놓아주지 않아서 10가지 재앙을 받는데도 바로는 마음을 완악하게 하고 보내주지 않았다.

"완악하게 하셨다"는 것은 하나님이 바로를 조종해 악하게 만드셨다는 것이 아니라 바로의 악한 마음을 내버려두셨다는 뜻이다. 우리가 언제나 중시할 사실은, 하나님의 주권적 일하심에는 어떠한 부당함도 없다는 점이다. 바로를 강제로 조종하신 것이 아니라, 자유롭게 악을 행하도록 허용하셨음을 아는 것이 중요하다. 그리고 그 악에 대해 공의롭게 심판하셨다.

만약 여러분이 "그럼 왜 바로에게는 긍휼을 베푸시지 않는가요?"라고 묻는다면 2가지 대답이 가능하다. 첫째, 하나님은 사람을 함부로 조종하지 않으신다. 즉 바로의 악함을 선함으로 바꾸어버리면 그것은 인간의 자유를 제한하는 것이므로 하나님의 창조 섭리에 맞지 않는다. 둘째, 앞에서 살펴보았듯이 누구도 공의로우신 하나님께 구원을 의무로 지울 수 없다. 하나님은 주권적으로 일하시는 분이다.

이사야 10장에는 북이스라엘이 앗수르에 망하는 상황이 묘사된다.

6 내[하나님]가 그[앗수르]를 보내어 경건하지 아니한 나라[이스라엘]를 치게 하며 내가 그에게 명령하여 나를 노하게 한 백성[이스라엘 백성]을 쳐서 탈취하며 노략하게 하며 또 그들을 길거리의 진흙 같이 짓밟게 하려 하거니와 7 그[앗수르]의 뜻은 이같지 아니하며 그의 마음의

생각도 이같지 아니하고 다만 그의 마음은 허다한 나라를 파괴하며 멸
절하려 하는도다 _이사야 10:5~7

하나님이 앗수르를 일부러 악하게 만들어서 이스라엘을 심판하도록
조종한 것이 아니다. 앗수르가 이미 가지고 있던, 수많은 나라를 파괴하
고 멸절하려는 악한 마음을 하나님의 주권 아래서 이스라엘에 내리는 벌
의 도구로 사용하신 것이다. 사실 앗수르는 지금 자기네가 무슨 짓을 하
는지 모른다. 그저 다른 나라를 지배하려는 욕심과 악한 마음뿐이다. 그
리고 공의로우신 하나님은 앗수르의 악함 역시 심판하신다.

그러므로 주께서 주의 일을 시온 산과 예루살렘에 다 행하신 후에 앗
수르 왕의 완악한 마음의 열매와 높은 눈의 자랑을 벌하시리라 _이사야
10:12

여러분은 또 이렇게 질문하고 싶을 것이다. "하나님은 왜 앗수르를 선
하게 바꾸어 이스라엘을 보호하지 않으시는가요?" 앞에서 한 바로의 이
야기와 동일하다. 흔히 우리는 이스라엘을 보호하는 것이 좋은 일이라고
만 생각한다.
답은 똑같다. 먼저 하나님은 인간의 마음을 억지로 조종하지 않으신
다. 사람의 자유를 침해하지 않으신다. 또한 공의로우신 하나님께서 이
스라엘의 패역함을 심판하신 일이 정당하듯 앗수르의 악함을 벌하시는

일 또한 정당하다. 하나님께는 어떤 부당함도 없다.

하나님의 작정, 빅픽처를 보자

《성부 하나님과 성자 하나님: 로이드 존스 교리강좌시리즈 1》(부흥과개
혁사, 2006, 173~182쪽 요약정리)에서 마틴 로이드 존스는 '하나님의 작정(The
Eternal Decrees of God)'을 이렇게 설명한다.

① 아주 우연히 일어난 것처럼 보이는 사건들도 하나님께 통제를 받
고 있는 것이다. 하나님은 어떤 의미에서도, 그리고 아무리 사소한
것이라 할지라도 악을 유발하시지 않는다. 그분은 악을 승인하시
지 않는다.

② 하지만 하나님은 악한 행위자들이 악을 행하는 것을 허용하시며,
그분 자신의 지혜롭고 거룩한 목적을 위해 악을 지배하신다. 하나
님의 모든 작정은 무조건적이고 주권적이다.

③ 하나님의 작정은 어떤 의미에서도 인간의 행동에 의해 좌우되지
않는다. 하나님이 결정하시고 뜻하시는 것은 틀림없이 일어나야만
한다. 하나님의 작정은 그분 자신의 최고로 지혜롭고, 자비하시고,
거룩한 본성과 모든 면에서 완벽하게 일치한다.

④ 다시 말해 하나님 안에는 모순이 없다. 즉 하나님은 우리에게 완전

한 자유를 주셨지만 그럼에도 불구하고 자신의 궁극적 목적이 이루어지도록 하기 위해 그 모든 것을 지배하신다.

⑤ 모든 것이 결정되고 정해져 있다면 왜 그분은 우리를 벌하시는가? 이런 질문을 하는 것은 아무런 의미가 없다. 당신이 영광 가운데 들어가기까지는 궁극적인 이해를 보류해두어야 한다.

⑥ 지금 이곳, 이 시간 속에서 당신이 해야 할 일은 하나님은 언제나 스스로에게 일관성이 있으심을 믿고, 하나님이 그의 영원하신 작정과 창세전에 결정하신 일들에 대해 명백하게 말씀하신 것을 받아들이는 것이다.

요셉의 예를 들어보자. 야곱이 사랑했던 아들 요셉은 아버지의 사랑을 독차지하는 바람에 형들의 미움을 받아 애굽 땅에 노예로 팔려간다. 그런데 나중에 아버지와 형들이 사는 땅에 흉년이 들고, 그때 노예로 끌려갔던 요셉은 하나님의 은혜로 애굽의 총리까지 오른다. 결국 아버지와 형들은 총리가 된 요셉 덕분에 흉년의 위기를 이겨낸다. 이 모든 일을 두고 요셉은 뭐라고 말하는가?

당신들이 나를 이 곳에 팔았다고 해서 근심하지 마소서 한탄하지 마소서 하나님이 생명을 구원하시려고 나를 당신들보다 먼저 보내셨나이다
_창세기 45:5

당신들은 나를 해하려 하였으나 하나님은 그것을 선으로 바꾸사 오늘
과 같이 많은 백성의 생명을 구원하게 하시려 하셨나니 _창세기 50:20

형들이 요셉을 노예로 판 사건의 근원에는, 요셉을 애굽으로 보내셔
서 총리로 삼아 많은 이스라엘 백성을 살리시려 한 하나님의 '빅픽처(big
picture)'가 있었다. 우리는 그저 노예로 팔려가는 요셉을 보면서 하나님
께 이렇게 불평할 뿐이다. "하나님, 왜 형들의 마음을 선하게 바꾸어서
그런 일이 발생하지 않게 하지 않으셨어요?" 우리의 시각은 늘 부분적이
다. 눈앞밖에 안 보인다. 먼 미래는 우리의 몫이 아니다. 그저 지금 당장
요셉이 애굽에 노예로 안 끌려가는 것이 좋은 일이라는 생각밖에 하지
못한다. 그래서 우리에게는 믿음이 필요하다. 하나님의 주권적 선택과
작정하신 계획을 믿는 믿음 말이다.

하나님은 당신의 주권 안에서 그 모든 상황을 합력하여 선을 이루신
다. 하나님은 사람의 악함을 억지로 조종해서 선함으로 바꾸지 않아도
모든 상황을 선하게 만드셔서 선한 결과, 즉 하나님의 뜻대로 바꾸신다.

이러한 하나님의 주권을 믿는다면 오늘 이 한 가지만은 여러분의 삶
에 꼭 적용해보기를 권한다.

'지금 당장의 상황 때문에 낙심하지 말자.'

신앙생활 하면서 주변에 악하다고 생각하는 사람이나 상황이 보이는
가? 그것 때문에 불평불만이 나오는가? 저 사람을, 이 상황을 좀 어떻게
해달라고 하나님께 기도하고 있는가? 하나님은 분명히 사람을 다루실

것이다. 은혜와 긍휼로 변화시킬 수도 있고, 때론 심판을 통해 알게 하시기도 할 것이다. 그러나 우리가 가져야 할 믿음은 뭔가? 하나님은 사람의 자유를 침해하지 않으시며, 그러면서 동시에 반드시 하나님의 주권과 작정하심으로 합력하여 선을 이루신다는 믿음이다.

'저 사람은 대체 왜 저럴까?' '왜 이런 일이 벌어진 거지?' 하고 이해가 안 되는 경우를 만날 것이다. 그때마다 하나님이 이 상황을 보고 계심을 믿자.

왜 많은 사람이 좌절하고 낙심하고 시험에 들까? 부분적인 일을 전부로 보기 때문이다. 지금 당장의 상황이 전부인 것처럼 받아들이면서, 그 상황이 다시는 바뀌지 않고 반드시 잘못될 것으로 생각하기 때문이다.

요셉의 인생을 묵상해보자. '노예로 팔려왔고, 나는 이제 끝이야'라고 생각한다면 시험과 낙망 속에서 살아가게 된다. 그러나 요셉에게 그런 상황은 부분일 뿐이다. 그는 자신의 삶 전체를 지배하는 분, 하나님을 바라본다. 하나님이 그에게 전부가 되자 역사가 일어난다.

하나님은 살아 계시고, 모든 상황을 아시고, 하나님이 기뻐하시는 뜻대로 일하시는 분이다. 당장 눈에 보이는 일 때문에 마음이 무너지지 않기를 바란다.

성도들이 목회자를 볼 때도 마찬가지다. 목회자 때문에 시험에 들지 말자. 목사인 나 역시 하나님이 다루고 계신다. 기도하고 말씀을 붙잡고 하나님의 뜻 안에 들어가 있도록 몸부림치게 하신다. 하나님께서는 때로는 은혜와 긍휼로, 때로는 심판으로 나를 깨우치시고 다루어가신다.

여러분도, 교회도 마찬가지다. 건강한 성도, 건강한 교회는 '하나님의 주권'과 그분의 '작정하심'이 자신의 삶과 교회를 다스리고 계심을 신뢰한다. 사람이나 물질, 인프라에 의존하지 않는다. 또 어느 한 사람 때문에 일희일비하지 않는다. 기도하고 말씀을 묵상하면서 하나님의 큰 안목을 배우고 그렇게 순간순간의 고난을 이겨간다.

하나님이
원하시는 프레임

신앙의 주어를 바꾸어라

병사로 복무하는 자는 자기 생활에 얽매이는 자가 하나도 없나니 이는 병사로 모집한 자를
기쁘게 하려 함이라

_디모데후서 2:4

개혁신앙의 뿌리 되찾기

예전에 들었던 재미난 이야기다.

한 대학생이 시험을 보는데 공부를 안 했다. 그런데 담당 교수가 독실한 크리스천임을 알고 답안지에 시험 문제와 전혀 상관없는 주기도문과 사도신경 등 성경 관련 내용을 열심히 채워 넣었다. 그러고는 "교수님 잘 봐주십시오"라고 메모까지 남겼다. 그랬더니 교수가 시험 답안지에 빨간 글씨로 이렇게 적어 돌려주었다. "회개하라." 이 대학생이 받은 학점은 당연히 F였다.

답안지에 열심히 적는 일 자체는 전혀 중요하지 않다. 정확히 문제를 파악하고 원하는 답을 쓰기 위해 힘써 노력해야 한다. 신앙도 이와 똑같다.

우리가 생각하는 신앙은 전혀 중요하지 않다. 하나님이 주신 성경대로, 하나님께서 우리에게 알려주신 원칙대로 하는 것만이 의미 있는 신앙이다. 개혁신앙을 다루고 교리적인 내용을 내 것으로 만들어야 하는 이유가 여기에 있다. 그것이 하나님이 원하시는 답이기 때문이다.

간혹 개혁신앙의 '개혁'이라는 단어를 '혁명'으로 오해해서 급진적이고 새로운 신앙의 형태로 여기는 경우가 있는데, 이것은 그릇된 시각이다. 중세 16세기에 가톨릭이 부패하여 면죄부로 돈 장사를 하고 성경과 전혀 다른 잘못된 교리에 빠져들었다. 이에 마르틴 루터를 시작으로 성경으로 돌아가자는 신앙이 일어났는데, 이것이 바로 개혁신앙이다. 청교도 신앙이나 장로교 신앙이 대표적인 개혁신앙의 형태다. 지금 모든 교회는 이 개혁신앙에 뿌리를 둔 개혁교회다. 그러나 시간이 지나면서 뿌리가 되는 신앙의 원형을 잃어버리고 왜곡된 모습을 드러내고 있는 것이 오늘날 교회와 성도의 상황이다.

하나님을 아는 바른 지식은 신앙에서 필수다. 절대로 선택이 아니다. 내용이 조금 어렵다고 해서 피해갈 수 있는 문제가 아니다. 우리는 열심을 다해 하나님을 아는 지식을 쌓아 개혁신앙의 뿌리를 되찾아야 한다.

하위 프레임에서 상위 프레임으로: 내가 아니라 하나님의 목적대로

개척 초에 초등부를 담당하는 전도사님이 이단에 대한 강의를 했는데, 이단과 사이비에 대한 정의가 참 인상적이었다.

- 이단: 교리적으로 잘못된 집단. 삼위일체를 거부하는 것이 대표적
- 사이비: 종교를 빙자한 비윤리적·비도덕적 집단

그런데 그 전도사님은 이런 결론을 내렸다. "굳이 이단과 사이비를 구분할 필요가 없다. 신학적으로 잘못된 이론으로 무장한 이단은 반드시

사이비가 되기 마련이다." 다시 말해 잘못된 신앙 지식은 잘못된 삶을 초래한다는 것이다. 우리 역시 마찬가지다. 잘못된 신학 체계가 들어오면 당연히 사이비적 삶이 따라온다.

> 6 내 백성이 지식이 없으므로 망하는도다 네가 지식을 버렸으니 나도 너를 버려 내 제사장이 되지 못하게 할 것이요 네가 네 하나님의 율법을 잊었으니 나도 네 자녀들을 잊어버리리라 7 그들은 번성할수록 내게 범죄하니 내가 그들의 영화를 변하여 욕이 되게 하리라 _호세아 4:6~7

하나님을 아는 지식이 빈약해지면 따라오는 결과가 '범죄'다. 세상 측면으로는 하나님을 등지고도 더 잘살 수 있다. 그러나 하나님 앞에서 범죄자가 된다. 그리고 공의로우신 하나님의 심판 앞에 설 수밖에 없다.

정말 이런 말 하기 안됐지만, 하나님을 아는 지식을 소홀히 하면서 '내 방식대로 열심히 믿으면 되겠지'라고 생각하는 것은 큰 착각이다. 왜 우리가 믿노라 하면서 삶이 잘 안 바뀔까? 사실은 의지와 노력의 문제라기보다, '하나님이 어떤 분이시며, 우리가 받은 구원이 어떠하며, 우리가 어떤 존재인지'에 대한 '앎의 빈약함' 때문이다. 그러나 하나님을 바로 아는 지식이 들어오면 사고 체계가 바뀐다. 쉽게 말해 생각하는 방식이 달라진다. 생각이 바뀌면 드디어 삶에서 신앙의 열매들이 나타난다.

다음 성직자와 어떤 사람의 대화를 보자.

"기도 중에 담배를 피워도 됩니까?" "안 됩니다. 불경한 행위입니다."

"그럼 담배를 피우다가 기도를 해도 됩니까?" "당연히 됩니다. 기도는 언제든 할 수 있습니다."

이 사안은 여러 가지 관점에서 해석이 가능할 테지만, 지금 하고 있는 이야기의 맥락에서 볼 때 이 대화에는 중요한 내용이 빠져 있다. '기도가 무엇인지, 그리고 왜 기도하는지'에 대한 근본적인 고민이 없다. 그저 '기도의 방법'에 대해 논의한다. 본질이 빠진 논쟁은 겉돌거나 엉뚱한 답을 낳을 뿐이다.

서울대 심리학과 최인철 교수는 《프레임: 나를 바꾸는 심리학의 지혜》(21세기북스, 2007, 2016)에서 이와 관련하여 상위 프레임과 하위 프레임 이야기를 한다. 여기서 '프레임'이라는 용어는 사람이 세상을 보는 창, 어떤 문제를 바라보는 관점, 사고방식 또는 고정관념 등을 다 포함한다.

최인철 교수는 "보통 사람들이 자연스럽게 갖기 쉬운 프레임은 대게 하위 수준"이라고 말한다. '당장 먹고살기 바쁜데', '귀찮아서', '남들도 안 하는데' 같은 생각이 하위 프레임이다.

그렇다면 상위 프레임은 하위 프레임과 어떻게 다를까? 하위 프레임은 'How(어떻게)'를 묻지만 상위 프레임은 'Why(왜)'를 묻는다는 데 결정적인 차이가 있다. 상위 프레임에서는 그 일이 필요한 이유와 의미, 목표를 묻고 비전을 찾고 이상을 세운다. 반면에 하위 수준의 프레임에서는 그 일을 하기가 얼마나 어렵거나 쉬운지, 시간이 얼마나 걸리는지, 성공 가능성은 얼마나 되는지 등 구체적인 절차부터 묻는다. 그래서 궁극적인 목표나 큰 그림을 놓치고 항상 주변의 이슈들을 쫓아다니느라 에너지를 허비한다.

신앙 역시 마찬가지다. 엉뚱한 곳에 에너지를 허비하지 않으려면 프레임을 바꾸어야 한다. 가장 기본이 되는 변화는 뭘까? 바로 신앙의 '주어'를 바꾸는 것이다.

우리는 대개 "나는 어떻게 신앙생활 할 것인가?", "내가 무엇을 해야 하는가?"라는 질문을 던지고 답을 찾는다. 이 질문을 "하나님은 왜 나를 신앙으로 부르셨나?"로 바꾸어보자.

내가 신앙생활을 주도하는 것이 아니다. 내가 어떤 목적을 이루기 위해 신앙을 이용하는 것이 아니다. 하나님은 이용의 대상이 아니다. 신앙생활은 '내가 원하는 목적'을 이루기 위함이 아니라 '하나님이 나를 부르신 목적'을 발견하고 그 목적대로 사는 것이다. 그 목적에 맞추어 삶의 방향을 변경하여 사는 것, 이것이 신앙생활이다.

요셉은 형들이 자신을 해치려고 했지만, 총리가 되어 그들을 만났을 때 그 상황을 매우 성경적으로 해석했다. 모든 상황을 주도하신 분이 하나님이심을 믿었다. 주어를 하나님으로 바꾼 것이다.

당신들이 나를 이 곳에 팔았다고 해서 근심하지 마소서 한탄하지 마소서 하나님이 생명을 구원하시려고 나를 당신들보다 먼저 보내셨나이다
_창세기 45:5

당신들은 나를 해하려 하였으나 하나님은 그것을 선으로 바꾸사 오늘

과 같이 많은 백성의 생명을 구원하게 하시려 하셨나니 _창세기 50:20

그동안 요셉은 얼마나 많은 질문을 던졌을까? 얼마나 고통스러운 불면의 밤을 보냈을까? 그러다 마침내 이런 질문에 도달했다. "하나님께서 왜 나를 애굽에 보내셨을까?" 궁극적이고 본질적인 질문이다. 그리고 이 모든 상황에 대해 결론을 얻었다. "하나님께서 그것을 선으로 바꾸"셔서 "하나님께서 생명을 구원하게 하시려"고 이끄신 일이라는 답이었다.

하나님의 큰 그림을 믿고 그분의 인도하심에 자신을 맡긴 요셉이 얻은 결과는 생명의 살림이다. 하나님의 선하심과 인자하심을 믿는 이들은 '지금 당장'의 어려움에 휘둘리지 않는다. 물론 힘들다. 그러나 모든 것이 끝난 것처럼 낙심하지 않는다. 반대로 하나님의 큰 그림에 대한 지식이 없는 사람들은 낙심하고 신앙으로부터 떠나기 쉽다.

문제는 우리가 살아가는 동안 어려움이 한두 번만 오지 않는다는 데 있다. 크고 작은 난관이 시시때때로 찾아든다. 성경적 사고를 하지 못하면, 평생 교회는 다니는데 낙심을 반복할 수밖에 없다.

"내 평생에 가는 길 순탄하여 늘 잔잔한 강 같든지 큰 풍파로 무섭고 어렵든지." 인생을 그대로 녹여낸 찬송가 가사다. 우리 인생은 롤러코스터처럼 오르막과 내리막이 교차하면서 지나간다. 이때 우리가 하나님의 작정하심 안에 있음을 신뢰하면, 하나님이 인생에 주어로 계셔 우리를 이끌어주시면 마지막 고백은 이 찬송가의 후렴이 된다. "나의 영혼이 늘 편하다. 내 영혼 평안해. 내 영혼 내 영혼 평안해."

"도대체 왜 하나님은 나를 먼저 부르셔서 구원하셨을까?" "하나님은 아무 공로 없는 우리를 왜 구원하셨을까?" "하나님은 우리를 왜 수많은 교회 중에서 '우리는교회'라는 곳으로 부르셨을까?" 이런 질문으로 돌아가야 한다.

이러한 상위 프레임에 대해 고민하지 않고 우리는 자꾸 하위 프레임으로 내려가서 우리를 구원하신 하나님을 위해 '내가 무엇을 할까?'라는 생각부터 한다. 내가 하나님을 위해 뭔가를 하려는 그 헌신의 마음 또한 매우 중요하다. 그러나 그 전에 하나님께서 우리에게 원하시는 것이 무엇인지부터 알아야지 우리의 헌신이 의미 있는 헌신이 된다. 하나님이 원하시는 답을 써야 A 학점 받는 성도가 되는 법이다.

먼저 부름 받은 자들이 가져야 할 프레임

로마서 9장에서 11장까지는 구원받지 못하고 있는 유대인들, 즉 사도 바울과 한 핏줄인 친지들과 친구들에 대한 사도 바울의 아픔을 전하고 있다.

내가 그리스도 안에서 참말을 하고 거짓말을 아니하노라 나에게 큰 근심이 있는 것과 마음에 그치지 않는 고통이 있는 것을 내 양심이 성령 안에서 나와 더불어 증언하노니 _로마서 9:1~2

현재도 얼마나 많은 사람들이 하나님을 모르고 살아가는가? 오히려 하나님을 대적하며 살아가는가? 예수를 구원자로 모시지 않아 영원한 형벌 가운데 놓인 풍전등화의 상황인 줄 모르고 제멋대로 사는 이들이 주변에 참으로 많다.

이런 현실 속에서 우리를 먼저 부르신 하나님의 목적을 이루어드리기 위해 우리는 어떤 삶을 살아야 할까? 먼저 부름 받은 우리가 가져야 할 프레임은 무엇일까? 사도 바울을 통해 2가지 프레임을 배워보도록 하자.

첫째, 믿음 없는 사람들을 '긍휼'로 바라보자

왜 우리는 사람들을 긍휼로 대해야 할까? 우리가 하나님께 긍휼히 여김을 받았기 때문이다. 우리를 긍휼히 여기사 구원하신 하나님, 그분께서 원하시는 삶은 우리도 긍휼한 자가 되는 것이다. 사도 바울을 보자.

> 나의 형제 곧 골육의 친척을 위하여 내 자신이 저주를 받아 그리스도에게서 끊어질지라도 원하는 바로라 _로마서 9:3

본인의 구원을 포기하겠다는 선포다. 사람이 할 수 있는 최고치의 고백이라고 해도 무방하다. 내 영생을 포기하고 하나님과 관계가 끊어져도 좋다고까지 말한다.

하나님께 먼저 부름 받은 자로서 그 목적에 맞게 잘 살고 있는지를 판단하고 싶으면 질문을 해보면 된다. "다른 사람을 위해 안타까운 마음으로 기도하고 있는가?"라고. 나는 아무 공로 없이 구원받았는데 미안하지 않은가? 나만 구원받은 것이 미안하지 않은가? 우리 자신이 더 나은 존재여서 구원받았으면 우리도 불신자들에게 할 말이 있을 것이다. "당신도 나처럼 열심히 해봐요"라고. 그런데 우리는 구원에 대해 그런 말 할 자격이 없다.

사도 바울의 이 고백에 나는 무너졌다. '나에게는 영혼을 향한 이러한 간절함이 있는가?'

지난번에 우연히 서울 어느 동네 부동산중개소에 들렀다가 너무 좋은 장소를 발견했다. 제법 넓은 평수에 주차장도 넓고 본당과 친교실 그리고 주일학교까지 갖추어져 있었다.

그런데 이 로마서 말씀을 보면서 죄책감에 사로잡혔다. 그날 저녁 시간 내내 기도하는 마음으로 씨름했다. '왜 거기로 가길 원하나? 왜 그 공간을 원하나?' 이 질문은 또 다른 질문을 낳았다. '거기로 안 가면 뭐가 문제인가?' 사실 그곳으로 가고 안 가고는 선택의 문제지 교회가 교회됨을 위한 절대 조건은 아니다.

교회가 "서울인가 지방인가?", "번듯한 건물인가 초라한 공간인가?"는 하나 중요하지 않은 질문이다. 여기서 우리가 해야 할 일은 그런 질문을 이 질문으로 전환하는 것이다. "내 마음에는 영혼에 대한 긍휼이 있는가?" 그러지 않으면 우리는 하위 수준의 프레임에서 소모적인 질문에만 답하느라 골몰하면서 진짜 소중한 일을 놓치고 만다.

이곳에서 없던 영혼에 대한 안타까움이 다른 곳으로 가면 생길까? 거기로 옮겨가고 나서 그제야 영혼을 돌보고 사랑하겠다는 발상이야말로 위선 아닐까?

혹시 여러분이 "전도해도 우리 교회에는 데려올 수가 없어요"라고 말하고 싶다면, 꼭 자신이 다니는 교회가 아니어도 되니 가까운 다른 교회로 인도하기 바란다. 그리고 또 한 가지, 교회에만 데려오면 끝나는 것이 아님을 알아야 한다. 여러분이 그 영혼을 한동안 맡아주기를 당부한다. 자주 만나 이야기를 들어주고 관계를 돈독히 하여, 여러분이 직접 구원의 복음을 전하는 전도자가 되기를 권한다. 그리하여 좋은 영적 친구가 되어주기를 바란다. 이것은 교회가 어느 지역, 어떤 공간에 있든 상관없는 일이다.

아울러 기도하자. 믿지 않은 수많은 영혼이 살고 있는 여러분의 지역 도시를 위해 기도하자. 기도하면 영혼에 관심이 가고, 관심이 생기면 하나님께서 복음 전할 기회를 주시고, 결국 믿지 않던 영혼이 하나님의 구원에 이를 것이다.

성경을 보라. 하나님께 부름 받은 사람 중 이기심과 욕심으로 똘똘 뭉친 사람이 있는가? 자기만을 위해 산 사람이 있는가? 그들의 기도가 자기에게만 집중된 적이 있는가? 단언컨대 없다. 모든 부름 받은 자의 삶은 타인과 공동체와 함께 유익을 누리기 위한 삶이었다. 내가 받은 구원이 어떤 것인지 분명히 알고, 그 구원의 은혜를 다른 사람들에게 전하고 그들과 나눌 수 있기를 기도한다.

그런데 믿지 않는 영혼을 보면서 단지 안타까운 마음을 품는 것만으로는 충분하지 않다. 그래서 우리를 먼저 부르신 하나님을 기쁘시게 하는 책임 있는 성도의 두 번째 삶의 태도가 필요하다.

둘째, 자기 경험보다 하나님에 대한 지식을 전하자

이어지는 성경 본문에서 사도 바울은 아주 중요한 이야기를 한다. 유대인이 구원에 이르지 못하도록 만든 장애가 있었다는 것이다. 그 요인은 무엇일까?

> 2 내가 증언하노니 그들이 하나님께 열심이 있으나 올바른 지식을 따른 것이 아니니라 3 하나님의 의를 모르고 자기 의를 세우려고 힘써 하나님의 의에 복종하지 아니하였느니라 _로마서 10:2~3

가끔 성도가 간증할 때 제일 하지 말면 좋겠다 싶은 것이 있다. '자기 자랑'이다. 간증이라고 해서 듣다 보면 자기가 잘해서 복 받은 이야기다. "내가 기도해서……", "내가 가정예배 해서……", "내가 봉사해서……". 물론 이것도 다 중요하다. 아무것도 안 하면서 바라면 안 된다. 신앙이 은혜라지만 감나무 아래서 입 벌리고 있는 것과는 다르다. 하지만 그럼에도 간증이 내 자랑이 되어서는 안 된다.

간증은 하나님이 우리에게 행하신 일을 공개적으로 찬양하는 것이다.

하나님께 영광을 돌려드리고, 그 은혜에 감사하는 것이 간증이다. 이런 맥락에서 새로 출석한 신자나 교회 처음 나온 성도에게 자기 잘난 이야기, 자기 자랑하는 뉘앙스의 이야기는 삼가야 한다. 자신이 잘된 결과보다 그 일을 행하신 하나님을 높여드리고, 자신의 연약함을 알고 겸손하기 바란다.

그러지 말고 성경 말씀에 따라 어떻게 구원에 이르게 되는지 전하자. 오직 예수, 오직 은혜, 오직 믿음이라는 복음의 원형을 전하자. 우리의 이야기로 복음을 혼란시키지 말자. 내가 얼마나 죄인이었는지, 그리고 나 같은 죄인이 어떻게 구원받았는지 설명하자. 어떻게 은혜로 거듭나 신앙생활 하게 되었는지, 어떻게 환란 가운데서도 인내하며 이겨내는지, 어떻게 미움을 용서로 바꾸는지, 어떻게 자족하며 살아가는지를 전하자.

다 은혜다. 또 늘 부끄럽다. 똑같이 죄인인데, 심판받아 마땅한데, 왜 우리를 구원하셨을까? "아 하나님의 은혜로 이 쓸데없는 자 왜 구속하여 주는지 난 알 수 없도다." 이 찬송가 가사처럼 우리는 알 도리가 없다.

성경에서는 구원에 대해 분명히 말한다. 우리가 율법대로 십계명을 어기지 않음으로 의로워지는 것이 아니라, 하나님의 의로움이 우리에게 주어짐으로 구원받았음을.

성경에서 '의롭다'는 것은 행위적인 선함 이상의 의미인데, '하나님과 다시 올바른 관계로 세워짐'을 말한다. 의롭다는 말은 단순히 착하다는 뜻이 아니다. 하나님 앞에서 부끄러움 없이 설 수 있도록 하나님과 우리의 관계가 올바로 맺어졌다는 의미다.

복음은 하나님께서 인간을 당신과 올바른[의로운] 관계에 놓아주시는 길을 보여주신다. 인간은 오직 믿음을 통해서 하나님과 올바른 관계를 가지게 된다[오직 믿음으로 의롭게 된다]. _로마서 1:17 상반절 (공동번역)

함께 예수 믿는 공동체 내 성도들이든 또는 믿지 않는 사람들이든 우리는 안타까운 연민의 정, 사랑의 마음으로 바라보아야 한다. 그런데 그 안타까움을 가지고 특히 믿지 않는 사람들, 다시 말해 사도 바울에게 유대인과 같은 이들을 어떻게 도울 것인가?

방법은 한 가지다. 사도 바울은 구원에 대한 바른 지식을 유대인에게 알려야 함을 깨닫는다. 우리 역시 그래야 마땅하다.

그런데 우리는 자꾸 본인이 경험한 이야기만 한다. 그것도 자신에게 좋은 일만 이야기한다. 신앙을 마치 보물을 가져다주는 요정 지니의 요술램프같이 여긴다. 왜 자꾸 자기 이야기나 피상적인 위로만 건네면서 안타까움을 표현하는 데 그치는 걸까? 성경에 대한 지식이 없기 때문이다. 유대인을 예수 믿게 하려면 그들의 잘못된 지식 즉 율법으로 의로워져 구원에 이른다는 그릇된 지식을 바꾸어주어야만 가능하다. 내가 예수 믿어서 복 받은 이야기로는 믿지 않는 사람들이 구원받지 못한다. 그들을 안타깝고 불쌍하게 여기면서 위로한다고 구원받는 것이 아니다.

많은 불신자들이 하나님을 모른다. 게다가 잘못된 성도들 탓에 그저 교회만 가면 복 받는 줄로 안다. "교회 나가고 착하게 살면 하늘이 돕겠지"라며 미신적인 신앙생활을 하는 경우가 흔하다.

서두에서 말한 것처럼 출제자의 의도를 모르면 아무리 열심히 답을 적어 내도 성적은 F다. '내가 어떻게 신앙생활 하는가?'를 생각하기 이전에 '하나님께서 나를 먼저 부르신 목적'을 기억해야 한다. 우리는 예수 그리스도만이 구세주라는 복음을 전하도록 부름 받은 자들이다.

전도할 때 흔히 상대방을 설득해야 한다고 생각하면서 부담을 갖는데, 그냥 전하면 된다. 아는 대로 성경 말씀을 전하면 된다. 단 공격적인 태도가 아니라 안타까움과 긍휼함으로 겸손하게 전하도록 하자. 구원은 하나님이 하시는 일이며, 우리는 그 사실을 전할 책임만 있다.

> 13 누구든지 주의 이름을 부르는 자는 구원을 받으리라 14 그런즉 그들이 믿지 아니하는 이를 어찌 부르리요 듣지도 못한 이를 어찌 믿으리요 전파하는 자가 없이 어찌 들으리요 _로마서 10:13~14

또한 '하나님이 예정하셨으니까 나에게는 책임이 없다'는 생각은 버리자. 모든 사람이 예정되어 있는 것처럼, 우리는 전해야 할 책임이 있다.

> 내가 복음을 전할지라도 자랑할 것이 없음은 내가 부득불 할 일[해야 마땅한 일]임이라 만일 복음을 전하지 아니하면 내게 화가 있을 것이로다 _고린도전서 9:16

말씀 안에서 하나 되는 소금처럼

지난번 청년들이 함께 모여 얼라이먼트(alignment) 캠프를 준비하면서 모임 장소인 곤지암밸리를 찾았다가 그곳을 설립한 회장님을 만났다. 이런저런 대화를 나누다가 소금에 대한 이야기가 나왔는데 그분이 참 의미 있는 말을 했다

소금은 화학기호로 NaCl이라고 적는다. 나트륨과 염소의 화합물로서 두 원소가 붙어서 존재하면 맛을 내고 여러 좋은 용도로 쓰인다. 하지만 이 두 원소가 따로 떨어져 있을 때는 매우 위험한 물질이라는 것이다. 그래서 나중에 사전을 찾아봤다.

- Cl(염소): 표백제, 소독약 등으로 쓰이며 1차 세계대전 때는 살상용 무기로 사용될 만큼 독성이 강한 물질
- Na(나트륨): 원래는 금속인데 물에 닿으면 폭발하는 성질을 가져서 화학약품 가게에서도 재고를 두지 않을 정도로 위험한 물질

그 회장님 이야기를 들으면서 교회 안의 성도들이 떠올랐고, 교회와 세상이 떠올랐다. 하나님은 교회 공동체 안에서도 화목할 것을 말씀하셨고, 세상을 하나님과 화목하게 하는 임무도 주셨다. 교회에 모인 성도들도 따로 떼어놓으면 다 염소와 나트륨이다. 또 세상과 교회 공동체를 봐도 꼭 염소와 나트륨 같다. 그런데 이 폭발물과 독성물질을 묶어놓으면 귀하게 쓰이는 소금이 된다.

이 일은 사람의 힘으로는 안 된다. 이 위험한 두 원소를 붙일 수 있는

유일한 분은 하나님이시다. 그분의 말씀 안에 우리가 녹아짐으로 하나 되는 방법밖에 없다. 그러니 하나님을 아는 지식의 보고인 말씀이 없으면, 우리는 염소와 나트륨처럼 각자 특성대로 이곳에서는 독이 되고 저곳에서는 폭발하는 현상이 나올 수밖에 없다.

하나님이 우리를 먼저 부르신 목적을 되새겨보자. 우리는 그분이 원하시는 신앙생활을 해서 모두 A 학점을 받도록 해야 한다. 그분이 원하시는 대로 해야 한다. 우리 신앙의 목적이 하나님의 뜻을 이루는 것임을 깨닫고, 사람들을 향해 긍휼의 마음을 품자. 그리고 그들에게 진리의 말씀으로 다가갈 수 있도록 우리가 먼저 하나님을 아는 지식을 갖추겠다고 결단하자.

교회 공동체가, 또 세상을 향해 가는 성도 한 사람 한 사람이 Na나 Cl로 각기 따로 존재하는 것이 아니라, 우리가 가는 곳마다 하나님의 말씀으로 말미암아 NaCl이라는 유익한 소금으로 세상 가운데 녹아든다면 좋겠다.

시온성 vs. 모래성

신앙의 주어를 바꾸어라

24 그러므로 누구든지 나의 이 말을 듣고 행하는 자는 그 집을 반석 위에 지은
    지혜로운 사람 같으리니
25 비가 내리고 창수가 나고 바람이 불어 그 집에 부딪치되 무너지지 아니하나니 이는
    주추를 반석 위에 놓은 까닭이요
26 나의 이 말을 듣고 행하지 아니하는 자는 그 집을 모래 위에 지은 어리석은 사람 같으리니
27 비가 내리고 창수가 나고 바람이 불어 그 집에 부딪치매 무너져 그 무너짐이 심하니라

    _마태복음 7:24~27

영적 내진설계의 중요성

일본은 건물마다 지진에 대비한 내진(耐震)설계가 잘 갖추어진 것으로 유명하다. 늘 지진의 위험에 노출되어 있기 때문에 내진할 수 있도록, 즉 지진에 잘 견딜 수 있도록 튼튼하게 설계한다. 내진설계가 되어 있지 않았다면 여태껏 겪어온 지진에 일본은 예전 모습대로 남아 있는 건물이 거의 없을 것이다. 그래서 모든 건물은 처음 지을 때부터 내진을 고려하여 설계하고 기초 단계부터 지진을 대비해서 건설 작업을 한다.

사실 우리가 그냥 눈으로 볼 때는 내진건축이 적용된 건물인지 아닌지 구분할 수 없다. 그러나 지진이 와보면 그 결과가 극명히 갈린다. 내진설계가 된 건물은 붕괴를 피할 수 있지만, 그렇지 않은 건물은 형체를 알아볼 수 없게 무너져 잔해만 나뒹굴게 된다.

이것은 영적 원리에도 똑같이 적용된다. 아무 문제가 없을 때는 올바른 신앙을 가진 사람인지 아닌지, 과연 하나님에 대한 신뢰를 지니고 살아가는지 아닌지를 분간하지 못한다. 그런데 인생에 위기가 찾아오고 크고 작은 문제가 발생하면 대번에 구분된다. 인생의 위기를 지진에 비유한다면, 영적으로 내진설계가 잘되어서 기초가 튼튼한, 다시 말해 말씀으로 분명하게 무장된 성도가 있고 그렇지 않은 성도가 있다는 것이다.

마태복음 7장은 예수님이 직접 하신 말씀이다. 예수님이 이 땅에 오셔서 처음 하신 설교가 마태복음 5장부터 죽 나온다. 팔복을 말씀하시며 복 있는 사람이 누구인지 가르쳐주시고 또 산상수훈이라고 불리는 내용을 가르쳐주신다. 7장은 팔복과 산상수훈의 결론이다. 무슨 말씀을 하시는가?

> 24 그러므로 누구든지 나의 이 말을 듣고 행하는 자는 그 집을 반석 위에 지은 지혜로운 사람 같으리니 25 비가 내리고 창수가 나고 바람이 불어 그 집에 부딪치되 무너지지 아니하나니 이는 주추를 반석 위에 놓은 까닭이요 26 나의 이 말을 듣고 행하지 아니하는 자는 그 집을 모래 위에 지은 어리석은 사람 같으리니 27 비가 내리고 창수가 나고 바람이 불어 그 집에 부딪치매 무너져 그 무너짐이 심하니라 _마태복음 7:24~27

두 가지 경우가 선명하게 대조를 이룬다.

• 예수님의 말씀을 듣고 행하는 자와 그렇지 않은 자
• 지혜로운 사람과 어리석은 사람
• 반석을 기초로 해서 집을 지은 사람과 모래 위에 집을 지은 사람
• 어떤 상황에서도 무너지지 않는 집과 비가 오고 바람이 불자 무너지는 집

예수님이 어느 쪽을 원하시는지는 명명백백하다. 예수님의 말씀을 듣고 행하는 사람이다. 이런 사람은 영적인 내진설계가 잘되어서 어떤 위기가 와도 무너지지 않는다. 우리는 예수님의 말씀을 들어야 한다. 귀로만 듣는 것이 아니라, 그 말씀이 나를 복되게 함을 믿고 좇아 행해야 한다. 세상의 눈에는 손해로 보일지라도 예수님을 믿어야 한다. 신뢰하고 그대로 실천해야 한다.

우리의 문제점이 뭘까? 지금 예수님은 이 땅의 삶을 하나님 나라의 삶처럼 살라고 말씀하신다. 그러나 우리는 이 땅의 방식대로만 살려고 든다. 성경이다. 하나님의 말씀이다. 이 땅에 오셔서 가장 중요한 삶의 방향을 알려주신 예수님의 말씀이다. 그런데 우리는 흔히 그 말씀을 진리로 받고 그대로 살지 않고, 그렇게 살면 손해라는 생각을 하면서 나에게 유익이 되는 말씀만 취사선택한다.

성경은, 하나님의 말씀은, 예수님이 가르치신 교훈은 진리다. 진리는 언제나 변함없이 옳다. 진리대로 사는 것이 정답이다. 성경을 읽는 것은 우리에게 이로운 말씀만 골라 써먹기 위해서가 아니라 진리를 찾기 위해서다. 우리 생각과 상관없이 하나님의 말씀을 받고 그 말씀대로 살기 위해서다.

말씀의 은혜는 깨달음이나 공감, 위로에서 그치지 않는다. '하나님의 뜻'을 깨달으면 그 뜻대로 삶으로써 하나님 말씀에 순종하는 데까지 이른다. 이전까지는 몰라서 순종하지 못했다면 이제는 성경을 통해 진리가 무엇인지 알았으므로 순종할 수 있게 된다. 이것이 우리가 성경을 읽어야 하는 이유다.

예수님이 이 땅에 오셔서 제일 먼저 하신 일은 '가르침'이었다. 하나님께서 통치하시는 나라는 어떤 나라인지 '새로운 지식'을 주기 위해서였다. 이 지식은 우리의 생각을 바꾸어준다. 그리고 우리 생각이 바뀌어야 실천력이 나온다.

성경을 안 보면, 성경공부 안 하면, 우리 지식이 바른 지식으로 채워지지 않으면, 생각이 바뀌지 않는다. 사고방식이 바른 지식에 근거하지 못하면 바른 삶은 없다. 그런 사람은 모래 위에 계속 성을 쌓는다. 모래에는 절대로 건물을 지으면 안 된다. 비 오고 바람 불면 한순간에 무너지고 만다.

여러분은 진리라는 단단한 반석 위에 견고하게 신앙을 쌓아가는 쪽인가? 아니면 신앙생활은 하지만 진리 없이, 말씀 없이 자기 방식대로 모래 위에 위태하게 쌓아가는 쪽인가?

예수님께서는 말씀을 모르면 순종할 수 없고, 당장은 괜찮아 보이지만 결국 인생의 위기에서 무너진다고 가르치신다. 이 지식을 받아 생각을 변화시켜 복음적 사고를 할 때, 말씀대로 행하며 사는 참 그리스도인이 될 수 있다. 따라서 복음적 사고를 한다는 것은 복음을 근거로 살아감을 의미한다. 아무 공로 없는 우리를 구원하신 하나님의 은혜를 근거 삼아 겸손하게 살아가는 것이다.

복음적 사고의 반대말은 이기적 사고, 자기중심적 사고다. 다들 한번쯤 경험했을 예를 들어보자.

비가 오고 차가 막히는 날이다. 다른 차가 앞으로 끼어들려고 하자 가로막으며 "어딜 끼어들려고 그래" 하며 욕을 한다. 이번에는 자신이 다른 차 앞으로 끼어들려고 하는데 안 비켜주자 "좀 끼워줘야지" 하며 또 욕을 한다. 이 사람의 모든 기준은 '자기 자신'이다. 자기가 끼어들면 당연하고 남이 끼어들면 나쁘다. 모든 것을 자기 유리한 쪽으로 해석한다. 전형적인 이기주의, 자기중심주의다.

복음적 사고는 이와 정반대다. 예수님께서는 자신에게 아무 이득이 없는데 몸을 내어주시고 상대방의 유익을 위해 헌신하신다. 하나님의 크신 계획과 작정하심과 인도하심에 대한 철저한 신뢰로 구원의 계획을 완성하기 위해 기꺼이 순종하신다.

인용한 마태복음 7장 본문에서도 예수님은 반석 위에 세운 집이 되라고 하시면서 2가지 원리를 가르치신다. "듣고(알고)", "행하라(순종하라)".

출제자의 의도를 제대로 파악하지 않고 열심히 해봤자 엉뚱한 결과만 나온다. 낙제점을 받을 수밖에 없다. 예수님의 가르침은 전부가 복음적 사고에 대한 이야기다. 손해 보고, 남을 배려하고, 희생하고……

내가 그리스도와 함께 십자가에 못 박혔나니 그런즉 이제는 내가 사는 것이 아니요 오직 내 안에 그리스도께서 사시는 것이라 이제 내가 육체 가운데 사는 것은 나를 사랑하사 나를 위하여 자기 자신을 버리신 하나님의 아들을 믿는 믿음 안에서 사는 것이라 _갈라디아서 2:20

예수님처럼 살라는 말씀인데, 복음적 사고를 하지 않고는 불가능한 일이다.

이기적 사고에서 복음적 사고로

몇 가지 예를 통해 이기적 사고방식과 복음적 사고방식의 차이를 살펴보자

돈: 우리를 이기적으로 만드는 우상과 같은 존재

돈은 필요를 채우는 데 쓰이면 아름다운 도구지만 이기심을 채우려는 욕심이 들어오면 강력한 우상이 된다. 그럴 경우 우리는 돈을 경배하는 자, 돈의 노예가 된다. 일례로 고가의 명품이나 고급 스포츠카를 볼 때 나타나는 뇌의 자극 반응은, 하나님을 예배하면서 느끼는 감격이나 기쁨 같은 자극 반응과 동일할 만큼 강력하다고 한다.

우리의 이기심에서 나오는 오해, 복음적이지 않은 사고방식은 이런 것들이다. '돈은 우리를 행복하게 해준다.' '돈이 없으면 미래가 불안하다.' '돈은 나누는 것이 아니라 소유하는 것이다.'

이런 사고에 사로잡히면 어떤 실천이 나올까? 돈이 없으면 불행하다고 여기고, 다른 사람과 비교하면서 상대적 박탈감을 느낀다. 다른 사람

의 필요를 채워주는 일에는 무관심한 반면 자신의 욕심을 채우려는 욕망
이 강렬해져서, 남에게 피해를 주면서라도 우선 돈을 소유하고자 든다.

하지만 예수님은 우리에게 그렇게 하라고 말씀하시지 않는다.

> 19 또 내가 내 영혼에게 이르되 영혼아 여러 해 쓸 물건을 많이 쌓아 두
> 었으니 평안히 쉬고 먹고 마시고 즐거워하자 하리라 하되 20 하나님은
> 이르시되 어리석은 자여 오늘 밤에 네 영혼을 도로 찾으리니 그러면 네
> 준비한 것이 누구의 것이 되겠느냐 하셨으니 21 자기를 위하여 재물을
> 쌓아 두고 하나님께 대하여 부요하지 못한 자가 이와 같으니라 _누가복
> 음 12:19~21

돈 많은 부자는 이기적인 욕심에 사로잡혀 영원한 생명을 도외시한
다. 돈이 가져다주는 당장의 부요함과 편안함 때문에 영원한 삶보다 돈
을 더 중요하게 여기면서 포기하지 못한다. 그 결과는 미혹과 불신과 근
심이다.

> 돈을 사랑함이 일만 악의 뿌리가 되나니 이것을 탐내는 자들은 미혹을
> 받아 믿음에서 떠나 많은 근심으로써 자기를 찔렀도다 _디모데전서 6:10

이에 예수님은 복음의 메시지를 내리신다. 돈으로 살아가는 이 땅의
삶 이후가 있음을 기억하라고.

누가복음 12장 21절 중 "하나님께 대하여 부요"하라는 말씀을 은행에 돈 쌓아두지 말고 교회에 헌금하라는 말로 받아들이지 말자. 물론 교회 성도나 세상을 위해 선한 나눔을 하고자 할 때 아끼지 않고 마음을 모으는 일은 중요하다. 그렇지만 예수님의 의도는 그런 것이 아니다. 그다음 구절에서 예수님은 계속 부연 설명을 하신다.

> 또 제자들에게 이르시되 그러므로 내가 너희에게 이르노니 너희 목숨을 위하여 무엇을 먹을까 몸을 위하여 무엇을 입을까 염려하지 말라
> _누가복음 12:22

하나님께 대해 부요하라는 것은 무엇보다 하나님을 믿으라는 것이다. 믿음의 부요함을 가지라는 것이다. 하나님은 우리의 돈을 요구하지 않으신다. 하나님은 우리의 아버지로, 우리를 이끌어가는 주권자로 자리하시기를 원하신다. 자녀들이 그분을 절대적으로 신뢰하기를 원하신다. 따라서 이 말씀은 돈에 대한 그 믿음을 하나님에 대한 신뢰로 바꾸라는 의미다.

"하나님께서 너희 인생의 필요를 다 채우시니 걱정하지 말고 하나님만 바라보며 살아라." 이것이 예수님께서 전하시는 복음적 사고의 본질이다.

> 너희 보물 있는 곳에는 너희 마음도 있으리라 _누가복음 12:34

이 복음적 사고가 우리에게 들어와서 하나님이 알려주신 성경을 들었다면, 이제 어떻게 해야 할까? 실천해야 한다. 복음을 살아내야 한다.

돈이 우리를 행복하게 하는 것이 아니라 우리를 지으신 하나님만이 우리를 행복하게 하신다. 그분을 신뢰할 때 우리는 걱정과 염려에서 해방되어 상대적 박탈감 따위는 날려버리고 그분이 주시는 것에 자족하며 감사함으로 살 수 있다.

그러니 아무 공로 없이 은혜 받은 우리는 응당 나누는 삶을 살아가도록 힘쓸 일이다. 주변의 어려운 이들을 돕고 재난과 곤란을 극복할 방법을 찾자. 인생을 다 책임지거나 문제를 온전히 해결할 수는 없겠지만, 우리의 물질적·정신적 도움이 꼭 필요한 곳에 쓰이도록 준비하고 실천하자. 반드시 교회가 아니어도 좋다. 자원봉사에 참여하거나 지역 주민들이 함께하는 곳에서 역할을 하면 된다.

'나는 지금 무엇을 좇고 있는가?' 이것이 여러분의 생각이다. 그 생각이 과연 '복음적인 사고'인지 날마다 점검하는 삶을 살기 바란다.

기적: 가장 기복적으로 오해하는 것

우리가 신앙생활 하면서 제일 기복적으로 오해하는 것 중 하나가 바로 기적이다. 성경적으로 생각하지 않을 때가 흔하다. 또한 돈과 연결되어 있을 때가 흔하다. 이기적인 마음으로 더 많은 것을 소유하고 싶을 때 기적을 바랄 때가 얼마나 많은가? 그 기적을 바라며 기도할 때가 얼마나 많은가? 그런 기적이 목적이 되어 신앙생활 할 때가 얼마나 많은가?

그래서 오해한다. 신앙은 병이 낫고 방언을 받고 경제 문제가 해결되는 것이라고. 그렇기 때문에 하나님은 정말 좋은 분이라고.

기적은 신앙의 필수 요소가 아니다. 영적인 체험을 마치 자기가 신앙적으로 더 성숙하거나 더 특별해서 하게 되는 것인 양, 그것이 자기 소유인 양 여기는 경우를 수시로 접한다. 은사나 성령의 경험 역시 우리가 뭔가를 잘해서 경험하게 되는 우리의 공로가 아니다. 하나님이 무작정 흘려보내주시는 선물이다. 방언을 하고 통변을 하고 예언을 한다고 성숙한 성도가 아니다. 그건 교회와 그 사람의 신앙의 유익을 위해 하나님께서 허락하신 선물일 뿐이다. 자랑할 것도 드러낼 것도 없다.

나는 청년 때 사도 바울이 다메섹으로 가던 중 예수님을 만난 것처럼 정말 영적인 경험을 통해 하나님을 만나고 이렇게 목사까지 되었다. 그렇지만 청년 때 경험을 무용담처럼 자랑삼아 말하지 않는다. 그것은 전적인 하나님의 은혜요 선물이기 때문에 감사할 뿐이다. 사도 바울 역시 자신의 영적인 경험을 복음을 전하는 데만 사용했을 뿐 자랑하지 않았다. 은혜로 받은 것임을 알았기 때문이다.

복음은 은혜를 근거로 하며, 은혜는 우리가 스스로 자랑할 것이 없으며 오직 우리에게 은혜 주신 하나님만을 바라보며 감사하고 그분을 자랑하는 데 의미가 있음을 꼭 기억해야 한다.

사도행전에서 베드로는 앉은뱅이를 낫게 한다. 놀라운 일이다. 다리를 못 쓰던 사람이 일어섰다. 난리가 났다. 주변 사람들이 어떤 반응을 보였을까? 안 봐도 뻔하다. 베드로를 추앙하기 시작한다. "저 사람은 앉은뱅이도 일으키는 능력자다. 대단한 사람이다. 저 사람한테 가면 병이 낫는다. 저 사람이 믿는 예수를 믿으면 병이 낫는다." 아마 이런 소문이 파다하게 났을 것이다.

그런데 이 사건 이후에 베드로가 병원을 차려서 병을 낫게 하는 사역에 집중했다는 이야기를 어디서도 본 적이 없다. 아마 그랬다면 베드로는 엄청난 돈을 벌었을 것이다. 또 복음을 전하는 데도 큰 도움이 되었을 것이다. 예수를 안 믿는 아픈 사람이 베드로를 찾아온다. 그 병을 낫게 해주기 전에 또는 낫게 해준 다음에 환자와 계약을 한다. "아무개는 병이 나으면(또는 병이 나았으니) 예수를 믿겠습니다"라고. 그럼 안 믿을 사람이 누가 있겠는가?

그런데 베드로는 안 그랬다. 이유가 뭘까? 그것은 믿음이 아니기 때문이다. 그런 치유 사건은 복음의 핵심이 아니다. 병이 나으면 예수 믿기로 한 사람이 병 낫고 1년만 지나보라. 100% 확신하는데 반드시 신앙생활 잘 못하고 있을 것이다. 체험적 신앙의 가장 큰 약점은 하나님에 대한 지식이 결여되어 있다는 것이다. 복음의 진수를 모르기 때문에 계속 체험과 경험을 중시하면서 그런 일이 있을 때만 잠시 타오르는 감정적 신앙이 되기 쉽다. 이래서는 모래 위에 쌓은 신앙일 뿐이다. 모래성은 비 오고 바람 불면 바로 무너진다. 우리는 복음 위에 굳건히 쌓은, 어떤 비바람에도 요동치지 않는 시온성을 오직 바라고 구해야 한다.

예수님의 말씀을 보자.

17 칠십 인이 기뻐하며 돌아와 이르되 주여 주의 이름이면 귀신들도 우리에게 항복하더이다 18 예수께서 이르시되 사탄이 하늘로부터 번개 같이 떨어지는 것을 내가 보았노라 19 내가 너희에게 뱀과 전갈을 밟으며 원수의 모든 능력을 제어할 권능을 주었으니 너희를 해칠 자가 결코 없으리라 20 그러나 귀신들이 너희에게 항복하는 것으로 기뻐하지 말고 너희 이름이 하늘에 기록된 것으로 기뻐하라 하시니라 _누가복음 10:17~20

우리 신앙생활에서 기쁨의 근거는 무엇인가? 복음이다. 이미 들은 기쁜 소식, 좋은 소식, 하나님이 우리를 부르시고 구원하시고 예수를 구원자로 믿는 모든 자들에게 영생을 주신 일이다.

귀신이 쫓겨나기 때문에, 은사가 있기 때문에, 영적인 체험 때문에 기뻐하는 것보다 우리는 더 근본적으로 그리고 더 먼저 기쁠 수밖에 없는 이유를 가지고 있다. 그런 기적 현상은 우리 기쁨의 근원이 아니다. 그것은 부산물일 따름이다. 횟집에서 회가 나오기 전에 깔리는 곁들이 음식 또는 나중에 나오는 디저트 같은 것이다. 우리는 횟집에 회를 먹으려고 가지 그것을 먹으려고 가지는 않는다.

예수님은 "귀신들이 너희에게 항복하는 것으로 기뻐하지 말고 너희 이름이 하늘에 기록된 것으로 기뻐하라"고 가르치신다. 기적은 부산물이다. 주어져도 그만, 안 주어져도 그만이다. 기적은 믿음의 증거일 뿐이지 믿음의 근거가 될 수는 없다. 믿음의 근거는 오직 예수 그리스도시다. 우리는 이미 기뻐할 일을 충분히 가진 자들이다. 이것이 기쁜 소식 즉 복음이 말하는 행복이다.

명예, 권력, 그리고 지위

우리는 또 권력이 있으면 모든 일이 술술 풀린다고, 큰 명예를 얻고 높은 위치에 오를수록 행복해진다고 오해한다. 앞서 살펴본 돈과 마찬가지로, 권력과 명예와 지위 역시 모래 위에 쌓은 성일 따름이다.

예수 믿는 자들인 우리는 영원한 생명이라는, 세상 무엇과도 비교할 수 없는 권력과 명예와 지위를 이미 하나님께 선물로 받았다. 이제 우리에게 남은 일은 예수님을 좇아, 예수님께서 하신 대로 그 은혜를 세상에 흘려보내고, 나누고, 전하는 것이다.

예수님께서는 우리에게 말석에 즉 구석에 자리하라 하셨다. 작은 자에게 잘하라 하셨다. 그리고 당신께서도 친히 희생의 제물로 오셨다. 가장 높은 위치에서 가장 낮은 위치로 스스로 내려오셨다.

5 너희 안에 이 마음을 품으라 곧 그리스도 예수의 마음이니 6 그는 근본 하나님의 본체시나 하나님과 동등됨을 취할 것으로 여기지 아니하시고 7 오히려 자기를 비워 종의 형체를 가지사 사람들과 같이 되셨고

_빌립보서 2:5~7

우리에게 필요한 것은 바로 이와 같은 복음적 사고의 삶이다.

복음은 우리 신앙의 기초이자 전부

자기 아들을 아끼지 아니하시고 우리 모든 사람을 위하여 내주신 이가
어찌 그 아들과 함께 모든 것을 우리에게 주시지 아니하겠느냐 _로마서
8:32

복음적 사고의 가장 뿌리가 되는 말씀으로 이 구절을 꼽아도 무방하
다. '아들을 아끼지 않으신 이를 신뢰하라'는 메시지다. 우리 신앙의 근거
는 십자가에서 보이신 예수님의 사랑, 그 사랑으로 우리를 부르신 하나
님의 택하심이다. 택하시고 사랑하시니 우리 일평생을 책임지신다. 선한
목자가 되신다. 이것이 복음적 사고의 요체다.

복음은 신앙의 기초이면서 전부다. 기초가 부실하면 무너지기 마련이
다. 복음이 우리 신앙의 기초로 든든히 세워져 있을 때 복음적 사고는 가
능하다. 복음적 사고는 우리 영혼이 내진설계 되어서 어떤 지진과 풍파
도 이기게 하는 힘이 된다.

스노클링이나 스킨스쿠버는 입으로 호흡한다. 코에 물이 들어오도록
허용하고 입으로만 숨을 쉰다. 그러나 코로 호흡하는 데 익숙한 우리는
자꾸 코로 숨을 쉬려 하고 그 순간 문제가 생긴다.

우리의 신앙생활도 이와 닮았다. 코로 숨 쉬는 것이 훨씬 더 익숙하듯이 우리는 육신의 본능대로 사는 데 익숙하다. 그러나 물 속 깊은 곳을 가고 싶다면 산소통에 의존해야 하고 그러자면 입으로 호흡하는 법을 배워야 한다. 불편할뿐더러 때론 코로 물이 들어와 맵고 죽을 것 같은 공포에 사로잡힐지도 모른다. 그렇지만 익숙함을 버리고 새로운 호흡법을 배워야만 원하는 곳에 가닿을 수 있다.

좀 더 이해를 돕기 위해 어떤 목사님의 간증 이야기를 소개한다. 공수부대는 11미터 높이에서 뛰는 연습을 통해 1만, 2만, 3만, 4만 미터 상공에서 점프할 수 있게 된다. 그 목사님은 자신은 헌금 생활을 공수부대가 하는 11미터 연습이라고 생각한다면서 이것이 충분하면 결국 더 높은 곳에서도 뛸 수 있다고 강조했다.

일단 말씀 하나를 붙잡고 복음적으로 생각하고 실천해보자. 그리하여 마침내 복음적 사고와 실천이 여러분의 삶에서 습관이 되게 만들어보자.

믿음보다 앞선 은혜

신앙의 주어를 바꾸어라

3 전에는 우리도 다 그 가운데서 우리 육체의 욕심을 따라 지내며 육체와 마음의
  원하는 것을 하여 다른 이들과 같이 본질상 진노의 자녀이었더니
4 긍휼이 풍성하신 하나님이 우리를 사랑하신 그 큰 사랑을 인하여
5 허물로 죽은 우리를 그리스도와 함께 살리셨고 너희는 은혜로 구원을 받은 것이라
6 또 함께 일으키사 그리스도 예수 안에서 함께 하늘에 앉히시니
7 이는 그리스도 예수 안에서 우리에게 자비하심으로써 그 은혜의 지극히 풍성함을 오는
  여러 세대에 나타내려 하심이라
8 너희는 그 은혜에 의하여 믿음으로 말미암아 구원을 받았으니 이것은 너희에게서
  난 것이 아니요 하나님의 선물이라
9 행위에서 난 것이 아니니 이는 누구든지 자랑하지 못하게 함이라

_에베소서 2:3~9

가장 먼저 채워야 할 것, 은혜

한국 교회의 본이 되신 영적 어른 고 한경직 목사님의 일화 중에 이런 이야기가 있다. 어느 집회 이후에 여러 후배 목사님들이 한경직 목사님께 목회에 도움이 될 말씀을 한마디 해주십사고 부탁드렸다. 그러자 한경직 목사님은 이렇게 말씀하셨다고 한다.

"목사님들, 예수 잘 믿으세요."

여러분이라면 이 메시지를 어떻게 받아들이겠는가? 여러분에게 예수 잘 믿으라고 하면 어떻게 생각하겠는가?

예수를 믿는다는 것이 과연 뭘까? 예컨대 우리가 "나는 그 사람을 믿어"라고 말할 때는 대개 믿을 만한 사람이라는 근거가 있다. 시간을 잘 지킨다거나 돈을 잘 갚는다거나 성품이 좋다거나. 그럼 예수를 믿는다는 것이 이렇게 사람을 믿듯이 예수님이 괜찮은 분이니까 믿을 만하다는 걸 의미하는 걸까?

누군가 여러분에게 예수 믿는 게 뭐냐고 물으면 뭐라고 답하겠는가? 혹시 회피하면서 "뭐긴 뭐야? 교회 가는 거지" 하는 식으로 얼버무리지는 않는가? '예수 믿는 것=교회 가는 것'은 우리가 흔히 저지르기 쉬운 잘못이다.

언젠가 교통사고가 나서 병원에 입원한 적이 있었다. 병실에 할머니 한 분이 같이 계셨는데 어떤 교회 성도들이 나와서 그 할머니에게 전도를 했다. 이렇게 말이다. "할머니, 예수 믿으세요. 예수 믿으세요. 할머니 들리시죠? 예수 믿으세요. 그리고 천국 가세요. 아멘 하세요."

어떤가? 무작정 믿으라는 식이다. 아무 내용이 없다. "믿습니까? 믿습니까? 아멘, 아멘." 이걸로 끝이다.

그동안 우리는 '믿음의 내용' 없이 '믿음'이라는 말 자체를 지나치게 강조해왔다. 그래서 '믿음으로 구원받는다'는 생각이 너무 강하게 우리 안에 자리 잡아버렸다. 구원받기 위해서는 믿어야 하는데 잘 안 믿어진다. 믿는다고는 하지만 스스로도 100% 확신하지 못한다. 어떻게든 잘 믿어보려고 교회에 열심히 나가고 성경공부도 하고 헌금도 하고 봉사도 하는데 여전히 잘 모르겠다. 이런 상태에서 자기 자신조차 모르는 이야기를 전하니 누가 그것을 이해하겠는가?

예를 들어 어떤 사람이 여러분에게 돈을 빌려주기로 했다고 치자. 그 돈이 없으면 어려움이 생기는데 연락이 안 온다. 그래서 안절부절못하는데 옆에 있던 사람이 이렇게 말한다. "그 사람 한번 믿어봐요. 꼭 연락 올 거야." 그러면 우리는 의지적으로 그 사람을 믿어보려고 애를 쓴다. '그래, 그 사람이 꼭 연락 줄 거라고 믿어보자.'

우리가 이런 모습 아닌가? '그래도 의지적으로 일단 믿어보자. 나쁜 일이야 있겠어? 밑지는 셈치고 한번 믿어보자.' 이런 믿음 아닌가? 이것은 믿음이 아니다. 믿음을 모르는 것이다. 믿음을 모르는데 어떻게 예수를 잘 믿겠는가?

시간관리 전문가인 어떤 교수가 강의 시간에 이런 실험을 했다. 유리병, 큰 돌과 작은 돌, 모래 그리고 물을 준비했다. 먼저 큰 돌을 유리병에 넣었다. 한 개가 들어가고 나니까 더 이상 큰 돌은 못 들어갔다. 그다음에 큰 돌 사이로 작은 돌들을 넣었다. 이어서 모래를 집어넣자 또 사이사이 틈으로 들어갔다. 마지막으로 물을 붓자 유리병이 꽉 찼다.

그 교수가 학생들에게 물었다. "이것은 무엇을 말하고자 하는 실험일까요?" 한 학생이 대답했다. "스케줄이 아무리 꽉 찬 것처럼 보여도 새로운 스케줄을 끼워 넣은 것이 가능하다는 걸 보여줍니다." 그러자 교수는 이렇게 말했다. "아니에요. 내가 여러분에게 보여주고 싶었던 것은 큰 돌을 가장 먼저 넣지 않았다면 나머지 자갈과 모래와 물은 영원히 집어넣지 못했을 것이라는 점입니다. 작은 돌을 먼저 채운 후에는 큰 돌이 들어갈 자리가 없을 테니까요. 여기서 '큰 돌'은 인생에서 '가장 중요한 일'을 뜻합니다."

교회에서 가장 중요한 것이 뭘까? 여러분의 신앙생활에서 제일 중요한 것이 뭘까? 그것은 바로 '하나님의 은혜'다.

교회에서 가장 중요한 것이 '은혜'라는 데 모든 성도가 동의한다면 많은 문제가 해결되고 많은 갈등이 해소될 것이다. 그런데 현실은 어떤가? 위에서 소개한 실험에 비유하자면, 교회에다 은혜를 가장 먼저 집어넣고 나머지를 집어넣어야 하는데 순서가 바뀌어버렸다. 엉뚱하고 사소한 것부터 채우고 나니, 정작 가장 큰 은혜가 못 들어간다. 은혜의 부재는 곧 교회를 인간의 죄성으로 가득한 곳으로 만드는 결과를 초래한다.

어떤 문제에 대해서든 다른 탓을 하지 말자. 또 변명도 하지 말자. 모두 은혜의 부재 때문이다. 은혜가 고갈된 결과다. 우리는 병에서 작은 것들을 다 쏟아내고 가장 중요한 것부터 다시 채워야 한다. 교회는 은혜로 가장 먼저 채워야 한다.

구원의 근거

성도들을 당황시키는 질문 중 하나가 이것이다.

"여러분, 우리는 은혜로 구원받았습니까? 아니면 믿음으로 구원받았습니까?"

3 전에는 우리도 다 그 가운데서 우리 육체의 욕심을 따라 지내며 육체와 마음의 원하는 것을 하여 다른 이들과 같이 본질상 진노의 자녀[전적 타락, 전적 부패, 하나님을 알 수 없는 상태]이었더니 4 긍휼이 풍성하신 하나님이 우리를 사랑하신 그 큰 사랑을 인하여 5 허물로 죽은 우리를 그리스도와 함께 살리셨고 너희는 은혜로 구원[조건 없는 구원, 저항할 수 없는 구원]을 받은 것이라 _에베소서 2:3~5

성경에 답이 정확하게 나와 있다. "너희는 은혜로 구원을 받은 것이라." 우리는 은혜로 구원받았다.

아담의 죄 이후에 전적으로 타락한 인류는 스스로를 죄에서 구원해낼 수가 없다. 이런 인간을 불쌍히 여기신 하나님께서 당신의 사랑으로 우리를 죄에서 꺼내주신다. 우리는 구원을 공짜로 조건 없이 받았다. 이것이 은혜다.

그런데 믿음만 너무 강조하다 보니 주인공인 은혜가 조연급으로 비중이 약해져버렸다. 믿음이 왜 이렇게 강조되고 있을까? 은혜가 공짜라는 것이 좋으면서도 한편으로는 스스로에게 아무 공로가 없다는 사실이 우리를 힘들게 하기 때문이다(내 개인 의견이지만 아마 틀리지 않을 것이다).

우리는 뭔가를 성취하고 성과를 내고 결과를 얻는 데 더 익숙하다. 아무것도 하지 말라는 것이 더 힘들다. 현대사회는 열심히 사는 것, 성실한 것 게으르지 않은 것을 더 좋게 여긴다. 심지어 "공짜가 어디 있어?"라며 아예 안 믿는다. 하나님이 그냥 주셨다고 해도 믿지 않는다. "그럴 리가 없어. 분명히 뭔가를 해야 할 거야."

하나님께서 주시고 싶은 대로 주시는데, 이것이 좋기도 하고 싫기도 한 것이다. 천국 가게 해주신 건 고맙지만, 이 땅을 살아가면서 내가 원하는 것도 있다. 그런데 그것이 욕심으로부터 나온 것인 줄 안다. 그래서 하나님이 잘 안 주실 것 같다. 그냥 은혜 주시기만 기다리다 보면 내가 원하는 것을 못 얻을 것 같다. 은혜는 하나님께 주도권이 있으므로 사람 편에서는 아무것도 할 수 없다. 그렇지만 나는 내가 원하는 것을 갖고 싶다.

여기서 우리의 죄성이 비롯된다. 인간은 생각한다. '분명히 하나님의 은혜도 내가 조종할 수 있는 방법이 있을 거야. 이대로 하나님이 주시는 것만으로는 죽어도 못 살아. 어떻게든 하나님을 움직여서 내가 원하는 걸 얻어내야 해.'

성경을 뒤지기 시작한다. '우리가 하나님의 은혜에 영향을 줄 수 있는 길이 어디 있을 텐데…….' 그러다 드디어 찾아낸다.

> 이르되 주 예수를 믿으라 그리하면 너와 네 집이 구원을 받으리라 하고
>
> _사도행전 16:31

'믿으라고? 아, 그래. 구원은 은혜로 주어지긴 하지만 내가 믿어야 하는 거잖아. 그래, 내가 잘 믿어야 해. 내가 할 수 있는 일이 생겼군. 잘 믿으면 구원받는 거야. 그리고 믿음으로 구원도 얻어냈으니, 다른 것도 믿음을 이용하면 하나님께 얻어낼 수 있겠어.'

여기서 착각이 뭘까? 믿음으로 구원을 얻는다는 것을 구원에 자기가 기여한 바가 있다고 오해하는 것이다. 거듭 말하지만 구원은 은혜로 얻은 것이다. 우리 공로는 없다.

믿음이란 무엇인가

아마 이런 질문이 당장 나올 것이다. "그럼 도대체 믿음은 뭡니까? 필요 없는 건가요?"

아니다, 그렇지 않다. 이제부터 믿음이 무엇인지에 관해 2가지 차원에서 이야기를 나누어보겠다.

첫째, '믿음으로'는 '행위로'가 아니다

> 그러므로 사람이 의롭다 하심을 얻는 것은 율법의 행위에 있지 않고 믿음으로 되는 줄 우리가 인정하노라 _로마서 3:28

이 말씀에 비추어보면, 우리가 더 열심히 잘 믿으려고 애쓸수록 어떤 행위로 나아가게 된다. 그리하여 마침내는 믿음이 자기 공로와 자기 열심을 드러내는 아주 잘못된 도구가 되고 만다.

율법의 행위로는 의로움을 얻을 수 없다는 것은 구원과 관련해서 우리가 할 일은 없다는 뜻이다. 그런데 늘 우리는 이 점이 서운하다. '나도 조금은 기여하고 싶은데, 그래도 내가 잘해서 받는 것이 있어야 보람이 있을 텐데'라는 그릇된 생각을 한다. 그러니까 이런 인정과 평가를 원하는 것이다. "네가 왜 구원받았는 줄 알아? 네가 저 사람보다 더 잘 믿었기 때문이야. 넌 저 사람보다 더 큰 믿음이 있어." 그래서 하나님의 은혜로 신앙생활을 시작하지만 자꾸 믿음을 강조해 내가 뭔가를 하려는 율법적인 행위로 돌아가고 만다.

여러분은 하나님께 사랑받기 원하는가? 여러분의 자녀를 생각해보자. 자녀가 사랑받을 만한 짓을 할 때 사랑하는가? 그렇지 않을 것이다. 나는 우리 아이들이 무슨 짓을 해도 예쁘다. 심지어 엉뚱한 짓을 할 때도 사랑스럽다. 하나님은 우리가 아무 예쁜 짓 안 했지만 우리를 자녀 삼으셨다. 그런데 갑자기 어느 날 변심하셔서 우리가 조금 잘못했다고 당장 길거리로 쫓아내실까? 평생 고생하다 그렇게 살다 죽으라고 하실까?

또 한 가지, 여러분은 하나님께 벌 받고 혼나는 것이 싫은가? 무서운가? 다시 여러분 자녀를 생각해보자. 자녀에게 왜 벌주는가? 왜 혼내는가? 바르게 자라도록, 엇나가지 않도록 하기 위해서다. 정말로 자녀를 싫어하고 증오해서가 아니다. 하물며 하나님이 우리를 그리 여기실 리 만무하다.

우리에게는 2가지 왜곡된 모습이 존재한다.

첫째, 하나님께 더 사랑받고자 하는 인정욕구.

둘째, 하나님께 버림받을 것에 대한 두려움.

사탄은 정확히 이 2가지에 초점을 맞추어 우리를 공격한다. 이 2가지 잘못된 감정은 결국 우리를 율법으로 가게 만든다. 우리가 이미 하나님께 은혜 받은 존재, 사랑받는 존재임을 잊게 만들고, 뭔가를 더 열심히 해서 인정받고 버림받지 말아야 한다고 생각하게 만든다.

6 주께서 그 사랑하시는 자를 징계하시고 그가 받아들이시는 아들마다 채찍질하심이라 하였으니 7 너희가 참음은 징계를 받기 위함이라 하나님이 아들과 같이 너희를 대우하시나니 어찌 아버지가 징계하지 않는 아들이 있으리요 8 징계는 다 받는 것이거늘 너희에게 없으면 사생자요 친아들이 아니니라 9 또 우리 육신의 아버지가 우리를 징계하여도 공경하였거든 하물며 모든 영의 아버지께 더욱 복종하며 살려 하지 않겠느냐 _히브리서 12:6~9

우리는 은혜로 사는 존재다. 믿음을 하나님을 조종하는 수단으로 삼고, 내 편의대로 신앙생활 하려는 잘못된 신앙의 태도를 버려야 한다.

하나님은 우리를 있는 모습 그대로 사랑하신다. '우리는교회'가 '행위'와 '인정'에 특별히 방점을 두지 않는 이유가 여기에 있다. 우리 교회에 처음 나와 힘들어하는 성도들도 있을 것이다. 하나님께 뭔가 더 해드리고 싶은데 역할도 없고 그래서 외롭다는 생각이 들지 모른다. 이전 교회에서 많은 사역을 했던 성도라면 그 정도가 더할 것이다. 자신을 잘 알아주지도 않는다. 또 '이렇게 아무것도 안 하고 있어도 되나?' 하고 죄책감이 들기도 한다.

아무 걱정하지 말기 바란다. 죄책감을 버리자. 하나님은 이미 그 마음을 받으신다. 좀 쉬어도 된다. 안 해도 된다. 하나님은 그런 일 좀 더 한다고 좋아하시고 안 한다고 싫어하시지 않는다.

심지어 죄를 지어도 괜찮다. '목사님이 어떻게 그런 이야기를' 하고 화들짝 놀랄지 모르겠다. 그런데 여러분 자신을 한번 돌아보자. 내가 여러분에게 죄 지으란다고 짓고, 이번 주에는 죄 짓지 말라고, 그러면 하나님의 진노가 임해서 그날로 죽는다고 말한다고 죄 안 짓고 살 수 있을까? 죄의 해결은 우리 의지로 불가능하다. 그래서 예수님께서 십자가를 지신 것이다.

죄인 되었을 때 우리를 구원하신 하나님께서는 구원 이후에 우리가 죄 안 짓는 존재로 완전히 변하지 않았다는 사실을 아신다. 이미 임한 하나님 나라 그러나 아직 완성되지 않은 이 땅의 삶을 하나님께서는 아신다. 구원을 통해 우리를 자녀 삼으신 하나님께서는 여전히 이런저런 죄 가운데 놓인 우리를 때로는 권면으로 때로는 징계로 날마다 가르쳐주시고 인도해주신다. 이것이 바로 부모와 자녀의 관계 아닌가?

우리를 은혜로 구원하신 하나님께서는 우리를 이 모습 이대로 한결같이 사랑하심을 받아들이자. 또 징계로 우리를 다루실 때 두려워 말고 이를 통해 더 좋은 하나님의 자녀로 양육하심을 이해하자. 항상 '하나님의 은혜' 안에 있음을 기억하자.

이런 맥락에서 한 가지 제안을 하고 싶다. 앞으로는 이렇게 바꾸면 좋겠다.

"믿음생활 잘하세요." → "은혜 속에 살아가세요."

믿음생활 잘한다는 말에는 이미 '내가 무엇을 잘해야' 하는 듯한 율법적인 메시지를 품고 있다. 엄밀히 말하면 기독교는 믿음의 종교가 아니다. 내가 잘 믿어야 하는 종교가 아니라는 것이다. 내가 잘 믿는다고 구원에 이르는 것이 아니라는 말이다. 기독교는 은혜의 종교다. 항상 은혜가 먼저임을 기억하기 바란다.

둘째, 믿음은 '하나님이 베푸신 은혜를 받아들이는 것'이다

8 너희는 그 은혜에 의하여[by Grace] 믿음으로 말미암아[through faith] 구원을 받았으니 이것은 너희에게서 난 것이 아니요 하나님의 선물이라 9 행위에서 난 것이 아니니 이는 누구든지 자랑하지 못하게 함이라
_에베소서 2:8~9

앞에서 살펴보았듯이, 에베소서 2장 5절에서 이미 구원은 은혜로 인한 것임을 분명히 밝혀놓았다. 8절에서는 이 점을 더 구체적으로 설명한다. 특히 그 은혜를 어떻게 받을 것인가를 설명한다.

구원에는 두 단계가 있다.

첫째 단계는 '예수님의 속죄 사역(은혜)'이다. 하나님의 본체이신 예수님이 아담으로 말미암아 타락한 인간을 구원하기 위해 인간의 몸을 입고 이 땅에 오셔서 십자가에 죽으시고 3일 만에 부활하심으로 구원자가 되신다. 이것이 예수님이 속죄를 위해 하신 일이다.

이렇게 하셨다고 우리가 구원받는 것은 아니다. 예수님의 속죄 사역이 우리에게 영향을 미쳐야 우리 죄가 사해지기 때문이다. 그래서 다음 단계가 필요하다.

이 둘째 단계가 '우리의 믿음(받아들임)'이다. 예수님의 속죄가 우리의 구원이 되도록 하는 데 필요한 것이 바로 '믿음'이다.

예수님의 속죄 사역이 우리를 사랑하심으로 베푸신 '은혜'라면, 우리는 '믿음'으로 그 '은혜'를 받는다('행위로'가 아니라 '믿음으로'임을 다시 한 번 명심하자). 여기에는 분명한 순서가 있다. 우리의 믿음 때문에 예수님이 속죄 사역을 하신 것이 아니라, 속죄 사역으로 먼저 은혜 주셨기 때문에 우리 믿음이 의미가 있는 것이다.

이해하기 쉽게 몸짓언어로 믿음을 표현해보겠다. 각자 손을 내밀어보자. 이것이 믿음이다. 예수님께서 속죄케 하는 십자가의 사랑 곧 은혜를 주시면 우리는 받아야 한다. 믿음은 손을 내밀어 받는 것이다.

그러므로 엄밀히 말해 믿음은 구원의 수단이지 구원의 조건은 아니다. 믿음에 의해 구원이 일어나는 것이 아니라는 것이다. 믿음은 은혜가 전제될 때 우리에게 요구되는 최소한의 반응이고 수단일 따름이다. 이처럼 믿음은 예수님이 십자가에서 죽으심과 또 부활로 이루신 속죄 사역 곧 은혜를 우리가 받아들이는 것이다.

믿음만능주의에서 벗어나자

'믿음만능주의자'들이 있다. 예수님께서 "믿는 자에게는 능히 하지 못할 일이 없느니라"(마가복음 9:23)라고 하셨다고, 믿음만 있으면 뭐든지 다

할 수 있는 줄 안다. 이런 이들에게 내 설명은 용납하기 어려울지 모른다. 너무 믿음을 약화시킨다고 비판할지 모른다.

그런 이들에게는 이렇게 말해주고 싶다. '믿음'을 강조하다가 '더 큰 은혜'를 잃어버리고 율법적 신앙으로 변질되어가기보다는 차라리 믿음을 약화시키는 편이 훨씬 더 유익하다고. 은혜를 약화시키는 어떤 것도 용납해서는 안 된다. 정말 위험한 신앙이다. 개척 초창기에 성도들에게 자주 했던 말이다. "내 믿음 자랑 하지 마세요." "다른 사람하고 믿음의 크기를 재는 일을 멈추세요."

믿음만능주의자들은 믿음으로 은혜를 받을 수 있다고 오해한다. 은혜는 공짜인데 무슨 일을 한단 말인가? 공짜는 아무 일 안 해도 받는 것이고 그래야 진정한 은혜다. 은혜는 하나님만이 주도하시는 것이다. 내 믿음과 상관없다. 내 믿음에 의해 뭔가가 이루어진다면, 그건 내 믿음 때문이므로 내 공로에 따른 내 결과물이다. 이것은 은혜가 아니다.

믿음만능주의자들이 헷갈리는 것이 뭘까? 내가 믿음으로 뭔가 해보겠다는 것과 하나님의 뜻을 이루겠다는 순종을 혼동하는 것이다. 믿음만 있으면 하나님께서 나에게 뭐든지 해주실 거라는 생각은 틀린 생각이다. 우리가 하나님의 뜻에 맞게 순종할 때 하나님께서는 우리의 필요를 채우는 은혜를 베푸신다.

은혜가 먼저다. 은혜가 전부다. 믿음은 하나님이 주시는 은혜를 손 내밀어 받는 것일 뿐이다. 내가 얻어내는 것은 아무것도 없다. 다 은혜로 주어지는 것이다. 하나님은 모든 것을 아시고 우리보다 앞서 가시며 우리에게 가장 좋은 것을 주신다.

믿음만을 강조하다 보면 그 결과가 좋지 않다. 믿음만능주의가 가진 위험이다.

첫째, 믿음대로 되면 자기 믿음이 커서 그런 줄로 오해하는 부작용이 생긴다.

둘째, 믿음대로 안 되면 스스로 정죄한다. '내가 믿음이 약해서 그래', '더 잘 믿어야 해' 하면서 하나님께 응답을 얻기 위해 칭찬받기 위해 사랑받기 위해 뭔가를 해야 한다는 율법주의로 회귀한다. 그래서 더 많이 기도해야 한다고, 더 열심히 어떤 일을 해야 한다고 생각한다. 하나님의 뜻이 아닌 것을 구해서 주시지 않는 것인데, 엉뚱한 기도를 하는 셈이다.

셋째, 믿음대로 안 되면 '하나님이 안 계시는가?' 하고 회의론자나 무신론자가 될 가능성이 크다.

그러나 믿음을 손 내밀고 은혜를 받는 것으로 이해하면 모든 것이 자연스러워진다. 이런 믿음이야말로 하나님의 은혜와 주권 그리고 섭리를 인정하는 믿음이다.

예를 들어 엘리야가 기근 중에 일곱 번씩이나 기도하자 비가 내린다. 엘리야가 열심히 기도해서 응답받은 것일까? 아니다. 믿음의 기도가 비를 내리게 한 것이 아니다. 엄밀히 말하면 하나님께서 비를 내려주기로 약속한 예비하심 때문에, 즉 하나님이 먼저 은혜를 베풀기로 작정하셨기 때문에 비가 내린 것이다. 믿음의 기도는 그 은혜를 받기 위한 수단일 뿐이다. 다만 이때 엘리야가 일곱 번까지 기도하는 순종이 없었다면 비는 내리지 않았을 것이다.

가슴에 깊이 새기자. 믿음이 은혜를 만들어내는 것이 아니다. 믿음은 은혜를 손 내밀어 받아들이는 것일 뿐이다.

예비하신 은혜를 손 내밀어 받는 것, 우리가 한 것은 그 크신 은혜에 비하면 손 내민 정도밖에 안 된다. 비를 주시기로 작정하지 않으셨는데, 비가 우리에게 필요 없는데, 또는 비가 우리에게 위험한데 우리가 열심히 믿음으로 기도한다고 해서 절대 비가 내리지는 않는다.

구하여도 받지 못함은 정욕으로 쓰려고 잘못 구하기 때문이라 _야고보서 4:3

그를 향하여 우리가 가진 바 담대함이 이것이니 그의 뜻대로 무엇을 구하면 들으심이라 _요한일서 5:14

기도는 내 뜻이, 내 원함이, 내 바람이 이루어지는 것이 아니라 주님의 뜻이 이루어지게 해달라는 것이다. 하나님이 원시지 않으시면 결코 하나님은 주지 않으신다.

하나님의 주권 아래서 수동적인 신앙을 배워야 한다. 우리는 뭐든 늘 실수투성이다. 늘 그르치기 쉽다. 우리가 나서는 것이 아니라, 하나님으로 하여금 일하시도록 하고 우리는 그분의 일에 순종함으로 참여하는 것뿐이다.

손만 내밀면 된다. 보채듯이 몸을 앞뒤로 흔들고 그러지 않아도 된다. "믿음, 믿음, 믿음"이라고 말 안 해도 된다. 못 얻어내서 안달 안 해도 된다. 조급해진다는 것은 하나님에 대한 신뢰가 떨어졌다는 증거다. 은혜 주시는 하나님을 향하도록 손 내미는 방향만 분명히 하면 된다. 이렇게 말이다.

'나는 하나님의 주권과 섭리를 믿고 예비하신 은혜에 감사하기로 작정한다. 가장 좋은 것으로 주시는 하나님께 날마다 믿음으로 손을 내밀 겠다.'

손 내밀어 받으면 감사하고, 안 주시면 지금까지 주신 것에 감사하고, 뒤늦게 주시면 더 감사하면 될 일이다.

여러분은 '나는 믿음이 있나?' 하고 고민할 수 있다. 여러분의 믿음과 상관없이 하나님의 은혜의 크기는 여러분의 모든 죄를 덮고, 여러분의 작은 믿음조차 덮고도 남을 만큼 크다. 아마 '난 믿음이 없어'라고 생각하며 손을 조그맣게 내밀고 있을지 모르겠다. 그렇게 손 내미는 시늉이라도 하고 있을라치면 하나님께서는 그 작게 내민 손 위로 큰 은혜의 선물을 주실 것이다.